Documentación e informes en consumo

María José Sorlózano González

ic editorial

Documentación e informes en consumo

1ª Edición

Editado por: IC Editorial
c/ Cueva de Viera, 2, Local 3
Centro Negocios CADI
29200 Antequera (Málaga)
Teléfono: 952 70 60 04
Fax: 952 84 55 03
Correo electrónico: iceditorial@iceditorial.com
Internet: www.iceditorial.com

ISBN: 978-84-1184-737-7
Depósito Legal: MA 591-2025

Impresión: PODiPrint
Impreso en Andalucía – España

Nota de la editorial: IC Editorial pertenece a Innovación y Cualificación S. L.

Presentación del manual

El **Certificado de Profesionalidad** es el instrumento de acreditación, en el ámbito de la Administración laboral, de las cualificaciones profesionales del Catálogo Nacional de Cualificaciones Profesionales adquiridas a través de procesos formativos o del proceso de reconocimiento de la experiencia laboral y de vías no formales de formación.

El elemento mínimo acreditable es la **Unidad de Competencia.** La suma de las acreditaciones de las unidades de competencia conforma la acreditación de la competencia general.

Una **Unidad de Competencia** se define como una agrupación de tareas productivas específica que realiza el profesional. Las diferentes unidades de competencia de un certificado de profesionalidad conforman la **Competencia General,** definiendo el conjunto de conocimientos y capacidades que permiten el ejercicio de una actividad profesional determinada.

Cada **Unidad de Competencia** lleva asociado un **Módulo Formativo,** donde se describe la formación necesaria para adquirir esa **Unidad de Competencia,** pudiendo dividirse en **Unidades Formativas.**

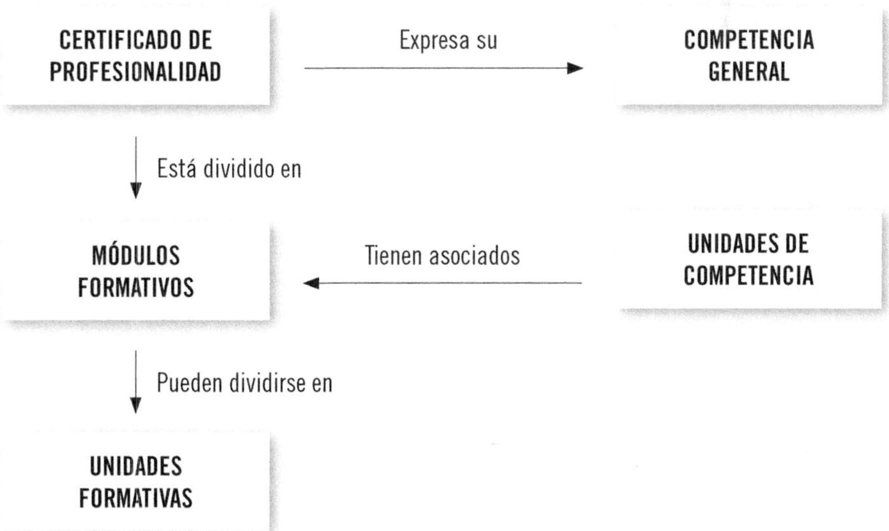

El presente manual desarrolla la Unidad Formativa **UF1756: Documentación e informes en consumo,**

perteneciente al Módulo Formativo **MF0246_3: Organización de un sistema de información de consumo,**

asociado a la unidad de competencia **UC0246_3: Obtener, organizar y gestionar la información y documentación en materia de consumo,**

del Certificado de Profesionalidad **Atención al cliente, consumidor o usuario.**

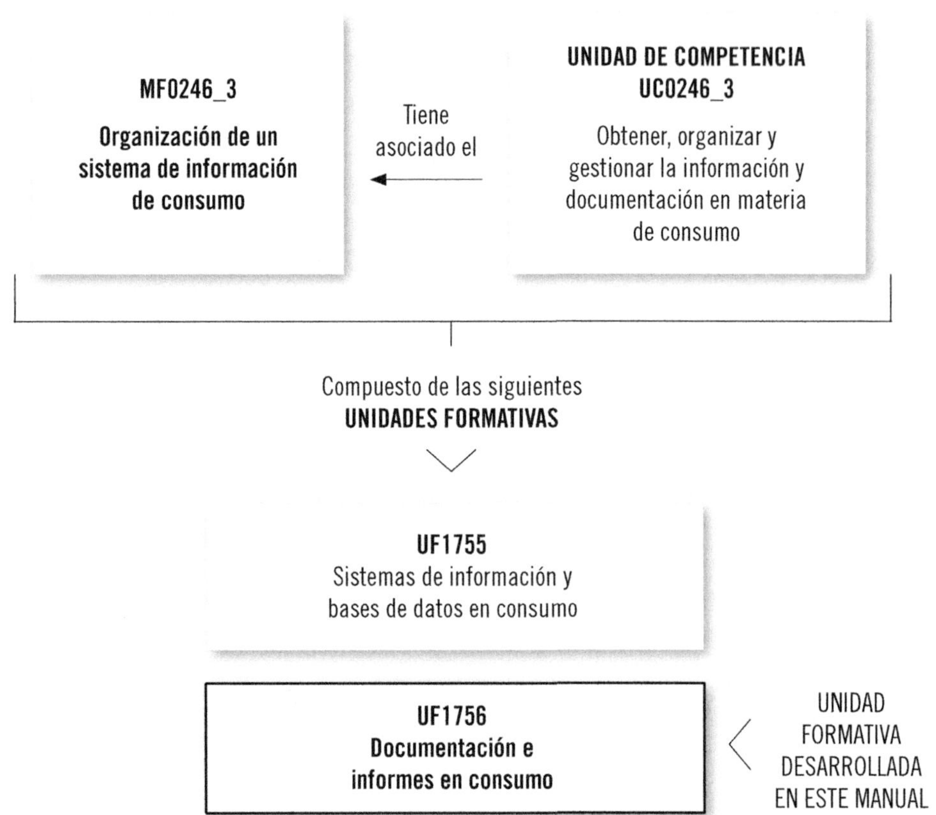

FICHA DE CERTIFICADO DE PROFESIONALIDAD

(COMT0110) ATENCIÓN AL CLIENTE, CONSUMIDOR O USUARIO (R. D. 1522/2011, de 31 de octubre)

COMPETENCIA GENERAL: Gestionar y ejecutar los planes de atención al cliente/consumidor/usuario de bienes y servicios, de acuerdo con la normativa y legislación vigente en materia de consumo, los procedimientos establecidos y las especificaciones recibidas.

Cualificación profesional de referencia	Unidades de competencia		Ocupaciones o puestos de trabajo relacionados:
COM087_3 ATENCIÓN AL CLIENTE, CONSUMIDOR O USUARIO (R. D. 295/2004, de 20 de febrero y modificaciones R. D. 109/2008, de 1 de febrero)	UC0241_2	Ejecutar las acciones del servicio de atención al cliente, consumidor y usuario.	• 4411.1018 Encargados/as del área de atención al cliente en comercios. • 4500.1019 Empleados/as administrativos con tareas de atención al público no clasificados bajo otros epígrafes. • 3160.1018 Técnicos/as en consumo. • Técnico/a de información/atención al cliente en empresas. • Técnico/a en consumo de las oficinas de información al consumidor de las Administraciones Públicas. • Técnico/a en consumo en los organismos públicos y privados de defensa de los consumidores. • Técnico/a en consumo de las cooperativas de consumo.
	UC0245_3	Gestionar las quejas y reclamaciones del cliente / consumidor / usuario.	
	UC0246_3	Obtener, organizar y gestionar la información y documentación en materia de consumo.	
	UC1002_2	Comunicarse en inglés con un nivel de usuario independiente, en actividades comerciales.	

Correspondencia con el Catálogo Modular de Formación Profesional

Módulos certificado	Unidades formativas	Horas
MF0241_2: Información y atención al cliente / consumidor / usuario	UF0036: Gestión de la atención al cliente / consumidor	60
	UF0037: Técnicas de información y atención al cliente / consumidor	60
MF0245_3: Gestión de quejas y reclamaciones en materia de consumo		90
MF0246_3: Organización de un sistema de información de consumo	UF1755: Sistemas de información y bases de datos en consumo	60
	UF1756: Documentación e informes en consumo	60
MF1002_2: Inglés profesional para actividades comerciales		90
MP0374: Módulo de prácticas profesionales no laborales		40

Índice

Capítulo 1
Elaboración de boletines y síntesis de información en consumo

Capítulo 2
Tratamiento de la información de consumo con procesadores de texto

Capítulo 3

Presentación de información en consumo con tablas

Capítulo 4

Presentación de información en consumo con gráficos

Capítulo 1

Elaboración de boletines y síntesis de información en consumo

Contenido

1. Introducción

Los boletines e informes de consumo constituyen fuentes de información muy útiles para usuarios, ya que tratan temas que les pueden afectar, como aplicación de normas, procedimientos o información sobre sectores relacionados con productos o servicios de gran consumo. La creación de dichos documentos no es aleatoria, exigen dedicación por parte de su autor en la búsqueda de información oportuna y verídica.

En esta publicación se van a dar pautas para hacer este tipo de búsquedas a través de bases de datos disponibles en la red. Además se explicará cómo están organizadas dichas bases y cómo establecer criterios de búsqueda efectivos para encontrar el documento deseado.

La segunda parte del libro está dedicada al desarrollo de los boletines e informes, la forma que tienen, los plazos y canales para su difusión y el tipo de redacción que necesitan para que lleguen a sus receptores.

En la parte final se hace mención a la diferencia entre datos de carácter personal que están protegidos y aquellos que sí pueden ser usados en la elaboración de boletines con finalidad estadística.

2. Terminología de la documentación e información en consumo

Al llevar a cabo la realización de cualquier informe o boletín de consumo o normativa debe hacerse un análisis previo de gran cantidad de información. La documentación disponible para consumo o cualquier otro tema tratado es muy extensa y más teniendo en cuenta el desarrollo de ámbitos digitales donde la producción documental ha aumentado notoriamente. Para manejar toda esta información se hacen necesarios sistemas de documentación eficaces que hagan posible encontrar la base de datos buscada. El mecanismo de estos sistemas consiste en establecer palabras claves relacionadas que permiten encontrar el texto original. Dichos mecanismos operan en soporte papel y de forma digital, aunque son estos últimos los más usados por su comodidad e inmediatez.

Nota

El ámbito de estudio de la Biblioteconomía y la Documentación es el encargado de establecer y gestionar estos sistemas de búsqueda de información.

2.1. Tesauros y palabras claves en consumo y su normativa

El tesauro es un tipo de lenguaje documental que distribuye y da forma a una o varias bases de datos o áreas de conocimiento. Consiste en una lista de conceptos relacionados entre sí y que representan el contenido de los documentos a los que hacen referencia. El tesauro constituye una herramienta para estructurar y consultar grandes volúmenes de documentación útil para profesionales de la información y/o cualquier otro usuario que los necesite.

Nota

Las normas UNE-ISO 25964-1:2014 y UNE-ISO 25964-2:2016 sobre Información y documentación establecen los tesauros para la recuperación de la información y la interoperabilidad con otros vocabularios, respectivamente.

Los elementos del tesauro son:

- **Descriptores:** son palabras incluidas en el tesauro que hacen referencia a conceptos que aparecen en los textos. Se listan varios términos que definen el concepto y se escoge como descriptor aquel que no genera ningún tipo de ambigüedad, como la sinonimia o la polisemia.

- **No descriptores:** son palabras claves que también hacen referencia a conceptos que aparecen en los textos, pero que no salvan los problemas de ambigüedad anteriores. No son válidos para hacer búsquedas directas pero sí indirectas, ya que dirigen la búsqueda a descriptores afines. Podría considerarse que los no descriptores actúan de filtro para elegir los descriptores que harán posible encontrar la información buscada.

Definición

Sinonimia
Implica la similitud de significado en varias palabras. Esta semejanza no es del todo estricta, cada palabra es más adecuada en un contexto u otro.

Ejemplo: repertorio y colección

Polisemia
Es el caso contrario al anterior, una misma palabra tiene varios significados.

Ejemplo: golfo, se refiere a la parte de agua que se adentra en tierra entre dos cabos y también es sinónimo de holgazán o deshonesto.

Existen varias formas de presentación de los tesauros:

- **Tesauros alfabéticos.** Los descriptores y no descriptores están ordenados alfabéticamente.
- **Tesauros sistemáticos.** Los descriptores están ordenados por categorías o temas.
- **Tesauros gráficos.** Son más complejos que los anteriores y su estructura está basada en las relaciones jerárquicas entre los diferentes descriptores.

Aplicación práctica

Considere el siguiente texto elaborado por la OCU en materia de consumo:

> Madrid, 26 de septiembre de 2021. La OCU ha realizado su encuesta anual de precios de supermercados, como viene haciendo desde 1988. El objetivo es reflejar el verdadero nivel de precios de los supermercados, hipermercados y tiendas de descuento.
>
> La cesta tipo incluye productos de marcas líderes y productos frescos. Compuesta por lo que suele consumir una familia media española, contiene 156 productos, todos ellos de marcas líderes en su segmento (excepto los productos perecederos, que responden a la misma categoría comercial), ponderados de acuerdo a su peso en la encuesta de presupuestos familiares del INE. Conviene señalar que en esta cesta los productos envasados que se buscan son exactamente los mismos en todos los supermercados en lo que se refiere a marca, tamaño, variedad...
>
> Por otro lado, la cesta económica incluye los productos más baratos del establecimiento, normalmente marcas blancas. Está dirigida a aquellos consumidores, cada vez más numerosos, que optan por comprar los productos más baratos, sin importarles su marca. Además, ofrece información sobre la política comercial de los establecimientos. Esta cesta está integrada por 83 productos definidos por su contenido, formato y volumen (por ejemplo, un litro de aceite de oliva de 0,4º), pero no por su marca. Pertenecen a 3 grupos distintos: alimentos envasados, bebidas y artículos de droguería e higiene.
>
> (fragmento)

¿Qué descriptores y no descriptores usaría para definir y buscar el texto en una base de datos? Desarrolle una lista de tres descriptores y tres no descriptores en base a un criterio alfabético.

SOLUCIÓN

Los descriptores podrían ser: supermercados, precios, cesta; los no descriptores: hipermercados, presupuesto, marca blanca.

Continúa en página siguiente >>

<< Viene de página anterior

El orden sería:

- CESTA
- Marca blanca
- Presupuesto
- PRECIOS
- SUPERMERCADO
- Hipermercados

Ejemplos

ACROVOC es un tesauro con estructura alfabética de términos agrícolas utilizado por estudiantes, investigadores y bibliotecarios de todo el mundo. Está disponible en seis idiomas: inglés, francés, español, chino, ruso y árabe.

El tesauro UNESCO-OIE es de tipo sistemático y se utiliza para buscar información sobre educación a nivel europeo.

EUROVOC es un tesauro de estructura gráfica dedicado a aspectos educativos que opera a nivel europeo y que también está disponible en varios idiomas (alemán, danés, español, francés, inglés, italiano, neerlandés y portugués).

2.2. Lenguajes: normativos y documentales

Los lenguajes documentales son sistemas artificiales de conceptos utilizados para estructurar, consultar, recuperar y difundir bases de datos haciendo posible que esta información llegue a todos los usuarios. El lenguaje documental tiene su base en el lenguaje natural para que las búsquedas resulten lógicas para el usuario. El lenguaje documental suple las posibles divergencias que puede tener el lenguaje natural, haciendo que los términos de búsqueda sean claros y concisos.

Definición

Lenguaje natural

Es el lenguaje hablado que se usa para comunicarse. La diferencia con otros tipos de lenguajes es su origen, este apareció de forma espontánea por la necesidad de comunicación humana; otros tipos de lenguaje se han creado artificialmente como el lenguaje informático.

Existen diferentes tipos de lenguajes documentales según varios criterios, el más usado es el que tiene en cuenta el control de términos:

- **Lenguajes libres.** Son listas amplias de palabras claves no prescriptores. Las búsquedas en este tipo de sistemas ofrecen infinidad de resultados y el coste de su creación y gestión es más reducido.
- **Lenguajes controlados.** Los términos usados para las búsquedas suelen ser elaborados en base a la terminología de la documentación tratada. Los tesauros son un tipo de estos. Los resultados obtenidos suelen ser más específicos y no tan numerosos como los anteriores aunque a veces pueden dar lugar a pérdida de información si el descriptor no está bien definido.

Actividades

1. Entre en la página web de la UNESCO, busque el tesauro UNESCO-EOI y descargue la lista de descriptores disponibles.
2. ¿Qué significan las siglas iniciales de los descriptores?
3. ¿El lenguaje usado es libre o controlado? ¿Por qué?

A nivel práctico y enfocado al ámbito del consumo, es muy útil CIDOC (Centro de Información y Documentación del Consumo) perteneciente a la Dirección General de Consumo aunque existen otras también dedicadas a la materia. Dicha herramienta incorpora distintas bases de datos con información relevante en materia de consumo, esta está agrupada en dos bloques: parte jurídica y parte documental. La jurídica incluye legislación y jurisprudencia y la documental está compuesta por manuales, monografías y artículos. Las búsquedas se pueden hacer de dos formas: directamente por campos en la base de datos o búsqueda simple o por Tesauro.

Si la búsqueda es simple, debe elegirse la base de datos que desea consultarse e introducir un parámetro de búsqueda que puede ser una palabra o una frase.

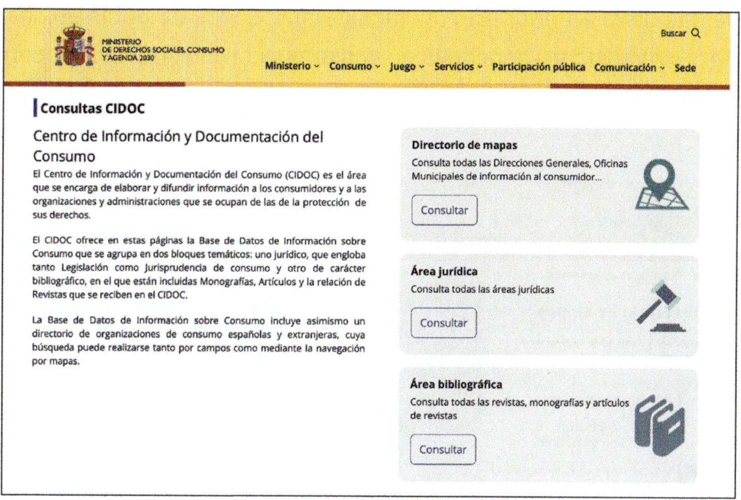

Búsqueda simple

Si la búsqueda se hace por tesauro debe definirse el campo que se quiere consultar, la subcategoría y después determinar la base de datos que al igual que antes es jurídica y documental.

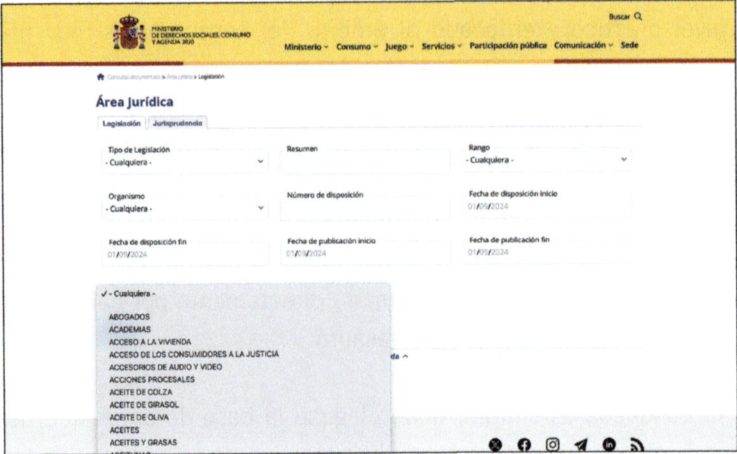

Búsqueda por tesauro

Además de lo anterior, CIDOC incluye búsquedas de oficinas locales, asociaciones y direcciones generales de consumo a nivel estatal y europeo a través de mapas.

Búsqueda por mapas

Aplicación práctica

Usted trabaja para una empresa de telecomunicaciones que ahora mismo está en proceso de expansión por España. Tiene que hacer un informe sobre los factores externos que puedan afectar a la implantación de antenas receptoras de telefonía móvil en Castilla León y necesita saber qué normativa en dicho campo puede afectarle. Haga uso de CIDOC para extraer la información.

¿Qué pasos seguiría?

SOLUCIÓN

- Entrada en aplicación CIDOC.

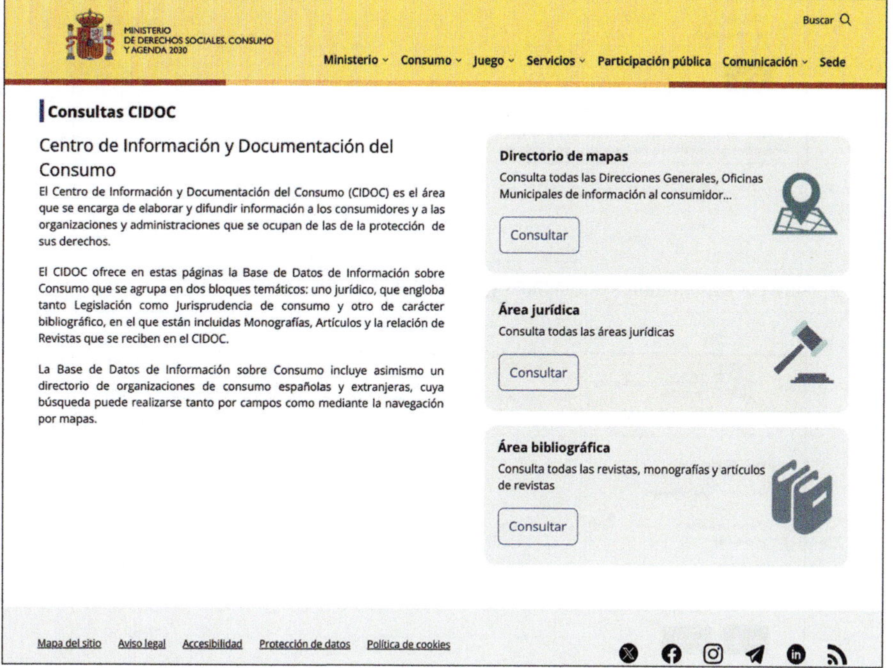

Entrada en aplicación CIDOC

Continúa en página siguiente >>

<< Viene de página anterior

- Búsqueda simple: elección de legislación en área jurídica y "telefonía móvil" como parámetro.

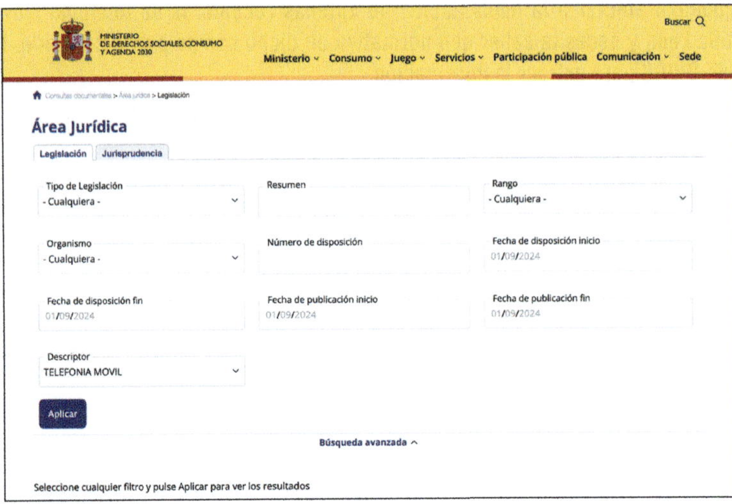

Búsqueda simple: elección de legislación en área jurídica y "telefonía móvil" como parámetro

- Filtro por comunidades autónomas y elección de Castilla León.

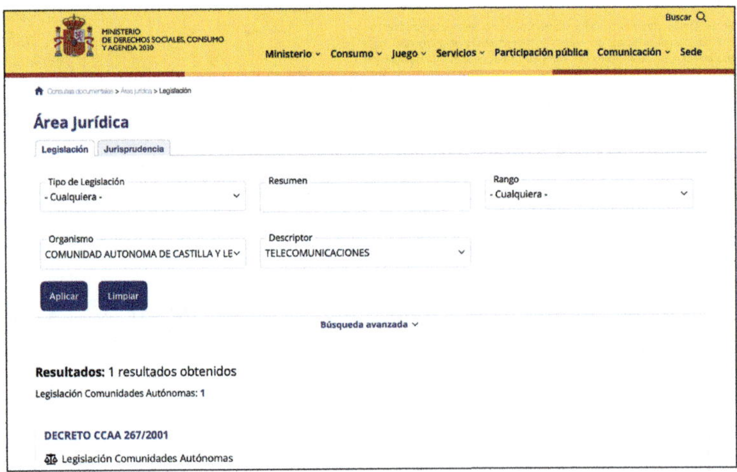

Filtro por comunidades autónomas y elección de Castilla León

Continúa en página siguiente >>

<< Viene de página anterior

- Consulta de la ficha del documento.

3. Boletines de información e Informes

Son numerosas las empresas y entidades públicas que divulgan periódicamente boletines e informes. Estos son documentos informativos con carácter profesional pero con divulgación pública que buscan una finalidad específica además de la mera información. La estructura de estos documentos depende del ente emisor, pero existen pautas comunes a cualquier boletín o informe.

3.1. Concepto

Los boletines informativos son publicaciones periódicas que tratan temas específicos y que sirven como fuente de información a los usuarios. Pueden ser publicados por cualquier organismo público, empresa o asociación que tenga interés en la materia y su difusión pueden ser gratuitas o de pago. En cuanto a los tipos, la clasificación se hace en base a los temas tratados; existen boletines de consumo, comerciales, médicos, de tiempo libre y ocio, de cine, lectura, etc.

En consumo son bastante utilizados para informar al consumidor sobre nuevas normativas que le afecten, cambios sustanciales de métodos de compra, garantías, formas de hacer reclamaciones e información estadística de sectores, entre otros. Existen multitud de asociaciones de consumidores que incluyen los boletines como un medio más de difusión. En cuanto a la presentación, esta puede ser de dos formas: en formato papel o en formato digital. Los boletines digitales son los que tienen mayor difusión debido a su menor coste, su facilidad de uso y disponibilidad. Por lo general suelen estar presentes en la página de la entidad o asociación ordenados por fechas para que el usuario pueda seguir un orden cronológico en su consulta.

Actividades

4. ¿Sigue algún tipo de boletín de consulta? ¿Qué información le aporta?
5. Indague en internet y encuentre varias asociaciones de consumidores, ¿publican boletines de consumo?

Los informes son también documentos de consulta emitidos por organismos y empresas que versan sobre aspectos específicos pero de una forma más detallada que los boletines. La información aparecida en un informe es más amplia, ya que todo el documento está enfocado al mismo caso, mientras que el boletín trata diferentes casos de una misma área de conocimiento. Los informes pueden ser emitidos por propia iniciativa del organismo a petición de otros entes. Al igual que antes, el formato puede ser papel o digital.

La clasificación se hace en base a la información suministrada, existen informes técnicos, económicos, comerciales, médicos, de investigación, culturales, etc.

Nota

Los boletines informativos tratan distintos casos de un mismo tema. Por ejemplo, un mismo boletín de consumo puede incluir artículos sobre denuncias de fraudes en el sector telefónico, subidas de precios en energía e información sobre plazos y condiciones para solicitar subvenciones.

Los informes tratan un tema más en profundidad. Si se trata de un informe del ámbito de consumo podría ser "Plan de actuación ante cláusulas contractuales abusivas".

Actividades

6. Busque y consulte dos informes disponibles en la red: el primero debe tratar aspectos económicos y el segundo debe estar enfocado al ámbito de consumo. Utilice páginas de organismos oficiales.

3.2. Finalidad

Los fines perseguidos con la redacción y publicación de boletines e informes son:

- Informar a los socios, prescriptores de la información o cualquier usuario interesado sobre temas o problemas que pueden afectarle y como solucionarlos.
- Dar respuesta a preguntas o inquietudes que tienen los usuarios sobre determinados temas.
- Aclarar dudas sobre procedimientos de actuación.
- Atraer a nuevos usuarios o clientes.

- Inculcar el sentimiento de grupo en asociaciones. Los socios estarán más unidos si comprueban que la asociación es activa en la búsqueda de soluciones.
- Acercamiento de las empresas a clientes y otros agentes externos incrementando su popularidad y profesionalidad.
- Anunciar eventos importantes dentro de las asociaciones a través de boletines.

Nota

Los agentes externos comprenden administraciones públicas, proveedores, acreedores, entidades financieras, profesionales independientes que presten servicios para la empresa, clientes potenciales y en general cualquier ente o persona ajena a la compañía.

3.3. Estructura

La estructura del boletín de información es la siguiente:

- Título con fuente grande y legible capaz de captar la atención del lector.
- Sumario de los artículos incluidos en la edición con el número de página para facilitar el acceso.
- Artículos. Estos deben incluir el título que también debe ser atractivo y el texto que debe ser redactado de forma precisa sin usar frases demasiado complejas o tecnicismos. Si el boletín es de tipo técnico se puede hacer una salvedad, permitiéndose el empleo de conceptos técnicos.
- En algunos boletines, al final, pueden incluirse listas de actividades que está realizando la asociación en ese momento y que pueden ser de interés para los socios.

La estructura de los boletines depende del órgano emisor. A veces se prefiere que el título del boletín y demás datos identificativos aparezcan en la primera página junto con el sumario y una breve reseña a algún artículo de especial relevancia dentro del boletín. En otros casos, el título del boletín, los artículos y el sumario van en páginas separadas.

Aplicación práctica

Los directivos de la empresa para la que trabaja han decidido elaborar un boletín de información para clientes para potenciar su imagen de marca. Para ello han pedido la elaboración de sus artículos a varios empleados entre los que figura usted, ya que es un técnico bastante experto en la materia. El artículo trata de la subida de precios de carburantes debido a subidas de impuestos. Su empresa está especializada en energías limpias como alternativa a las tradicionales. En su elaboración, tenga en cuenta precios, porcentajes de subida e impuestos pagados, así como el período que lleva dándose esta situación.

POSIBLE SOLUCIÓN

El texto podría ser el siguiente:

"El precio de la gasolina sigue al alza, el incremento experimentado desde el inicio del año es de 3 % y las expectativas siguen siendo alcistas hasta finales de año. Los precios han marcado su máximo anual por segunda vez situándose en 1,27 euros el litro de combustible.

A todo lo anterior se le suma la subida esperada del IVA para el próximo mes que incrementará aun más los precios. Ante la situación, son cada vez más lo conductores que llenan sus depósitos antes de que se aplique el nuevo porcentaje del impuesto".

La estructura de un informe es más parecida a cualquier documento profesional usado por empresas. Esta se compone de las siguientes partes:

- **Título** que reúna el contenido del trabajo, no debe ser muy extenso, no más de 56 caracteres incluyendo letras y espacios. No abusar del uso de preposiciones y no usar palabras o expresiones como "Informe sectorial sobre..." o similares que se deducen por el contexto.
- **Índice.** Donde se detallan los diferentes apartados en los que está estructurado el informe y las páginas donde aparecen.

- **Introducción.** Breve introducción al texto y finalidad que persigue este.
- **Desarrollo.** Es la parte más extensa del informe donde se exponen los supuestos de partida, los problemas ocasionados, las partes intervinientes y las posibles soluciones.
- **Conclusiones.** Se hace mención a las consecuencias o resultados más notables obtenidos después de la elaboración del informe.
- **Bibliografía.** Incluye todo el material de apoyo usado para la elaboración del informe como monografías, manuales, artículos periodísticos, resúmenes de ponencias, recursos electrónicos, páginas webs o cualquier medio de información usado. De cada uno de los recursos documentales debe citarse el autor, título exacto de la obra, lugar y fecha de publicación y editorial. Si es un artículo, autor, revista consultada y número y fecha de esta. En el caso de recursos electrónicos y páginas web, indicar el enlace y el suministrador de la información.

3.4. Composición

La composición de un boletín o un informe depende del tipo de información que se quiera transmitir, por ello no hay unas pautas concretas de actuación. La composición la determinará el organismo emisor en función de la finalidad del documento y de los usuarios a los que vaya dirigido. Aun así existen algunas pautas generales aplicables a la mayoría de los casos:

- Uso de fuentes claras y vistosas que atraigan y no distraigan al lector. El tamaño debe ser mayor para los títulos y media para los artículos. Deben evitarse el uso de excesivo de negrita y cursiva.
- Uso de colores atrayentes pero sin ser estridentes para no cansar la vista del lector. En el caso de empresas es recomendable el uso de colores corporativos y logotipos para transmitir y reforzar la imagen corporativa de la empresa. Una buena forma de usarlos es en el encabezamiento y pie de página.
- Empleo de fotografías que ilustren los artículos.
- Si es posible se puede incluir algún artículo redactado por algún experto en la materia. Esta acción aporta rigor, profesionalidad y publicidad a los boletines.

- En algunos boletines se incluye publicidad para reducir el coste de creación y difusión.

Definición

Imagen corporativa

La imagen corporativa es la visión que se tiene de la empresa en el exterior. Esta imagen está compuesta gráficamente por logotipos, eslóganes y colores corporativos aunque también incluye otros elementos menos visuales como son la imagen pública; ser una empresa políticamente responsable con sus trabajadores o con el medioambiente formaría parte de la imagen. Las empresas intentan mejorar estos aspectos, ya que una imagen positiva incrementa las ventas y afianza a sus clientes.

En cuanto a la extensión, al igual que antes, será determinada por el agente emisor, sin embargo, se recomienda que no sea superior a siete u ocho páginas, recuerde que es un documento bastante conciso que usa frases sencillas y fácilmente asimilables.

En los informes, para darle un aspecto más profesional, es frecuente el empleo de gráficos y tablas que complementen la información escrita. A lo largo de este manual se explicarán los diferentes tipos y cómo usarlos.

Actividades

7. Determine si los siguientes tipos de fuentes son aptas para la elaboración de boletines de información:

    - "La venta de libros electrónicos en España ha aumentado en los últimos meses debido al despliegue de las librerías digitales y el aumento de soportes portátiles en el mercado".

Continúa en página siguiente >>

<< Viene de página anterior

- "Desde el mes de enero de 2012, entró en vigor una normativa que pretende acercar los derechos laborales de los empleados de hogar. La nueva regulación supone un cambio radical para el sector".
- "Podrán beneficiarse de estas ayudas las personas físicas o jurídicas titulares de inmuebles, y comunidades o mancomunidades de vecinos; siempre que estos edificios estén situados en España".

8. Encuentre elementos de imagen corporativa en boletines de consumo que conozca o utilice.

---

4. Cumplimiento de procedimientos de elaboración y presentación

Una vez que se ha decidido de qué materia tratará el boletín o informe y a quién va dirigido tiene que redactarse el texto. Para ello, se hará uso de un procesador de textos, el que se conozca mejor o aquel que se viene usando en la empresa. Lo importante es que se redacte con precisión y que se consiga llegar al lector. Para terminar el proceso se requiere del montaje final y determinar el formato que se va a usar.

4.1. Forma

La forma más simple de presentación sería directamente desde el procesador de textos, aunque teniendo especial cuidado en que la apariencia sea profesional y cuidada. Si se busca un acabado más experto puede contactarse con un profesional de maquetación para que haga un diseño específico del boletín, aunque esta opción sería más cara.

Como ya se ha comentado, el formato puede ser en papel o digital. En ambos casos se usa el mismo diseño definido en el párrafo anterior. Si se opta por el papel, la impresión se puede hacer directamente en la misma empresa u organización si tuviera servicio de reprografía. Las máquinas fotocopiadoras consiguen resultados muy satisfactorios pero, de nuevo, se puede contratar el servicio de un profesional. La calidad de este es mayor sobre todo si deben imprimirse fotografías, la variedad de papel que usan es más amplia y además pueden asesorar al redactor sobre el tipo de impresión más adecuado al boletín o informe.

Otro aspecto destacable es la encuadernación. El boletín, al ser de poca extensión, tan solo necesita del grapado de las hojas. Los informes suelen ser más amplios y su encuadernación es más compleja, utilizándose portadas duras, cubiertas de plástico, acetato, cartón forrado o incluso encuadernación en forma de libro para los más extensos.

Encuadernación con pastas duras

Encuadernación en forma de libro

Si la versión es digital, los costes se reducen considerablemente al no haber impresión ni encuadernación. Los usuarios pueden acceder a las páginas webs de los organismos y empresas y descargar y visualizar los boletines e informes. Esta opción además de ser rápida permite guardar el archivo para leerlo en otro momento.

4.2. Plazo

Los boletines suelen ser periódicos, la frecuencia la determina el autor, existen boletines mensuales, bimensuales, trimestrales, semestrales, etc. La elección de un plazo u otro depende de la cantidad de información nueva disponible para ser transmitida. Los sectores también pueden determinar la frecuencia de las publicaciones, por ejemplo, la informática es uno de los que más información nueva aportan, ya que están en continuo avance y requieren que los boletines sean emitidos con mayor frecuencia.

Cuando se decide la periodicidad de publicación de un boletín debe continuarse con esta a no ser que se haga un cambio en este criterio. No es profesional que un boletín bimensual tarde en publicarse tres meses, los usuarios se mostrarían disconformes y perderían el interés. Con respecto al día de publicación, lo habitual es que también esté fijado, procurando cumplir con las entregas en las fechas previstas. No hay que olvidar que la publicación de un boletín implica a un grupo de personas, algunos redactan los artículos, otros llevan a cabo la maquetación y la impresión y otros se encargan de la distribución; si alguno de ellos falla se está retrasando el trabajo de todo el equipo.

Los informes también pueden ser de cualquier tipo (mensuales, bimensuales, semestrales, etc.) sin embargo, en la práctica suelen tener una periodicidad menor, muchos ellos son anuales. Al igual que los boletines, deben cumplirse unos plazos de entrega sobre todo cuando el informe lo ha pedido un tercero.

9. ¿Qué tipo de encuadernación elegiría para un informe anual sobre responsabilidad civil en las reclamaciones de 860 páginas de extensión?
10. Investigue en la página web del Instituto para la Diversificación y Ahorro de la Energía (IDAE) y busque su boletín sobre consumo. ¿Qué periodicidad tiene?

5. Técnicas y normas gramaticales

En la redacción de cualquier documento y más aún en aquellos de difusión amplia como es el caso de los informes y boletines de consumo es imprescindible tener presentes las normas de ortografía, sintaxis y semántica existentes, aunque siempre se puede hacer uso de correctores informáticos. Además, para evitar el uso de demasiado espacio en dichos documentos se hará uso de siglas y abreviaturas.

5.1. Corrección ortográfica y semántica

La gramática es el área de conocimiento que se encarga de escribir correctamente las palabras, ateniéndose a unas reglas. Toda persona con una educación mínima conoce estas reglas, ya que se estudian durante la etapa escolar, sin embargo, a veces pueden olvidarse y ocasionar situaciones molestas; las faltas de ortografía siempre son indeseables en ámbitos profesionales y más aún en documentos de este tipo. Se recomienda refrescar periódicamente las normas de ortografía más comunes si fuera necesario y hacer consultas en caso de duda. Actualmente existen en el mercado diferentes métodos de corrección ortográfica que se detallarán en epígrafes siguientes.

La corrección semántica hace referencia al uso de los términos adecuados al concepto que se quiera expresar. Esta característica está estrechamente relacionada con el argot usado en cada campo; todo profesional debe conocer y usar correctamente los términos de su área para poner en entredicho su profesionalidad y no dar lugar a confusión al lector.

5.2. Construcción de oraciones

En cualquier documento profesional las frases deben estar bien estructuradas y cohesionadas para que su lectura sea agradable y no ocasione distracciones al lector. En informes de consumo es preferible que las frases sean cortas y muy concisas, ya que aportan la información de manera bastante estructurada y directa. Si aun así se hace uso de frases más largas y complejas, hay que tener especial cuidado con la concordancia entre sujeto y verbo.

5.3. Normas de aplicación de siglas y abreviaturas

La abreviatura acorta la escritura de palabras o expresiones con el fin de ahorrar tiempo y espacio. Existen dos procedimientos para hacer abreviaturas:

a. Por truncamiento, se eliminan letras o sílabas finales. La abreviatura nunca debe terminar en vocal. Incluyen punto al final.
b. Por contracción, se suprimen letras centrales de la palabra y se dejan las más características.

Ejemplo

- Por truncamiento: "tel." por teléfono, "Rep." por República, "mín." por mínimo.
- Por contracción: "Excmo." por excelentísimo, "Fdo." por firmado, "apdo." por apartado.

Las siglas son palabras formadas por las letras iniciales de expresiones complejas. Se usan para referirse a organismos y a administraciones. Hay varios tipos según su lectura:

1. Acrónimos. Se leen tal como está escrita la sigla, por ejemplo: OTAN o CIA.

2. Deletreo. La combinación de letras hace imposible leerlas como acrónimos, por ejemplo FMI o FBI.
3. Mixtas donde una parte es acrónimo y otra por deletreo. Ejemplo: CD-ROM.

Nota

Las asociaciones de consumidores más comunes son generalmente conocidas por sus siglas: OCU (Organización de Consumidores y Usuarios), FUCI (Federación de Usuarios-consumidores Independientes), CECU (Confederación de Consumidores y Usuarios). Algunas usan otras formas de abreviación como ASGECO (Asociación General de Consumidores) o FACUA (Consumidores en Acción) donde no hay relación directa entre nombre y acrónimo.

5.4. Herramientas para la corrección de textos: diccionarios, gramáticas, diccionarios de sinónimos y antónimos y correcciones informáticas

La revisión de textos consiste en la corrección gramatical, ortográfica y de puntuación de un documento. Hay procesadores de texto que revisan la ortografía y la construcción de algunas frases, pero el análisis semántico siempre es personal. Por ello, hay que hacer uso de diccionarios para saber con exactitud el significado de las palabras empleadas en un texto.

Es fácil encontrar diccionarios que faciliten la tarea de la escritura, existen gran variedad de ellos en el mercado. Se puede hacer uso del clásico diccionario en papel aunque son más cómodos los que presentan un formato electrónico cuyo acceso es más rápido. De hecho, prácticamente todas las editoriales emiten sus obras en los dos formatos. Si se tiene acceso a internet, se pueden utilizar diccionarios online que en algunos casos son gratuitos como el disponible en la página web de la Real Academia Española (www.rae.es). Los diccionarios también pueden ser genéricos o de uso general de la lengua o específicos en temas como economía, ciencia, medicina, etc.

En cuanto a la gramática, pueden utilizarse compendios o manuales disponibles en librerías u online. La Real Academia Española ofrece de forma también gratuita el Diccionario Panhispánico de Dudas donde se pueden consultar las dudas gramaticales más habituales del castellano. Es una herramienta muy intuitiva y fácil de usar que ofrece una información bastante completa.

Los diccionarios de sinónimos y antónimos complementan a los diccionarios genéricos y son muy útiles para enriquecer y cohesionar bien el texto. También existen en formato papel y electrónico.

La corrección ortográfica de textos se puede hacer mediante programas informáticos, no es así con la corrección semántica que siempre tendrá que hacerse de forma personal. Los procesadores de texto permiten correcciones automáticas y la posibilidad de cambiar palabras por sus sinónimos. La corrección se hace conforme a una base de datos de vocablos y normas básicas de gramática, por ello se recomienda revisar los escritos; pueden aparecer palabras correctas gramaticalmente pero no adecuadas según contexto.

Aplicación práctica

Desde el día 21 de junio hasta el 21 de sectiembre la temporada de rebajas se adelanta como cada año en la Comunidad de Madrid al resto de españa. Esta etapa considerada uno de los momentos más áljidos de consumo es donde además se produce un mayor incremento de las reclamaciones por parte de los usuarios. En este sentido, antes de iniciar las compras, es conbeniente conocer cuáles son los derechos de los consumidores durante este período.

El comercio debe indicar como mínimo con 15 días de antelación y de forma clara y visible el periodo de duración de la temporada de rebajas. Al inicio de este periodo, deben estar rebajados al menos el 50 % de los productos.

Además, estos productos deben estar indicados y separados del resto de los artículos de la tienda. También deben de haber sido espuesto a la venta por lo menos con un mes de antelación al inicio del periodo de rebajas.

Continúa en página siguiente >>

<< Viene de página anterior

FACUA Madrid recuerda que la normativa estavlece que en la etiqueta tiene que aparecer el precio orijinal y el rebajado o bien el porcentage de rebaja que se aplique en el producto final. Asimismo, el producto debe tener las mismas calidades que las espuestas durante el resto del año.

Boletín de Consumo nº 21 Acoeticor, asociación de Consumidores (extracto).

1. **Corrija el texto usando reglas ortográficas y después revíselo con el corrector informático que use normalmente.**
2. **Encuentre en el texto sinónimos para las palabras: período, producto, cliente y gasto. Tenga en cuenta que puedan ser sustituidos dentro del contexto del artículo.**

SOLUCIÓN

1. Revisión de texto:

   Desde el día 21 de junio hasta el 21 de septiembre la temporada de rebajas se adelanta como cada año en la Comunidad de Madrid al resto de España. Esta etapa considerada uno de los momentos más álgidos de consumo es donde además se produce un mayor incremento de las reclamaciones por parte de los usuarios. En este sentido, antes de iniciar las compras, es conveniente conocer cuáles son los derechos de los consumidores durante este periodo.
   El comercio debe indicar como mínimo con 15 días de antelación y de forma clara y visible el periodo de duración de la temporada de rebajas. Al inicio de este periodo, deben estar rebajados al menos el 50 % de los productos.
   Además, estos productos deben estar indicados y separados del resto de los artículos de la tienda. También deben de haber sido expuesto a la venta por lo menos con un mes de antelación al inicio del periodo de rebajas.
   FACUA Madrid recuerda que la normativa establece que en la etiqueta tiene que aparecer el precio original y el rebajado o bien el porcentaje de rebaja que se aplique en el producto final. Asimismo, el producto debe tener las mismas calidades que las expuestas durante el resto del año.

2. Sinónimos: temporada, artículo, consumidor y consumo.

6. Técnicas de elaboración de documentos de síntesis y comunicación escrita

Elaborar un documento de consumo implica compartir información con otras personas, por ello deben redactarse de forma que sean perfectamente entendibles por sus destinatarios. Las pautas que se desarrollan a continuación ayudan a este cometido.

6.1. Pautas de realización (concisión, precisión, claridad, coherencia, riqueza de vocabulario, cohesión y énfasis)

La concisión, la precisión, la claridad, la coherencia y la cohesión posibilitan que el texto sea más entendible. El vocabulario variado enriquece el texto y lo hace más profesional y el énfasis resalta aspectos importantes y pone entusiasmo en la transmisión.

Concisión

La concisión facilita la comprensión del texto al no usar palabras o expresiones innecesarias. El uso de frases muy extensas sin aportar nuevas ideas distrae al lector y no enriquece el texto a no ser que este sea literario, en consumo, el texto debe ser lo más conciso posible. No debe confundirse la concisión con la brevedad, una frase puede ser larga y concisa al mismo tiempo.

Precisión

La precisión está muy relacionada con la concisión e implica usar los vocablos necesarios. Cuando un texto es preciso, el cambio de alguna palabra o frase varía el significado de este. Esta condición no siempre es tan estricta, se pueden usar sinónimos, teniendo presente que algunos tienen connotaciones distintas según contexto.

Claridad

La claridad hace que el lector entienda perfectamente lo transmitido. En la medida de lo posible deben evitarse tecnicismos que dificulten la comprensión a personas que no dominen la jerga en consumo.

Nota

En la construcción de oraciones deben prevenirse vicios de dicción como la anfibología y la ambigüedad sintáctica. La anfibología hace referencia a oraciones con doble interpretación y la ambigüedad sintáctica trata palabras con dos posibles funciones en la frase.

Coherencia

La coherencia le da sentido al texto, haciendo que toda la información transmitida sea lógica, no tenga contradicciones y la estructura y el contexto sea los correctos.

Riqueza de vocabulario

El vocabulario variado enriquece el texto y es deseable en cualquier documento profesional. Tener un vocabulario variado posibilita la compresión del lector y la expresión correcta en el emisor.

Sin embargo, conseguirlo requiere del aprendizaje de palabras nuevas de forma continua y de mucha lectura. En consumo es recomienda conocer la jerga del sector para desenvolverse con soltura en los boletines e informes.

Cohesión

La cohesión hace que las frases del informe estén relacionadas de forma que el texto sea claro y no repetitivo. Algunos métodos de cohesión son:

- **Sinonimia:** consiste en sustituir palabras repetidas en el texto por sinónimos. También se pueden usar otras palabras o expresiones que tengan un significado similar dentro del contexto.
- **Antonimia:** consiste en usar antónimos para contrastar ideas.
- **Palabras generalizadoras:** utilizar una palabra o expresión que sustituye a una frase citada con anterioridad.
- **Nominalización:** se produce cuando un verbo es transformado en nombre en el mismo texto o frase para evitar repeticiones.
- **Referencias:** es el uso de pronombres para referirse a hechos o personas ya mencionados en el texto.
- **Conectores:** son palabras o expresiones que enlazan frases. También, además, en consecuencia, con la finalidad de, no obstante, a pesar de serían algunos ejemplos.

Ejemplo

- **Sinonimia:** "La tramitación de reclamaciones es el principal cometido de este artículo. Esta diligencia posibilita el ejercicio de los derechos propios del consumidor".
- **Antonimia:** "Fuera, los manifestantes reclamaban su derecho a la información; dentro, los legisladores daban por concluido el nuevo texto del reglamento".
- **Palabras generalizadoras:** "Las ventas de coches aumentaron en el último mes. Dichas transacciones incrementaron las contrataciones temporales".
- **Nominalización:** "Los afectados salieron la pasada noche. La salida se ha desarrollado con normalidad".
- **Referencias:** "Los empresarios se retrasaron y los recibieron con gran descontento".

Énfasis

En lenguaje escrito el énfasis se consigue con el uso de figuras retóricas utilizadas en escritos literarios, aunque no son demasiado comunes en boletines de consumo, donde el autor se ciñe a explicar los hechos de forma técnica y objetiva. En los informes se enfatiza haciendo hincapié en la misma idea y tratándola como conclusión.

Definición

Figuras retóricas
Son expresiones o formas de usar el lenguaje de forma poco común y en sentido no literal para resaltar aspectos importantes del texto o simplemente para hacerlo más expresivo e idílico. Se usan normalmente en textos literarios, poesía y en algunos artículos periodísticos.

Algunos ejemplos son la onomatopeya, la aliteración, la anáfora, la hipérbole, la ironía y la repetición.

Actividades

11. ¿Qué figuras retóricas conoce? Busque información adicional. ¿Por qué cree que no son muy usadas en boletines de consumo?
12. ¿De qué tipo serían los siguientes nexos?

- No obstante
- Sin embargo
- En contraposición

6.2. Estilos de redacción: técnicas de sintetización de contenidos

El estilo de redacción es la manera que tiene una persona de expresar ideas de forma escrita. El estilo es personal y va a depender del autor, sin embargo, existen algunos tipos genéricos según el ámbito en el que se empleen. El estilo normativo usa esquemas rígidos, a veces es ambiguo y poco comprensible, hay poca improvisación y se evita el uso de la primera persona. La redacción de boletines de consumo es más directa, amena, aporta mucha información en poco espacio y es bastante entendible, ya que en la mayoría de los casos está orientada a un público más variado. Aun así, existen boletines dedicados a un público más selecto donde el lenguaje es más profesional. En la redacción de informes el estilo es más técnico, abundan la jerga profesional, aunque esto también depende del público al que vaya dirigido.

Resumir es transmitir el texto original de forma más breve, su objetivo es comprender y expresar con mayor claridad las ideas expuestas. La sinopsis presenta dos tipos: el resumen que hace el lector directamente y el que lleva a cabo el propio escritor para una posible aclaración de su texto. En ambos casos se siguen los mismos pasos aunque con algunos matices:

1. Leer el texto detenidamente en varias ocasiones es necesario. Como autor este paso no sería necesario.
2. Cerciorarse de que se ha comprendido el escrito. El autor ya tendría asimilado el contenido.
3. Extraer las ideas fundamentales del texto. Para ello, se marcarán las frases o párrafos que contengan la información, después se elegirán las ideas más importantes y se rechazarán las accesorias.
4. Expresar esas ideas utilizando palabras propias. Evitar en la medida de lo posible el uso de oraciones y párrafos del texto. Esta norma puede relajarse ante textos normativos donde a veces es inevitable citar textualmente la ley.
5. Evitar el uso de expresiones como: "En resumen, el texto trata...", "De manera abreviada se puede decir..." y todas aquellas que indiquen textualmente que el texto es un resumen. Hay que tener en cuenta que el resumen es una expresión breve del texto original con sus mismas características.

Actividades

13. Escoja algún artículo que le interese de las publicaciones emitidas por FACUA en su página web y realice un resumen.
14. ¿Qué elementos de cohesión ha encontrado en el documento?

7. Redacción de documentos profesionales

Todos los documentos profesionales persiguen una finalidad. En consumo se aplica la misma regla, los boletines e informes buscan la transmisión de información con meros fines divulgativos o para tomar decisiones de tipo empresarial. Los diferentes objetivos implican diferentes estilos de redacción, los boletines de difusión masiva van a usar un lenguaje más común orientado a un público más amplio y los informes más profesionales usan una redacción más compleja con abundancia de tecnicismos.

Actividades

15. Imagine que su empresa desea expandirse en un nuevo territorio, para valorar la viabilidad del proyecto se accede en primer lugar a información de tipo público disponible en páginas de Administraciones públicas. ¿Qué tipo de informes consultaría? ¿Serían profesionales o de tipo más genérico?

7.1. Lenguaje escrito

La comunicación a través del habla es un proceso natural que surgió por la necesidad de comunicación, sin embargo el lenguaje escrito es una invención del hombre consistente en un conjunto de signos conocidos que permiten transcribir la comunicación oral en papel. Pero el lenguaje escrito va más allá imprimiendo credibilidad a lo expuesto, cuando se desarrolla una idea y quiere materializarse o mostrársela a alguien se hace por escrito. Al transcribir la información que tenemos en nuestra mente desarrollamos más las ideas, caemos en la cuenta de que no hemos tenido en consideración algunos aspectos o subsanamos posibles errores.

Además el lenguaje escrito posibilita el almacenamiento de la información. Las conversaciones muchas veces se olvidan o simplemente se cambia de opinión, el lenguaje escrito no plantea estos problemas porque hay constancia documental de su existencia. De hecho, son documentos escritos los que sirven como justificantes de que un trámite se ha realizado incluso en procesos judiciales.

Debido a la importancia del lenguaje, todo profesional debe cultivar su capacidad de comunicación a través de la escritura. Existen métodos para desarrollar esta habilidad pero la mejor técnica es la práctica; los primeros serán los más difíciles pero con el tiempo se irá cogiendo soltura en la elaboración de cualquier tipo de documento. Las pautas que se desarrollan en los siguientes apartados se pueden aplicar a diversos tipos de información escrita aunque se hará hincapié en los documentos de información de consumo.

Actividades

16. ¿Cómo puede ampliar su capacidad de escritura? ¿Tiene algún método personal que le ayude en el desarrollo de su trabajo?

7.2. Contenido y su organización: fichas de contenido

El primer paso antes de la elaboración es determinar el contenido que va a tener el texto. Tenemos que saber qué ideas se quieren transmitir y a quién van dirigidas. Para ello, debe hacerse un análisis de la información recogida y extraer la relevante para el proyecto. A medida que desarrollamos el texto, nos daremos cuenta de que alguna información que *a priori* era importante no tiene relevancia final o es demasiado engorrosa para incluirla. En otras ocasiones ocurre la situación contraria, necesitamos más información para contrastar la idea.

El objetivo es que el lector tenga clara la información, la idea principal del texto tiene que estar resaltada. Es importante que las ideas de un mismo texto no sean demasiado numerosas para no dar lugar a confusiones. Existen algunas pautas para organizar estas ideas:

- Expresar primero las ideas principales y después las accesorias o secundarias. Está demostrado que el usuario pone más interés en los primeros párrafos que en los últimos.
- Empezar definiendo conceptos y después desarrollarlos de manera más extensa.

Seguir la estructura que se presentó en epígrafes anteriores es esencial. Son estructuras sencillas y fáciles de asimilar, tanto para el escritor como para el lector. Cualquier persona espera un orden lógico de elementos cuando empieza una lectura, si es un artículo la estructura básica es un título que resuma la noticia y el desarrollo de esta. Si es un informe se espera una introducción, el desarrollo y unas conclusiones finales. En ambos casos se hace uso del índice o sumario, gracias a esta herramienta el lector sabe guiarse en el texto y encontrar el artículo de su interés.

Una herramienta útil para el manejo de grandes volúmenes de información son las fichas de contenido. Estas se van almacenando de forma ordenada conforme se recopilan los artículos e informes y se accede a ellas directamente sin tener que volver a revisar todos los documentos; una vez que está localizada la ficha es fácil llegar al documento original. Las fichas personales incluyen los datos que a juicio del autor son relevantes, que normalmente son:

- Autor de la obra.
- Nombre de la obra.
- Fecha de publicación.
- Palabras claves referenciadas al texto.
- Breve resumen si se desea.
- Si es un artículo, el nombre de la publicación y número.
- Pueden contener notas o comentarios a criterio del usuario.

Si las fichas son sobre normativa deben incluir: tipo de norma, número y nombre, órgano emisor, publicación, fecha, indicar si sigue vigente, y breve descripción.

A veces es necesario que las fichas estén ordenadas temáticamente en lugar de por los datos básicos anteriores. Se escogería el tema que daría título a la ficha y se citarían todas las normas, artículos o documentos relacionados con ellos.

Ejemplo

Ficha: legislación asociaciones de consumidores

Norma	Origen	Boletín y fecha	Nota
Decreto núm. 121/2014, de fecha 26/08/2014	Andalucía	Boletín Oficial Junta de Andalucía nº 168 de 29-08-2014	Régimen jurídico y Registro de Asociaciones y Organizaciones de personas consumidoras y usuarias de Andalucía
Orden SCB/1198/2019, de 4 de diciembre	Estatal	Boletín Oficial del Estado nº 300 de 14/12/19	Se establecen las bases reguladoras para la concesión de subvenciones a asociaciones de consumidores y usuarios
Decisión de la Comisión, de 18 de agosto de 2010	Unión Europea	L219/21 2010/462/UE	Adopción de una decisión de financiación sobre un proyecto piloto destinado a promover la capacitación de los consumidores, así como la eficiencia y la estabilidad de los mercados financieros europeos, impartiendo formación a las asociaciones de consumidores y organizaciones similares

Los formatos pueden ser papel o recurso digital. Si se opta por el papel, las fichas constituirían un archivo ordenado alfabéticamente. Esta forma no es recomendable para grandes volúmenes porque las búsquedas son más lentas. Los formatos digitales permiten almacenar el mismo tipo de información pero con la ventaja de que se pueden hacer búsquedas por cualquier criterio. Hay programas específicos para ello pero siempre se puede recurrir a *Access de Microsoft Office*.

Sabía que...

El uso de fichas de contenido no solo es apto para la elaboración de material bibliográfico útil para consulta a nivel profesional. A nivel personal es muy utilizado por estudiantes y opositores que tienen que manejar gran cantidad de información, sobre todo normativa. Las fichas dan orden y estructura a los textos y posibilitan el aprendizaje.

Cuando se accede a una base de datos externa, bien sea por búsquedas simples o a través de un tesauro, puede llegarse a una ficha de contenido antes de acceder a la descarga del documento entero. La ficha da la información básica para comprobar si efectivamente es el documento buscado. Son muy útiles sobre todo para los informes de mayor extensión donde la descarga implica más tiempo.

Actividades

17. Acceda al Boletín General del Estado y elabore la ficha de contenido de varias leyes relacionadas con consumo. También puede usar el boletín oficial de su comunidad autónoma si lo prefiere.

7.3. Resumen o síntesis

La característica principal de un resumen es la de expresar en forma breve el contenido de un tema, de manera que cuando cualquier persona lo lea obtenga un conocimiento preciso y completo del texto en origen. Al igual que la escritura, la capacidad para hacer un buen resumen no es innata, siempre se consigue mejorar con la práctica y usando las técnicas vistas anteriormente. El lenguaje usado debe ser parecido al del texto original, por tanto si es un texto jurídico tiene que mantener la terminología aunque adaptada para una mejor comprensión.

Nunca deben incluirse opiniones ni conclusiones propias en resúmenes, ello desvirtuaría el documento original y se convertiría en un ensayo o artículo de opinión, no en un resumen. Al igual que en la elaboración de documentos, los resúmenes deben incluir inicialmente la idea más importante y después detallar otras accesorios; también habría que destacar en primer lugar las ideas genéricas y después desarrollarlas.

En el resumen de informes, además de las pautas dadas, debe seguir una estructura parecida al original: introducción, desarrollo y conclusiones. La estructura ayudaba a la comprensión del informe por parte del lector, con el resumen ocurre el mismo caso.

Los boletines son esencialmente recopilaciones y resúmenes de normas, artículos u otros documentos destinados a informar sobre una materia. A diferencia de los informes, la estructura del artículo del boletín se hace a criterio de su elaborador, incluyendo o destacando lo que crea que es más relevante para los lectores o lo que les va a servir de ayuda. Cuando el boletín trata una norma, no la incluye en su totalidad, tan solo se destacan los aspectos más interesantes como afectados por la ley, plazos o sanciones.

Aplicación práctica

Usted colabora como asesor jurídico para una asociación de consumidores. Debido a noticias recientes sobre información errónea en los etiquetados de productos industriales, le piden que haga un resumen de normativa a tal efecto para luego elaborar el boletín correspondiente.

Parta del siguiente extracto y aplique las normas básicas de resumen normativo explicadas en el tema.

Real Decreto 1468/1988, de 2 de diciembre, por el que se aprueba el Reglamento de etiquetado, presentación y publicidad de los productos industriales destinados a su venta directa a los consumidores y usuarios (fragmento) (publicado en BOE núm. 294, de 8 de diciembre de 1988, páginas 34684 a 34686).

Artículo 7.

Los datos mínimos exigibles que necesariamente deberán figurar en el etiquetado de los productos industriales que lleguen al consumidor, a fin de asegurarle una información suficiente, serán los siguientes:

1. *Nombre o denominación usual o comercial del producto, que será aquel por el que sea conocido con el fin de que pueda identificarse plenamente su naturaleza, distinguiéndole de aquellos con los que se pueda confundir salvo para los productos que razonablemente sean identificables.*
2. *Composición: este dato debe hacerse figurar en la etiqueta cuando la aptitud para el consumo o utilización del producto dependa de los materiales empleados en su fabricación, o bien sea una característica de su pureza, riqueza, calidad, eficacia o seguridad.*
3. *Plazo recomendado para su uso o consumo, cuando se trate de productos que por el transcurso del tiempo pierdan alguna de sus cualidades. Se podrán determinar otras fechas que sustituyan o acompañen a esta en aquellos casos en los que justificadamente el producto lo requiera.*
4. *Contenido neto del producto, expresado en unidades de masa o volumen, cuando se trate de productos susceptibles de ser usados en fracciones o el número de unidades en su caso.*
5. *Características esenciales del producto, instrucciones, advertencias, consejos o recomendaciones sobre instalación, uso y mantenimiento, manejo, manipulación, peligrosidad o condiciones de seguridad, en el caso de que dicha información sea necesaria para el uso correcto y seguro del producto.*

Continúa en página siguiente >>

<< Viene de página anterior

6. Lote de fabricación, cuando el proceso de elaboración se realice en series identificables, de acuerdo con lo dispuesto en el artículo 5.7.
7. Identificación de la empresa. Se indicará el nombre o la razón social o la denominación del fabricante o del envasador o transformador o de un vendedor, establecidos en la Comunidad Económica Europea y, en todo caso, su domicilio.
8. Se deberá, además, indicar el lugar de procedencia u origen, en el caso de que su omisión pudiera inducir a error al consumidor, en cuanto el verdadero origen o procedencia del producto. Los productos importados de terceros países no firmantes del Acuerdo de Ginebra sobre obstáculos técnicos al comercio de 12 de abril de 1979, deberán hacer constar en su etiquetado el país de origen.
9. Potencia máxima, tensión de alimentación y consumo energético en el caso de productos que utilicen energía eléctrica para su normal funcionamiento.
10. Consumo específico y tipo de combustible, en su caso, en productos que utilicen otros tipos de energía.

Artículo 8.

1. Todas las inscripciones a las que se ha hecho referencia deberán figurar, al menos, en castellano, lengua española oficial del Estado.
2. Los datos obligatorios del etiquetado deberán aparecer con caracteres claros, bien visibles, indelebles y fácilmente legibles por el consumidor, no pudiéndose usar abreviaturas, excepto para las unidades de las magnitudes físicas reseñadas que se atendrán a lo que dispone la legislación oficial vigente.
3. Las etiquetas que contengan los datos obligatorios se situarán sobre el propio producto o en su envase y de forma que sean perfectamente visibles por el consumidor o usuario.

No obstante, en los productos duraderos de uso repetido o por razones justificadas de espacio, los datos obligatorios podrán figurar en folletos o documentos que acompañen al mismo.

4. Los productos industriales que se suministren no envasados al consumidor deberán incorporar la información obligatoria, bien en etiqueta sobre el propio producto, de acuerdo con la definición de etiqueta establecida en la presente disposición, o bien en folleto o documento que acompañe a los mismos y que debe entregarse al comprador, salvo que las características del producto o su forma de comercialización no lo permitan, en cuyo caso se conservarán en poder del vendedor para permitir una correcta identificación del producto y suministrar la correspondiente información al consumidor que lo solicite.

Continúa en página siguiente >>

<< Viene de página anterior

Artículo 9.

Al etiquetado obligatorio podrá acompañar otro tipo de información, siempre y cuando no esté en contradicción con lo establecido en esta disposición.

SOLUCIÓN

El resumen normativo debe contener todos los datos que resulten relevantes para el consumidor, además estos deben estar redactados de forma clara y entendible aunque conservando su esencia normativa.

Los datos mínimos exigibles en el etiquetado de productos industriales para consumo son:

- Denominación comercial.
- Composición.
- Plazo recomendado de uso o consumo.
- Contenido neto del producto.
- Instrucciones y advertencias relevantes para el uso o consumo del producto.
- Número de lote.
- Identificación de la empresa fabricante.
- Lugar de procedencia.
- Potencia soportada y consumo en caso de productos eléctricos.
- Tipo de combustible utilizado si el producto consume algún tipo de energía diferente a la eléctrica.

El texto que indique las anteriores características debe seguir las siguientes pautas: estar escrito en el lenguaje oficial del país de venta, ser claro y perfectamente entendible evitando el uso de abreviaturas que dificulten su comprensión, estar visible en el propio envase del producto o en documento anexo. Además de lo anterior, la etiqueta puede incluir otros aspectos que el fabricante considere oportunos en relación al producto.

---

8. Presentación de la documentación

En epígrafes anteriores se ha estudiado cómo encontrar documentación, redactar boletines e informes y hacer resúmenes. En este apartado se va a dejar atrás el desarrollo propio de estos documentos para centrarse en otros aspectos accesorios, pero no menos importantes para la materia. Los informes y boletines de consumo deben incluir información actual y fiable. No sirve de nada hacer un boletín normativo si las leyes que incluyen están derogadas y es inadmisible que lo publicado no se ciña a la realidad, de ahí la importancia de la fiabilidad de las fuentes consultadas.

En los dos últimos epígrafes se expondrán los canales de difusión de boletines e informes más usuales.

8.1. Fuentes de origen

Como ya se citó en la estructura de los informes, la bibliografía debe incluirse en la parte final de dichos documentos. Esta tarea de documentación es mucho más amplia, antes de desarrollar el informe debe comprobarse la fiabilidad de las fuentes, para ello lo mejor es acudir a recursos ofrecidos por administraciones, organismos de prestigio y bases de datos que ya conozcamos. Los informes tienen una gran difusión y un error restaría credibilidad al trabajo.

Con referencia a la normativa, lo mejor es buscar directamente en los boletines del Estado y de las comunidades autónomas, de esta forma se está permanentemente actualizado en estos temas. Los buscadores vistos en el tema permiten encontrar la normativa referente a una materia, aunque después se pueda revisar directamente en la documentación emitida por el órgano legislativo.

En los boletines no es necesario incluir un apartado de bibliografía al final, aunque sí se usan enlaces a páginas con información adicional o fuentes directas de normativa. De nuevo, las fuentes consultadas siempre tienen que ser fiables, la información suministrada en los boletines es de gran difusión y un artículo con información equivocada ocasionaría problemas a los usuarios.

18. ¿Cuál es el orden habitual de los elementos a la hora de citar la bibliografía?

8.2. Cronología

Los informes muestran la situación en un determinado momento, ofrecen soluciones y obtienen una conclusión. Todo este trabajo no serviría para nada si no se tiene en cuenta el momento de los hechos expuestos y el de la publicación. Hay que procurar que la información sea actual y oportuna salvo que el informe verse concretamente en hechos ya pasados.

Los boletines, en su mayoría, tratan aspectos actuales y relevantes dentro de su área. Perderían su función básica de información si esta no estuviera vigente sobre todo en el tema de plazos y reclamaciones. La normativa es un aspecto delicado en esta materia, el autor debe comprobar exhaustivamente que las normas citadas no están derogadas o no han sido modificadas por otras leyes posteriores.

8.3. Canales de comunicación y divulgación

Tanto informes como boletines pueden ser publicados en formato papel aunque es cada vez menos frecuente debido al desarrollo de las tecnologías de la información. Los métodos de difusión en este formato son varios:

- **Formato prensa.** Es propio de los boletines emitidos por las asociaciones. Los boletines son impresos y distribuidos en puntos de información, sede de la propia asociación, reparto por buzones, consultas de profesionales o puntos de interés o máximo tránsito. También se pueden enviar directamente por correo a suscriptores de la asociación.
- **Formato publicación.** Corresponden a informes suministrados por organismos públicos o empresas. Suelen ser informes extensos y detallados en forma de libro con previo pago, de hecho muchas veces se venden en librerías especializadas. Admiten la opción de CD-ROM.

8.4. Internet/intranet

Internet es el método de divulgación más importante para este tipo de publicaciones. Es usado por entes públicos, empresas o asociaciones además de los vistos anteriormente en formato papel. El éxito de este método radica en su rapidez y coste, los usuarios pueden descargar la información de las páginas webs de los organismos. Este servicio suele ser gratuito aunque hay páginas que requieren estar suscrito y pagar una cuota mensual para descargar los escritos completos. Las ventajas en costes se producen por el ahorro en papel del que se pueden beneficiar usuario y emisor.

Aplicación práctica

Lea el siguiente artículo sobre reclamaciones en materia de suministro eléctrico emitido por la Organización de Consumidores y Usuarios (OCU):

> Si tienes un problema con una compañía suministradora, presenta una reclamación por escrito en el Departamento de Atención al Cliente de la empresa indicando tu queja y lo que pides. Si en el plazo de un mes no te han dado una solución satisfactoria, tendrás que dirigirte a la Consejería de Energía e Industria de tu comunidad autónoma, ya que es el organismo competente en todo lo relacionado con la regularidad del servicio, la verificación de los aparatos de medida, la equidad en la facturación y las condiciones de seguridad. No olvides adjuntar copia de las cartas dirigidas a la compañía suministradora, las respuestas recibidas, las facturas de las reparaciones, los presupuestos de las averías, etc.
>
> Si la reclamación está relacionada con la parte comercial del suministro (facturas, cláusulas abusivas, incumplimiento de ofertas, atención al cliente...), y no con el propio suministro (picos de tensión, por ejemplo), también puedes reclamar ante la Administración de Consumo: la OMIC del ayuntamiento o los servicios de consumo autonómicos.
>
> 01/01/2021
>
> (fragmento)

Continúa en página siguiente >>

<< Viene de página anterior

1. **¿Qué elementos de cronología encuentras en el texto?**
2. **¿Qué finalidad tiene el artículo?**
3. **¿Qué medio usarías para su difusión?**

SOLUCIÓN

El artículo trata un tema actual y de continua preocupación de los usuarios, ya que las compañías eléctricas a veces no facilitan demasiado las vías para efectuar reclamaciones.

El fin del artículo es dar información precisa a consumidores de energía eléctrica para que puedan hacer reclamaciones de forma efectiva. Para ello, ofrece alternativas a la reclamación directa a la compañía gestionada por el departamento de atención al cliente.

Estaría incluido dentro de un boletín de consumo y el medio de mayor difusión sería vía internet a través de la página web de a la asociación, aunque también admitiría el formato papel para su difusión a través de buzoneo o reparto en puntos de referencia.

La intranet ofrece las mismas ventajas que internet, pero en un ámbito más reducido y restrictivo. Si los informes son publicados en este medio, solo los integrantes del organismo o la empresa pueden acceder a ellos, convirtiéndolos en documentos de uso interno, pero con todas las ventajas en cuanto a información que los anteriores.

Definición

Intranet
Es una red privada que usa la tecnología de internet. La navegación se produce de igual forma pero está disponible solo para el personal autorizado a ello. Las grandes compañías hacen uso de estas redes como medio de comunicación e información entre sus trabajadores.

9. Normativa y usos habituales en la elaboración y presentación de la documentación de consumo

El uso de informes y boletines se ampara en el derecho de información. Este se define como el derecho que tiene cualquier persona a buscar y a acceder a datos de tipo legal o contractual que puedan afectarle sin que se tengan que presentar los motivos por los que se solicita dicha información y está recogido en el artículo 20 de la Constitución Española de 1978. La ONU también se manifiesta al respecto en el art. 19 de la Declaración Universal de los Derechos Humanos del 10 de diciembre de 1948 argumentando que a toda persona le corresponden las facultades de investigación, recepción y difusión de información y que el estado debe garantizar este derecho a sus ciudadanos como característica fundamental de cualquier sistema democrático.

Los boletines o informes de consumo ponen en práctica estos derechos fundamentales, pero también están a expensas de otras normas que también pueden afectarle según la información que en ellos aparezca, es aquí donde entra la ley de protección de datos y las normas básicas de seguridad documental.

9.1. Protección de datos

Boletines e informes son documentos de divulgación pública que tienen como finalidad la información en materia de consumo a usuarios. Los datos que en ellos aparecen suelen tratar normativa, plazos o reseñas estadísticas sin incluir datos de carácter personal que sí están protegidos por la Constitución Española y la Ley de Protección de Datos.

La Constitución Española cita este tema en su artículo 18 sobre la garantía del derecho de intimidad y la Ley de Protección de Datos (Ley Orgánica 3/2018 de 5 de diciembre, de Protección de Datos Personales y garantía de los derechos digitales, LOPDGDD) establece parámetros adecuados de actuación para la protección de datos de carácter personal en su tratamiento.

Esta ley se aplica al tratamiento total o parcial automatizado de datos personales; así como al tratamiento no automatizado de datos personales integrados o destinados a pertenecer a un fichero.

Desde el punto de vista de la LOPDGDD existen tres categorías de datos:

- **Básicos:** todos aquellos datos que puedan identificar a una persona física, que no pertenezcan a la categoría especial y que no tengan naturaleza penal. Entre ellos están: nombre y apellidos, NIF, estado civil, aficiones, puesto de trabajo, datos bancarios, etc.
  El tratamiento de los datos básicos está permitido, previo consentimiento del titular de los mismos.
- **Especiales:** datos de origen étnico o racial, ideología y religión, afiliación sindical, de salud y los relacionados con la orientación sexual de la persona.
  Con carácter general, el tratamiento de estos datos está prohibido, incluso cuando exista consentimiento expreso del titular de los datos. No obstante, esta prohibición no se aplica si se cumple alguna de las circunstancias del artículo 9.2 del Reglamento General de Protección de Datos (Reglamento (UE) 2016/679) de 27 de abril).
- **De naturaleza penal:** datos relacionados con condenas e infracciones penales, de procedimientos y medidas cautelares, y de seguridad.
  El tratamiento de estos datos solo puede realizarse cuando así lo regule una norma europea, la LOPDGDD u otra norma con rango de ley; cuando se realice bajo el control de las autoridades públicas, en el caso del registro de condenas penales; y cuando lo realicen los abogados o procuradores en el ejercicio de sus funciones.

El redactor de informes y boletines, según la normativa descrita, debe discernir entre datos personales y pertenecientes al ámbito de intimidad del individuo y aquellos que están fuera y que entran dentro del derecho a información objeto de este tema.

Actividades

19. ¿Qué tipo de datos serían los extractos bancarios y de tarjeta de crédito de una persona? ¿Qué uso podría dársele a efectos de consumo?

9.2. Seguridad y confidencialidad

Como ya se ha indicado, los boletines e informes son de difusión pública. Esta característica se aplica con carácter general aunque hay excepciones, existen documentos de esta naturaleza cuya difusión es estrictamente privada e incluso se establecen normas para preservar su confidencialidad. Suelen ser informes de carácter interno que están dirigidos al personal de la organización o que tratan temas de índole estratégico. Su envío se realiza directamente a las personas interesadas o se pone a disposición en la intranet de la corporación. Al ser documentos especiales debe indicarse explícitamente que está prohibida su difusión por otros medios o el reenvío a terceras personas.

No es habitual que dichas normas de seguridad y confidencialidad se apliquen a boletines de tipo normativo, ya que esta es una información eminentemente pública disponible en otros medios.

20. ¿Qué es el deber de secreto profesional y cómo afecta al consumo?

10. Resumen

Para elaborar informes y boletines de consumo es necesario que se haga una búsqueda exhaustiva de documentos que sirvan como bibliografía. Las palabras claves ayudan a hacer este tipo de búsquedas ordenando las bases de datos de forma que sea fácil encontrar el documento deseado a través de palabras o expresiones afines al texto. Los tesauros son herramientas de gestión de datos más complejos que usan descriptores y palabras secundarias que afinan la búsqueda dando menos resultados pero más concretos. Es importante definir bien estos descriptores de forma que describan bien el texto para no ocasionar pérdidas de información al usuario.

Los boletines como cualquier documento profesional tienen una estructura determinada que ayudan a su redacción y lectura. Estos incluyen un título, un sumario y la redacción de los diferentes artículos. Los informes suelen ser de mayor extensión y solo tratan un tema, su contenido se compone de un título, índice, introducción, desarrollo, conclusiones y bibliografía.

Boletines e informes tienen difusión pública por lo que hay que extremar su corrección gramatical y semántica; para ello se dispone de herramientas informáticas que ayudan a este cometido aunque la revisión final siempre debe hacerse de forma personal para que no haya ninguna expresión fuera de contexto. Las fuentes de origen de la bibliografía deben ser de total confianza para no cometer errores que resten profesionalidad al editor.

Los boletines e informes se usan para extraer información, hay que saber resumir y sacar conclusiones de estos textos para poder aplicarlos al resultado buscado. Las fichas de contenido también ayudan a este objetivo permitiendo tener bases de datos personalizadas según los criterios del autor. Estos informes y boletines suelen estar disponibles en las páginas webs de la empresa y de las instituciones públicas aunque tienen otros medios de distribución como el buzoneo, correo ordinario o sedes de organizaciones.

Hay que saber delimitar los datos de carácter personal protegidos, de los datos que pueden ser publicados en los boletines e informes con carácter estadístico. La normativa regula tres categorías de datos y su tratamiento específico.

Ejercicios de repaso y autoevaluación

1. Indique si las siguientes oraciones son verdaderas o falsas.

a. El formato de emisión de boletines de consumo se ha reducido exclusivamente a formato digital por el desarrollo reciente de las nuevas tecnologías.

- ☐ Verdadero
- ☐ Falso

b. El tesauro es un tipo de lenguaje documental que distribuye y da forma a una o varias bases de datos.

- ☐ Verdadero
- ☐ Falso

c. En la redacción de boletines de consumo nunca se enfatiza, el texto siempre se ciñe literalmente a la realidad sin usar este tipo de recursos estilísticos.

- ☐ Verdadero
- ☐ Falso

2. Indique la opción correcta.

a. Existen varias formas de presentación de los tesauros: alfabética, gráfica y con lenguaje informático.
b. El lenguaje documental tiene su base en el lenguaje natural para que las búsquedas resulten lógicas para el usuario.
c. El tesauro es un tipo de lenguaje controlado.
d. Las opciones b y c son correctas.

3. Indique la frase correcta.

a. Los boletines son una gran fuente de información para usuarios sobre productos, normativa y trámites.
b. Los informes no están destinados a consumidores finales solo a empresas o entes con interés en estudios de consumo.

c. Los boletines en papel son los que tienen mayor difusión debido a su menor coste y su facilidad de uso.
d. Todas las opciones son incorrectas.

4. Indique la opción incorrecta.

a. Los boletines de consumo no están afectados por la ley de protección de datos ya que no incluyen datos de carácter personal.
b. Existen informes de carácter confidencial cuya difusión está prohibida.
c. El derecho a información viene recogido en el artículo 13 de la Constitución Española de 1978.
d. En la Declaración Universal de los Derechos Humanos del 10 de diciembre de 1948 se recoge que a toda persona le corresponden las facultades de investigación, recepción y difusión de información.

5. Indique la opción correcta.

a. La intranet es un canal habitual usado por asociaciones de consumidores para difundir sus boletines periódicos.
b. El formato CD-ROM está más indicado para informes.
c. Las fuentes de información para elaborar boletines pueden ser de cualquier índole, lo importante es la redacción.
d. Las opciones a y b son correctas.

6. La principal diferencia entre boletines e informes es...

a. ... su extensión, los boletines son más amplios.
b. ... la diversidad de temas tratados, los informes tratan solo uno en profundidad y los boletines varios, pero de forma más abreviada.
c. ... el emisor, los informes son emitidos por entidades públicas y los boletines por asociaciones sin ánimo de lucro.
d. ... el receptor, los boletines están destinados a todo el público y lo informes a personal experto en consumo.

7. La estructura del boletín incluye...

a. ... obligatoriamente título, sumario y artículos.
b. ... obligatoriamente título, sumario, artículos e información sobre actividades.

c. ... título, índice, introducción y conclusiones.
d. ... los elementos que decida el autor.

8. La finalidad perseguida con los boletines e informes...

a. ... es dar información relevante sobre consumo a usuarios.
b. ... es únicamente dar publicidad a las empresas emisoras.
c. ... dar información sobre eventos en empresas privadas.
d. ... hacer que sus clientes estén satisfechos según criterio de compañías privadas.

9. Encuentre en la siguiente sopa de letras cinco pautas para la elaboración correcta de documentos.

C	S	R	D	W	R	S	G	E	C	T	Q	T	U	W	T	R	I	P
H	O	E	F	R	E	D	D	F	O	F	O	U	E	A	I	A	R	W
I	S	N	Y	X	E	X	W	M	H	R	A	X	N	W	K	E	E	B
K	Q	A	C	I	E	X	P	D	E	A	I	O	F	Z	C	K	U	Q
Q	A	U	U	I	Q	S	V	T	R	I	Ñ	S	A	I	N	D	L	M
E	V	D	T	A	S	U	U	M	E	F	O	T	S	U	H	G	O	A
N	I	U	X	Q	T	I	A	G	N	W	J	I	I	W	M	C	I	T
T	Q	V	C	R	D	S	O	T	C	J	O	B	S	U	S	E	H	B
Q	T	E	Z	C	C	P	S	N	I	N	Q	A	T	W	P	H	N	R
G	C	L	A	R	I	D	A	D	A	I	S	R	D	Y	A	C	Q	U

10. La presentación de informes y boletines...

a. ... debe ser maquetada e impresa por profesionales del diseño.
b. ... en forma digital es solo para su difusión a través de Internet.
c. ... puede llevarse a cabo en la propia empresa usando procesadores de texto habituales.
d. ... es mensual.

11. Defina la concisión como elemento de elaboración de textos.

____

12. ¿Cuál es la diferencia entre el lenguaje libre y el lenguaje controlado?

____

13. Relacione cada concepto con su ejemplo.

a. Sinonimia.
b. Nominalización.
c. Conector.
d. Referencias.

__ En consecuencia.
__ La finalidad del boletín es informar al consumidor. Dicho objetivo se materializa en informes de consumo.
__ Los galardonados llegaron en el primer vuelo, el presidente los saludó conforme a su llegada.
__ Los contribuyentes empezaron a llegar a las oficinas para cita previa a primera hora de la mañana. La llegada se produjo con normalidad y sin colas.

14. Relacione cada acción con su finalidad en boletines de consumo.

a. Inicio de cursos de mecanografía en la sede de la asociación.
b. Requisitos de documentación para pedir ayudas en reformas de viviendas.
c. La nueva normativa sobre cláusulas suelo ha cambiado en la comunidad de Andalucía.
d. Irvisa (empresa emisora del boletín) destina fondos para la una nueva investigación sobre el cáncer de colon.

__ Anuncio de eventos.
__ Consolidación de la imagen corporativa de la empresa.
__ Requisitos de interés para los usuarios.
__ Información normativa.

15. Indique la vía de difusión, Internet o intranet, más favorable para este tipo de documentos.

a. Informe corporativo de carácter interno. ___________
b. Estudio estadístico sobre la compra-venta de automóviles de ocasión en España en 2020. ___________
c. Plan de actuación para reclamaciones eficientes. ___________
d. Informe confidencial. ___________________

Capítulo 2

Tratamiento de la información de consumo con procesadores de texto

Contenido

1. Introducción

En el capítulo anterior se estudió la finalidad de elaborar boletines e informes en consumo, a quién iban dirigidos, dónde publicarlos y la selección de las fuentes de información para realizarlos. En este se van a dar pautas más técnicas de elaboración de este tipo de documentos, utilizando para ello los procesadores de textos: **Microsoft Word** integrado en Microsoft Office y **LibreOffice Writer.** La elección de estos programas se debe a su amplia difusión y conocimiento por parte de profesionales. Aunque los temas se van a tratar detenidamente con uso de imágenes y explicaciones es necesario que el usuario posea conocimientos previos sobre dichos programas.

En los primeros epígrafes se tratará la aplicación de fuentes, sangrías, espaciado, tabulaciones y el uso y creación de estilos para agilizar el proceso de dar formato al texto.

La autocorrección es una herramienta muy útil, ya que también agiliza el trabajo de redacción y corrección de texto, veremos cómo utilizarla y sacarle el máximo rendimiento.

En los ámbitos profesionales es habitual tener que redactar el mismo tipo de documento en varias ocasiones, por lo que se utilizan plantillas personalizadas y haremos uso de las tareas automatizadas disponibles en Word como las macro. Redactar formularios *a priori* puede parecer complicado pero con la aplicación correspondiente del procesador de textos, la tarea de facilita bastante, permitiendo realizar preguntas con respuestas múltiples, rellenado de huecos y listas desplegables.

Por último, se tratará la impresión que es el paso final en la elaboración de boletines e informes, pero no por ello menos importante. Es habitual imprimir un documento y que el resultado no sea el que había editado en pantalla por ello se darán pautas para evitar estos problemas. Aprenderemos a usar la vista previa y a hacer modificaciones en el texto directamente desde esta aplicación.

2. Aspecto de los caracteres y letras

El tipo de letra propicia que el texto sea atractivo y fácil de leer para el lector. **Microsoft Word** y **LibreOffice Writer** dan la opción de cambiar el tipo de letra, su tamaño además de darle diferentes efectos que se desarrollan a lo largo de este epígrafe y que conseguirán estos objetivos.

La elección de un tipo u otro depende del autor, pero se recomienda hacer varias pruebas de letras y tamaños para ver su vistosidad en el texto terminado. Por defecto, el procesador viene configurado con un tipo de fuente estándar, este debe cambiarse para hacer el boletín y los informes más originales y profesionales. También es aconsejable que la fuente de los títulos sea de mayor tamaño que la usada en el grueso del texto para que resalte dentro de este y capte la atención del lector; en el contenido debe ser legible, claro y que no canse la vista.

2.1. Tipo

El procesador de textos dispone de una amplia colección de fuentes aunque siempre se pueden añadir más tipos de forma manual a través de la configuración del programa.

Microsoft Word

La lista de fuentes disponibles aparece en el segundo grupo de la pestaña **Inicio.** Si abrimos el desplegable aparecen todos los tipos ordenados alfabéticamente. Dicho desplegable presenta dos grupos, el primero es más corto y contiene los tipos de letra usados recientemente y el segundo comprende la totalidad de las fuentes instaladas.

Existen varias formas de aplicar la fuente a un texto:

- Elegir directamente la fuente antes de escribir el texto. Como ya se ha explicado, la fuente se elige desde el desplegable del grupo **Fuente** en la pestaña **Inicio.**

- Escoger la fuente después de redactar el texto, para ello se selecciona este y se va de nuevo al desplegable. Esta opción permite visualizar el texto seleccionado con distintos formatos de letra sin necesidad de modificarlo, esto ocurre solo cuando se clica sobre la fuente que quiere elegirse.

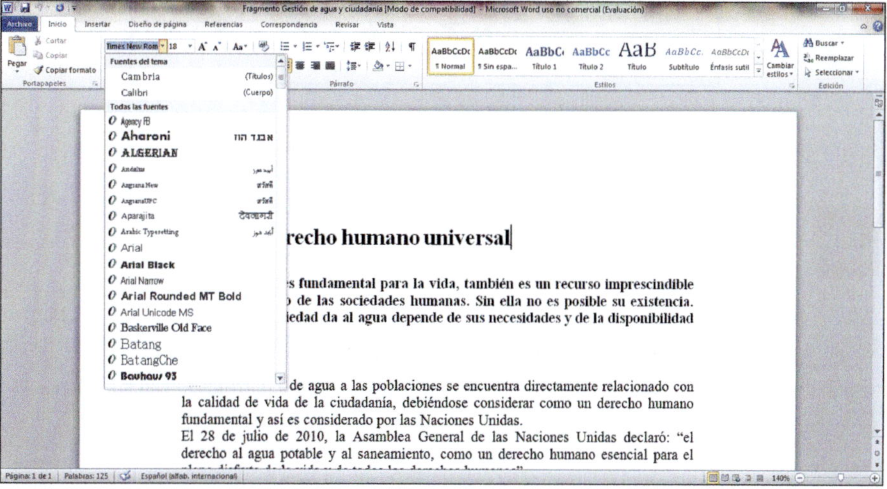

Visualización de los tipos de fuentes disponibles

Nota

Microsoft Word dispone de otro método más rápido de elección de fuente y otras características de forma abreviada pero igual de útil que las anteriores. Seleccionando un párrafo aparecerá en la parte superior derecha del cursor un recuadro de formatos disponibles que permiten entre otras opciones la del cambio de fuente. Esta opción posibilita hacer cambios sin usar el menú Inicio de la cinta de opciones.

El tipo de fuente no solo está determinado por la elección de caracteres, la *cursiva,* la **negrita** y el subrayado también resaltan títulos o frases dentro de un boletín. Para aplicarlas se hace uso nuevamente de la pestaña **Inicio** de la cinta de opciones, todas estas aplicaciones se encuentran debajo del desplegable de fuentes visto anteriormente. Para su manejo se usan los mismos procedimientos que para la fuente.

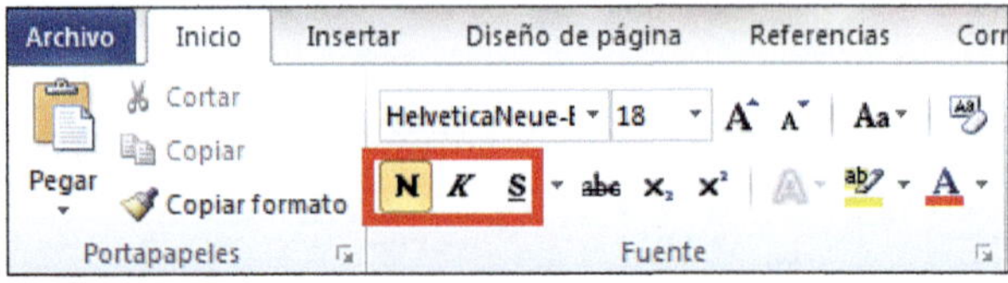

Aplicación de cursiva, negrita y subrayado en textos

Actividades

1. ¿Qué tipo de fuente usa por defecto Microsoft Word?
2. Elija tres tipos de fuentes adecuadas para títulos o tres para párrafos según su criterio.

LibreOffice

La selección del tipo de letra se realiza a través de la barra de herramientas. La aplicación de un tipo u otro se hace antes de empezar a redactar el texto o bien después seleccionándolo previamente. Además del tipo de letra pueden añadirse otras características como la cursiva, la negrita y el subrayado situadas a la derecha de la opción de la fuente.

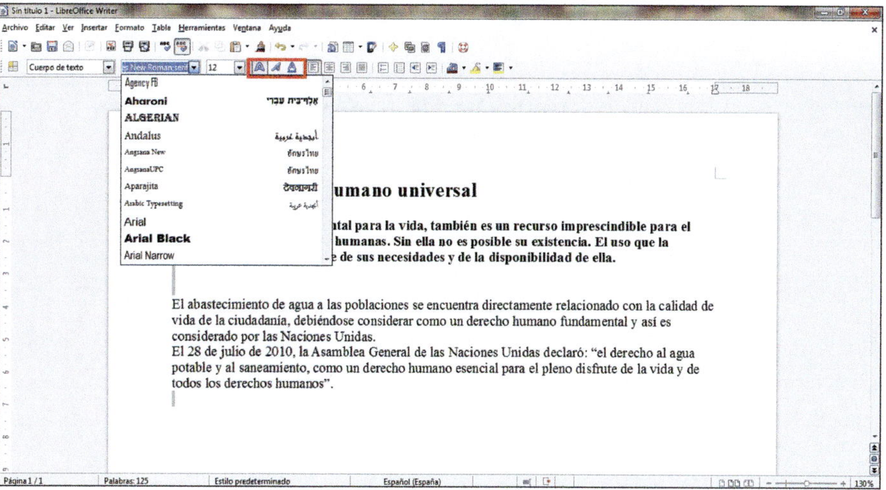

2.2. Tamaño

El tamaño de la fuente elegida es modificable en ambos programas a través de los procedimientos que se describen a continuación.

Microsoft Word

El botón de tamaño está situado al lado de la lista de fuentes, al igual que este actúa en forma de lista desplegable. El tamaño también depende del tipo de letra, por ejemplo no ocupa el mismo espacio un tamaño 12 para la fuente "Aharoni" que "Apajarita". A la derecha de dicho botón se encuentran otros dos que permiten reducir o aumentar directamente el tamaño de la fuente utilizada.

Nota

El botón Borrar formato está situado en la parte superior dentro del cuadro Fuente y es útil para darle al texto el formato predeterminado por Microsoft Word sin necesidad de hacer todos los cambios manuales.

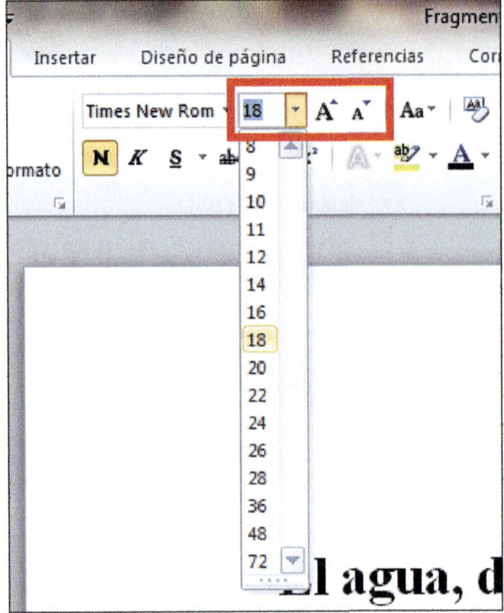

Elección del tamaño de la fuente

LibreOffice

El tamaño de la fuente está disponible en la barra de herramientas al igual que el tipo de fuente visto anteriormente. Las opciones de tamaño son siempre relativas y dependen de la letra elegida.

La barra de herramientas viene con algunas opciones por defecto pero es totalmente personalizable. Para ello se accede a la pestaña **Herramientas,** opción **Personalizar** y se añaden las opciones que se deseen.

2.3. Efectos

El resto de los efectos son color, resaltado, sombra, relieve y grabado.

Microsoft Word

El color de la fuente viene por defecto en el mismo apartado del menú inicio y está simbolizado por una letra A. El resaltado también tiene botón propio en el mismo panel de tareas.

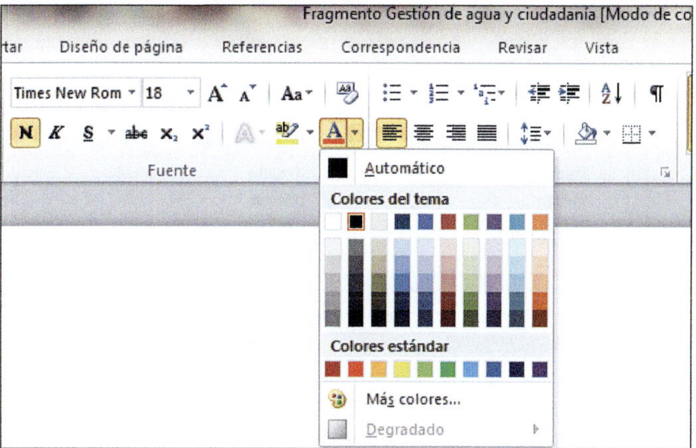

Elección de color de fuente

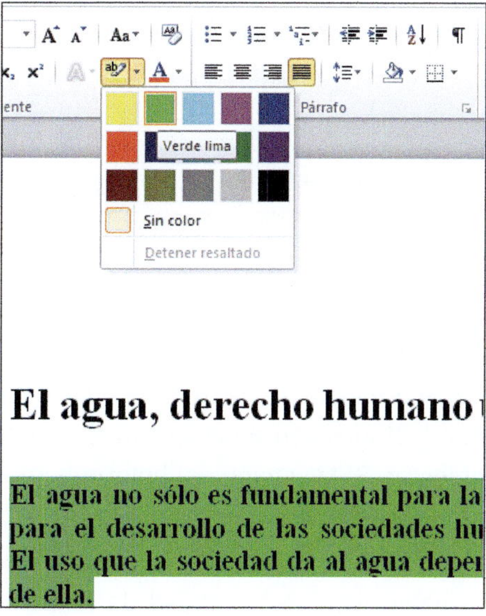

Elección de resaltado

El resto de efectos no aparecen directamente en el **Menú Inicio,** para acceder a ellos debe clicarse en la esquina inferior derecha del apartado **Fuente.** Aparecerá un menú de opciones que incluye todas las anteriores más otras adicionales entre las que se encuentran el sombreado, el relieve o el contorno. Este menú es muy útil cuando quieren hacerse varios cambios al mismo tiempo en el texto o párrafo.

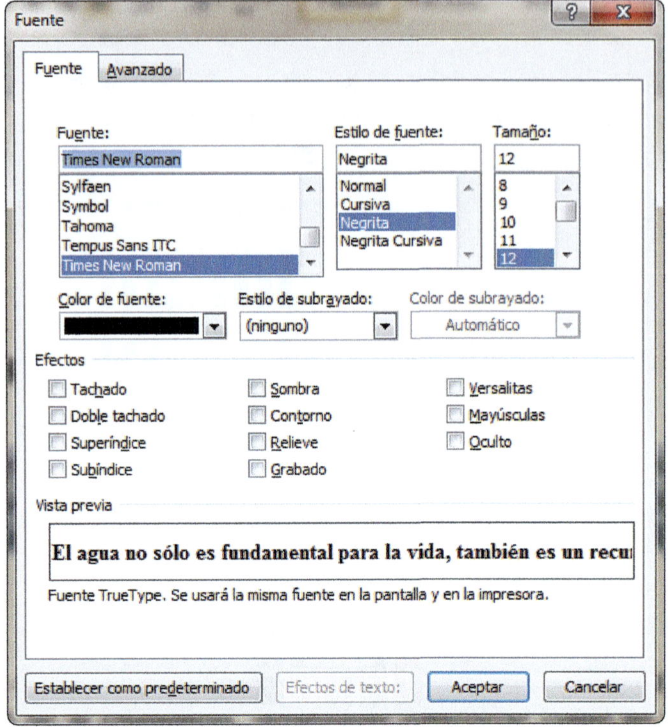

Elección de otros efectos

Por defecto el color elegido de la fuente es el negro, el cambio se puede realizar en todo el texto o solo en un párrafo. Es habitual en boletines la aplicación de párrafos introductorios con un color diferente para que capten todavía más la atención del lector. Si la versión del boletín o informe es digital pueden utilizarse todos los colores; sin embargo, si se hace de forma impresa, el uso del color encarece la impresión. No es adecuado imprimir textos originales con colores en blanco y negro, ya que la calidad de impresión se reduce y da un aspecto más descuidado a la publicación.

LibreOffice

El resaltado y el cambio de color de la fuente también es posible con ***LibreOffice.*** Tan solo hay que seleccionar dicha opción en la barra de herramientas tal y como se muestra en la imagen.

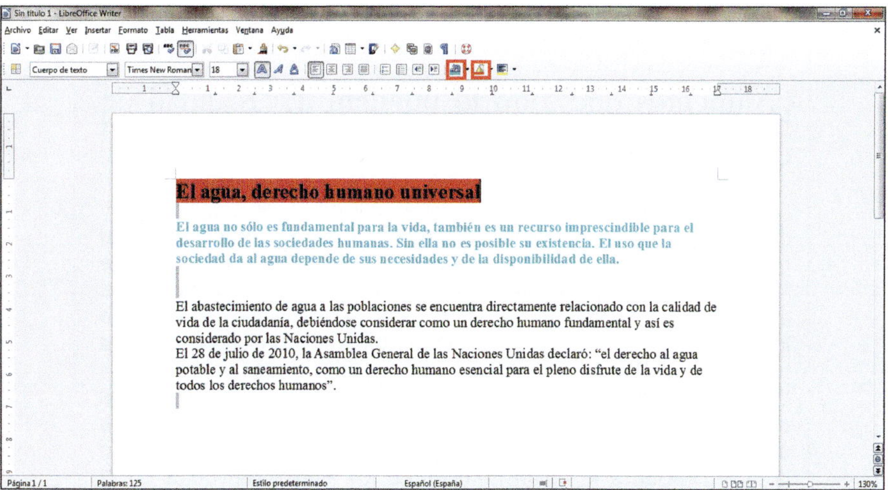

Nota

Para aplicar cualquier tipo de efecto, en ambos programas, es necesario seleccionar el texto previamente y después aplicar el efecto.

Aplicación práctica

Usted se encarga de la edición de boletines de una conocida asociación de consumidores. Para su último número, han contratado los servicios de un experto en normativa de consumo que ha elaborado el texto que usted debe editar e imprimir. El texto original no tiene formato y usted debe aplicar un formato adecuado para su publicación. El fragmento es el siguiente:

Continúa en página siguiente >>

<< Viene de página anterior

¿Alimentos que todo lo pueden? La realidad de las declaraciones nutricionales y de salud en el etiquetado.

La entrada en vigor del Reglamento 1924/2006 del Parlamento Europeo y del Consejo1 el pasado 1 de julio de 2007, en lugar de cerrar el problema generado por la proliferación de reclamos saludables en el etiquetado de los alimentos, tal como anunciaron quienes impulsaron su andadura, ha abierto numerosos frentes. En primer lugar, el más inmediato, la propia interpretación del texto aprobado. Producto de una prolongada y tensa tramitación (la Propuesta de Reglamento fue presentada por la Comisión en julio de 2003) en la que se han hecho valer los intereses de las empresas alimentarias (entre ellas, "gigantes" como Coca Cola omUnilever), de los distintos Estados (discusión que, además, se vio ampliada con la incorporación a la Unión Europea de los nuevos miembros en el transcurso de la tramitación), e incluso de las Instituciones comunitarias (el Reglamento se aprobaba por el procedimiento de codecisión), la norma resultante se caracteriza por su complejidad expositiva, por la imprecisión de mandatos clave, por las excepciones que contempla y por la ambigüedad de no pocos términos (todo ello lo expondremos con mayor detenimiento en la primera parte de este estudio). Es inexcusable, pues, ese ejercicio de interpretación y que éste se realice con la perspectiva de "garantizar un elevado nivel de protección de los consumidores".

Confederación Española de Organizaciones de
Amas de Casa, Consumidores y Usuarios.

Aplique la fuente "Baskerville Old Face" en tamaño 16 y negrita para el título y "Tahoma" 10 para el texto.

Cambie de color el título.

Resalte la normativa dentro del texto con algunas de las formas vistas en el apartado.

SOLUCIÓN

Los pasos a seguir para realizar la actividad son:

1. Redacte o pegue el texto en su procesador.
2. Seleccione el título y aplique la letra y el tamaño. El cambio se puede hacer de dos formas, directamente desde el menú contextual de ambos programas o accediendo a Inicio → Fuente en Microsoft Word y a los botones de fuente y tamaño de la barra de herramientas de *LibreOffice.*

Continúa en página siguiente >>

<< Viene de página anterior

3. Para el texto se realizan los mismos cambios.
4. El cambio de color se hace a través del menú **Fuente** en *Microsoft Word* y el botón de la barra de herramientas correspondiente en *LibreOffice.*
5. Para resaltar la normativa dentro del texto se puede usar el efecto sombra disponible en el menú Fuente de *Microsoft Word.*

> ¿Alimentos que todo lo pueden? La realidad de las declaraciones nutricionales y de salud en el etiquetado.
>
> La entrada en vigor del Reglamento 1924/2006 del Parlamento Europeo y del Consejo1 el pasado 1 de julio de 2007, en lugar de cerrar el problema generado por la proliferación de reclamos saludables en el etiquetado de los alimentos, tal como anunciaron quienes impulsaron su andadura, ha abierto numerosos frentes. En primer lugar, el más inmediato, la propia interpretación del texto aprobado. Producto de una prolongada y tensa tramitación (la Propuesta de Reglamento fue presentada por la Comisión en julio de 2003) en la que se han hecho valer los intereses de las empresas alimentarias (entre ellas, "gigantes" como Coca Cola omUnilever), de los distintos Estados (discusión que, además, se vio ampliada con la incorporación a la Unión Europea de los nuevos miembros en el transcurso de la tramitación), e incluso de las Instituciones comunitarias (el Reglamento se aprobaba por el procedimiento de codecisión), la norma resultante se caracteriza por su complejidad expositiva, por la imprecisión de mandatos clave, por las excepciones que contempla y por la ambigüedad de no pocos términos (todo ello lo expondremos con mayor detenimiento en la primera parte de este estudio). Es inexcusable, pues, ese ejercicio de interpretación y que éste se realice con la perspectiva de "garantizar un elevado nivel de protección de los consumidores".
>
> Confederación Española de Organizaciones de Amas de Casa, Consumidores y Usuarios.

3. Aspecto de un párrafo

Los párrafos son conjuntos de oraciones enfocadas a un mismo tema o idea, van separados por puntos y espacios y se usan para estructurar textos.

Microsoft Word permite diseñar los espacios entre ellos y delimitar la sangría de estos. Dichos cambios pueden realizarse desde el apartado **Párrafo** de la pestaña **Inicio.** ***LibreOffice*** dispone de dichas opciones en **Párrafo** del menú contextual.

3.1. Alineación e interlineado

La alineación hace referencia al punto de partida de los renglones, estos pueden estar alineados a la izquierda, derecha, centrados o justificados, donde no existe espacio entre los renglones y los márgenes izquierdo y derecho.

El interlineado es el espacio entre distintos renglones y párrafos.

Microsoft Word

Los conceptos anteriores se modifican a través del botón **Espaciado entre líneas y párrafos** del apartado visto anteriormente. Accediendo a dicho menú se ofrecen varias posibilidades:

- Cambiar directamente el interlineado de los renglones de un párrafo según varias longitudes habituales (1,00; 1,15; 1,5; etc.).
- Quitar o añadir espacio entre párrafos.
- Añadir tabulaciones y personalizar sangrías y espaciado entre párrafos. Esta opción está disponible en **Opciones de Interlineado.**

Nota

Al menú para personalizar párrafos anterior también se puede acceder desde la pestaña inferior izquierda del apartado Párrafo de la pestaña Inicio.

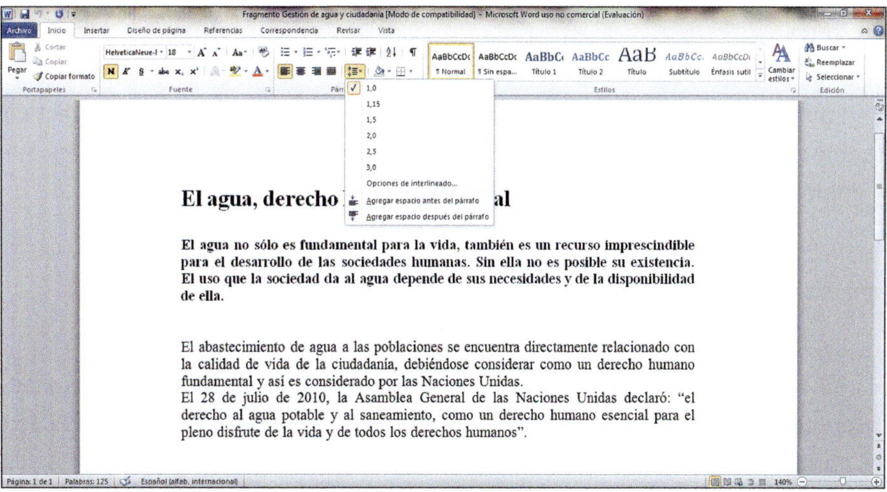

Opciones de interlineado

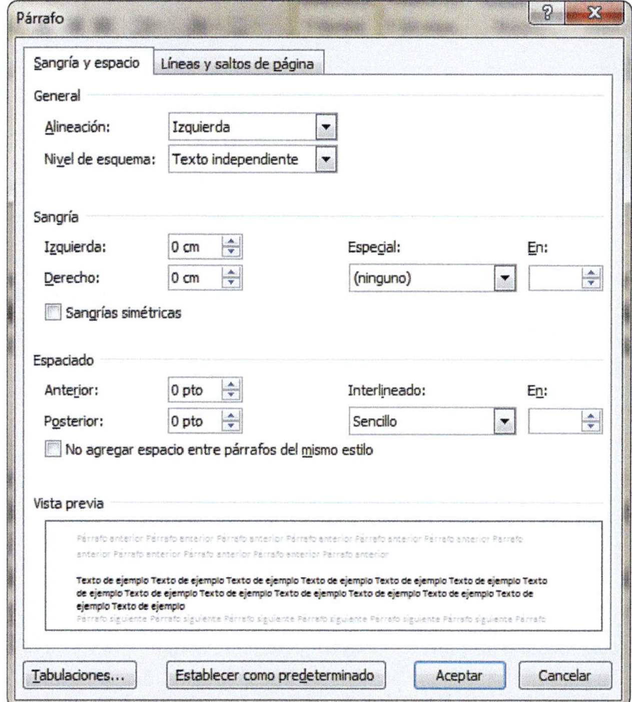

Menú para personalizar el párrafo

LibreOffice

La modificación del espacio entre líneas se hace desde el menú contextual (botón derecho del ratón), opción **Interlineado.** Las opciones son simple, 1.5 y doble.

3.2. Espacio anterior y posterior

La distancia entre párrafos puede ser modificada con ambos programas. Esta puede ser la misma para todos ellos o bien elegir una mayor longitud con el párrafo de arriba o abajo indistintamente aunque en casi todos los textos suele ser la misma para que el escrito esté armonizado. Dicha opción es recomendable en párrafos de título donde este está más separado del párrafo anterior.

Microsoft Word

La opción está disponible en el menú **Párrafo** anterior donde es posible asignar distintas longitudes con el párrafo de arriba y con el de abajo.

La forma más práctica de cambiar el espaciado entre párrafos de un documento es aplicar un estilo. Para ello, se acudirá al apartado **Estilos** de la pestaña **Inicio** donde se seleccionaría uno de ellos. Otra alternativa es oprimir el botón derecho del ratón donde aparece un submenú que da la misma opción de modificación.

Nota

El estilo no solo afecta a los párrafos también determina el tipo de letra, su tamaño, efectos o color. Se pueden usar los que por defecto trae el programa o personalizarse. Existen estilos para párrafos de título, párrafos de texto, citaciones textuales, textos de cuadros o viñetas, etc.

LibreOffice

El menú **Párrafo** del *software* libre es prácticamente igual al ofrecido por ***Microsoft.*** El acceso se realiza a través del botón derecho del ratón, una de las opciones dadas es la elección de espaciado entre párrafos donde directamente puede añadirse la longitud. La opción de no añadir espacio entre párrafos de mismo tipo es recomendable para el grueso del texto excluyendo los títulos. El interlineado también puede cambiarse desde este menú.

El cambio de estilo se realiza desde **Formato,** opción **Estilos y formato.** Por defecto vienen algunos estilos predeterminados aunque siempre pueden personalizarse.

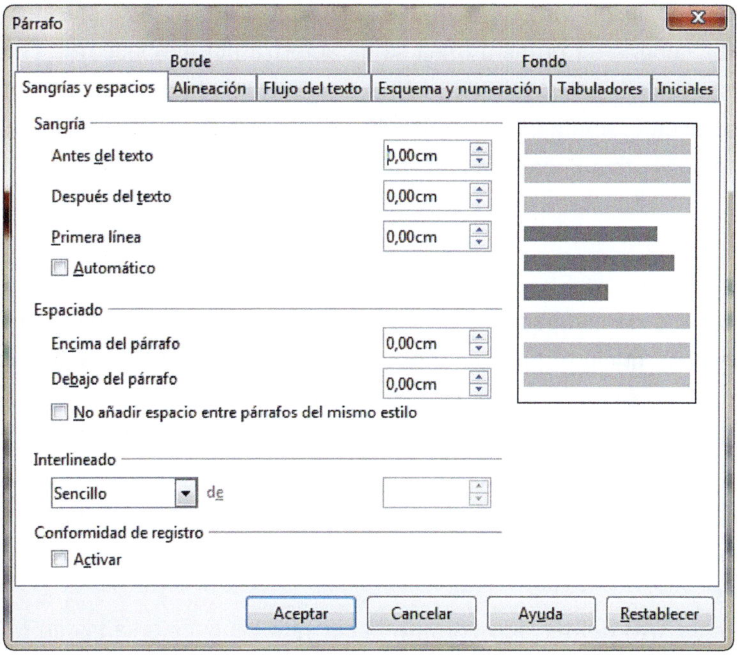

Menú párrafo en LibreOffice

Actividades

3. Elabore un texto en Microsoft Word o LibreOffice, mantenga el cursor sobre uno de los párrafos y observe qué ocurre en dicho párrafo si se aplica un estilo. Aplique varios estilos tan solo pasando el cursor por los distintos estilos rápidos y observe los cambios.
4. Cambie el interlineado de uno de los párrafos.

3.3. Sangrías y tabuladores en el texto

Las sangrías son los espacios en blanco que existen entre párrafos y márgenes. La sangría de primera línea se caracteriza porque hace que el espacio entre esta y el margen izquierdo sea mayor que en el resto de líneas. La sangría francesa hace exactamente lo contrario, la primera línea está adelantada con respecto a las otras líneas del párrafo.

Microsoft Word

El cambio de sangrado se aplica al igual que antes en apartado **Párrafo** de la pestaña **Inicio** o directamente en el cuadro **Párrafo** visto anteriormente. Estos cambios se emplean en los párrafos seleccionados y son independientes de los márgenes del documento. En sangría especial se encuentra el desplegable, donde se eligen las opciones de sangría francesa y de primera línea. Si se marca la opción de sangrías simétricas, estas tendrán la misma amplitud a la izquierda y a la derecha.

La tecla **TAB** del teclado permite hacer tabulaciones o saltos en la propia línea de escritura. Por defecto el programa incluye estas tabulaciones cada 1,25 centímetros, aunque se pueden modificar. La tabulación constituye otra forma de hacer el sangrado de primera línea simple al que se le pueden aplicar uno o dos tabulaciones, según el espacio que se desee. Para cambiar las tabulaciones o insertar otras nuevas debe accederse al **Menú Párrafo → Tabulaciones** (parte inferior izquierda del cuadro). Los cambios deben hacerse antes de escribir el documento.

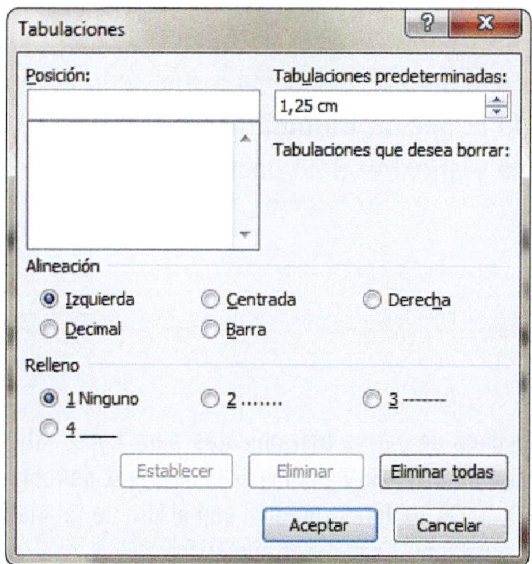

Selección de posición de tabulaciones. El relleno añade puntos o líneas hasta la siguiente tabulación.

Recuerde

Es necesario establecer las tabulaciones antes de escribir el texto.

En menú **Tabulaciones** pueden personalizarse las longitudes de saltos, así como el relleno (puntos, líneas, etc.) útil para realizar índices de forma manual. Existen cinco tipos de tabuladores:

- **Tabulador izquierda.** El texto avanza hacia la derecha y queda alineado en la izquierda.
- **Tabulador derecha.** El texto avanza hacia la izquierda, quedando la alineación en la derecha.
- **Tabulador centro.** El texto queda centrado según la posición del tabulador.
- **Tabulador decimal.** El texto queda centrado conforme a la coma de una cifra con decimales.
- **Barra.** Se crea una línea que separa el texto en la posición del tabulador.

Para eliminar un tabulador se puede hacer desde el mismo menú anterior, seleccionándolo previamente de la lista que aparece en la parte superior izquierda y pulsando la opción **Eliminar.** Otro método es seleccionándolo directamente en la regla y arrastrándolo hacia fuera como se verá más adelante.

Sabía que...

Microsoft Word dispone de varias herramientas para hacer tablas. La que ofrece más posibilidades en cuanto a diseño y gestión es el asistente de tablas. Sin embargo, estas también se pueden hacer de forma manual con el uso de tabuladores sobre todo los de barra y decimales para tablas con datos numéricos.

LibreOffice

El cambio de sangría se puede hacer de varias formas:

- Utilizando los botones disponibles en la barra de herramientas, existe uno para la derecha y otro para la izquierda.
- Accediendo al menú contextual, eligiendo **Párrafo** o **Estilo** de **Párrafo** y pestaña **Sangrías y espacios.**
- **Formato Párrafo → Sangrías y espaciado.**

LibreOffice no tiene la opción directa de sangría francesa, pero se puede aplicar poniendo un valor negativo en la primera línea. Si se prefiere el formato normal en dicha sangría tan solo hay que añadir la medida en positivo. La sangría antes y después del texto hace referencia a la izquierda y derecha respectivamente.

Los tabuladores están disponibles en el menú Párrafo (opción tabuladores) y en Estilo de párrafo vistos anteriormente. Los tipos son izquierda, derecha, centrado y decimal. Al igual que antes hay varias opciones de relleno y se ha de establecer la posición. Para eliminarlos tan solo hay que seleccionarlos de la lista (opción eliminar) o de la regla y arrastrarlos hacia fuera como se verá más adelante.

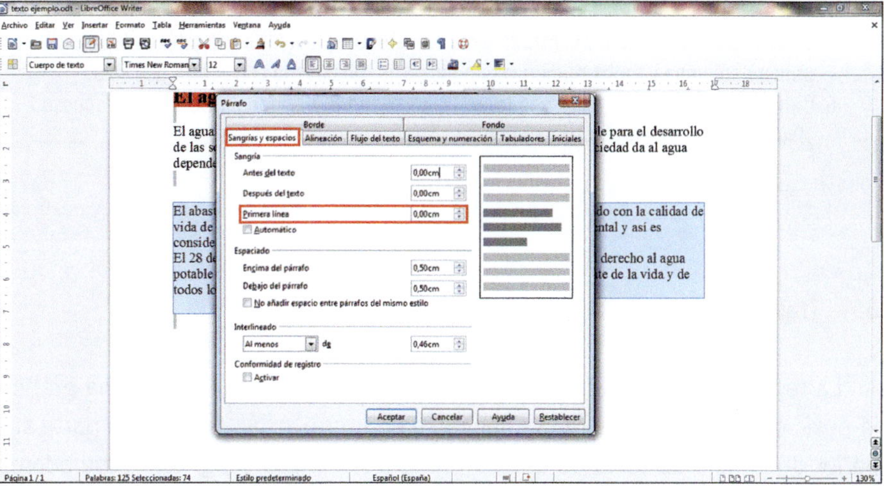

Aplicación de sangrías con LibreOffice

Si se desea modificar el intervalo de tabuladores automáticos definidos por defecto es necesario acceder a **Herramientas → Opciones → General → Tabuladores** y aplicar la medida deseada tal como se muestra en la imagen siguiente.

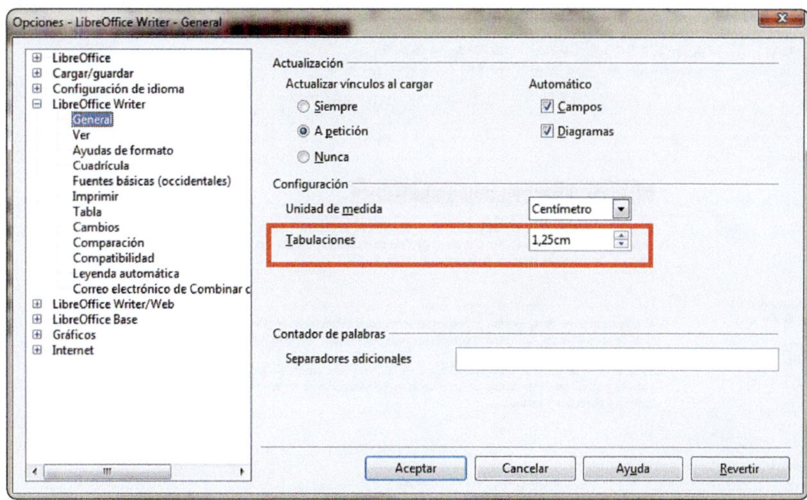

Cambio de tabuladores automáticos de Writer

Actividades

5. Establezca los siguientes tabuladores en su procesador: 1,5; 3; 4,5 y 6. Utilice el formato derecha para el primero y centrado para el resto. Después introduzca un nombre en la primera columna y datos numéricos en las otras. Observe la estructura de tabla.
6. Cambie la sangría del texto usado en la actividad 3 y aplíquela de forma francesa. ¿Para qué tipo de texto la utilizaría?

3.4. Trabajo con la regla

La regla es una herramienta muy útil para visualizar de una forma gráfica la posición de las sangrías y tabulaciones en un texto. Se sitúa en la parte superior de la hoja de texto de ambos procesadores. Las sangrías y tabuladores están simbolizados con diferentes signos. También permite la modificación de las posiciones, desplazando los elementos en la propia regla o eliminarlos si se arrastran hacia fuera.

En ***Microsoft Word*** la regla no siempre puede visualizarse, hay que activarla en la pestaña superior derecha del texto. En ***Writer*** aparece por defecto.

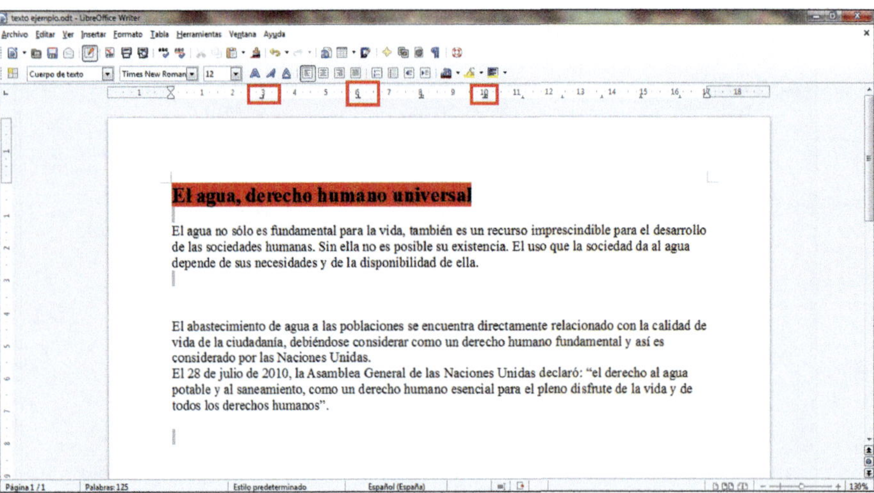

Diversos tabuladores visibles en la regla, de izquierda a derecha: tabulador derecha, centrado y decimal

Actividades

7. ¿Puede eliminar los tabuladores en la propia regla?

3.5. Listas numeradas

En cualquier tipo de documento es frecuente hacer enumeraciones para que el texto quede más estructurado y se facilite la lectura y comprensión al lector. Las opciones son diversas en ambos procesadores, permitiendo la inserción de listas numeradas con varios niveles.

Microsoft Word

La opción aparece en el apartado **Párrafo** de la pestaña **Inicio.**

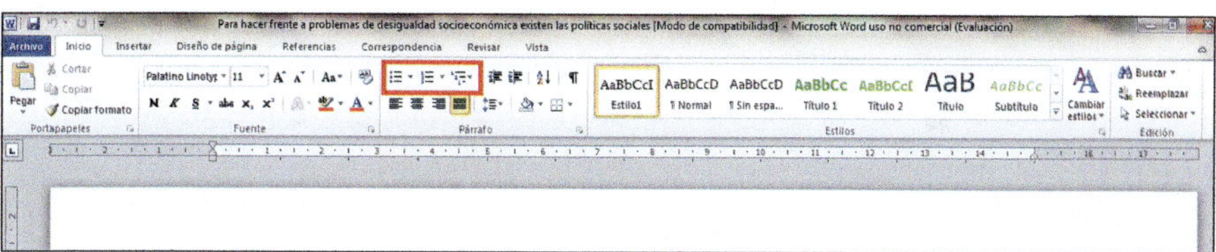

Listas numeradas. La primera opción son listas con símbolos, la segunda numérica y la tercera es mixta o multinivel.

Las listas numeradas listan los párrafos, establecen los espacios entre ellos y hacen las sangrías correspondientes. Se pueden determinar antes o después de escrito el texto, en esta última opción, tan solo hay que seleccionar los párrafos y aplicarles el tipo de listado que se desee.

La numeración puede modificarse de forma manual, definiendo nuevas viñetas o nuevos formatos de números. Los cambios se hacen de las siguientes formas:

- Eligiendo otro estilo disponible de la tabla:

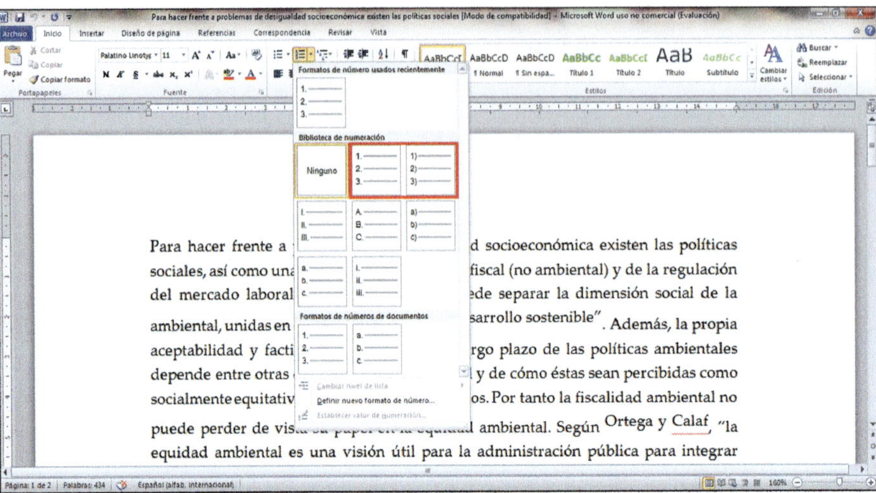

Diferentes tipos del listas numeradas, los formatos son números o letras

- Cambiando la lista de nivel.

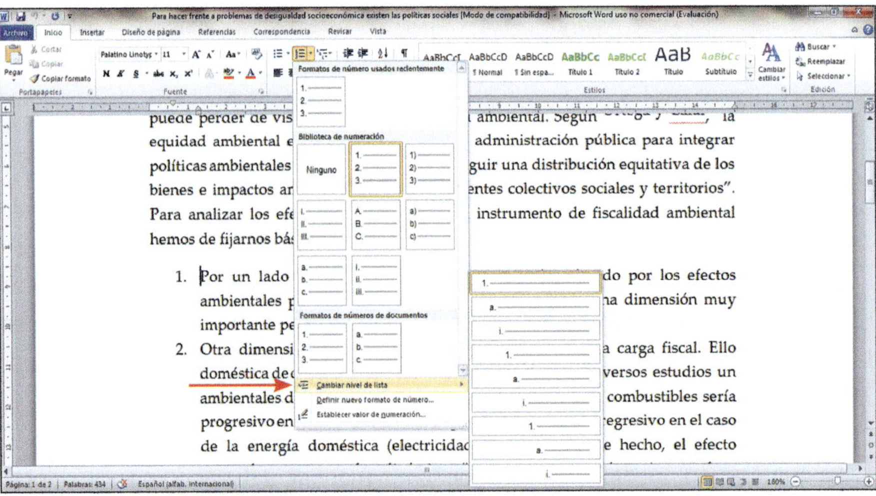

Elección de listas multinivel

Con esta opción se consigue desplazar los párrafos hacia la derecha y cambiarles la numeración creando listas multinivel.

- Estableciendo nuevos valores de numeración donde se puede comenzar el listado con el número que se desee. El valor por defecto siempre es el primero. También se permite la opción de iniciar de una nueva lista o continuar con la ya iniciada en otra parte del escrito.

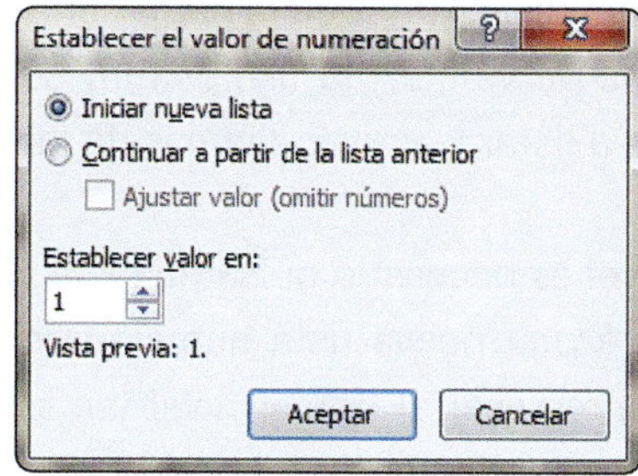

Cambio del primer número de la lista

- Modificando el formato de número donde se personaliza el estilo, el formato o la alineación.

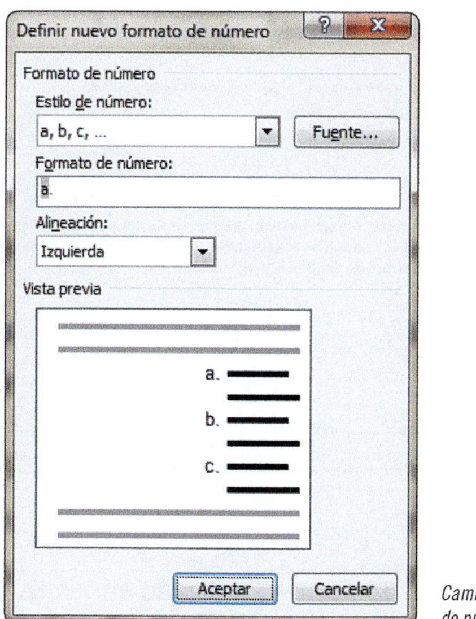

Cambio de la forma de numeración

En las listas multinivel o mixtas se pueden mezclar varias tipologías de numeración para crear listas jerarquizadas con números y/o letras. Al igual que las anteriores pueden personalizarse en el menú disponible para ello. Para cambiar de nivel tan solo hay que pulsar en **Cambiar nivel de lista** una vez situado el cursor sobre el párrafo a listar.

LibreOffice

Las listas numeradas están disponibles en la barra herramientas, hay de dos tipos: numeradas y en forma de viñeta. Su uso es muy sencillo, tan solo hay que seleccionar los párrafos a listar y activar algunas de las casillas anteriores.

Para crear listas multinivel es necesario pulsar la tecla **TAB** al comienzo del párrafo, el programa iniciará una nueva lista numerada con un margen más amplio que la anterior. Para regresar al primer nivel tan solo hay que situarse en el inicio del párrafo y pulsar la tecla de retroceso. La numeración anterior seguirá en el mismo orden.

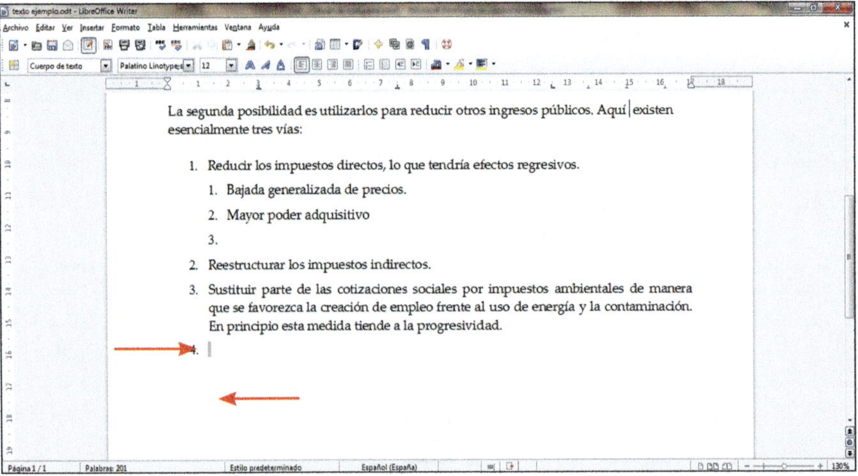

Al pulsar el tabulador al inicio de un nuevo párrafo se abre un nuevo nivel de numeración. Si se pulsa la tecla de retroceso se vuelve al primero.

Para cambiar el formato de número utilizado en las listas se accede a **Formato,** opción **Numeración y Viñetas.** El menú resultante ofrece distintas alternativas de números y viñetas en las dos primeras pestañas. La elección y gestión de listas multinivel también se puede hacer en la pestaña **Esquema** donde existen varias ya diseñadas, tan solo hay que seleccionar los párrafos y aplicar la lista. En la pestaña **Imágenes** es posible personalizar las listas introduciendo imágenes como iconos. La posición del número también puede determinarse en la pestaña **Posición,** por defecto viene alineada a la izquierda y la medida estándar es la de los tabuladores predeterminados que se vieron anteriormente aunque todo esto puede modificarse. Por último, la pestaña **Opciones,** permite iniciar la numeración en el número deseado (seleccionando **Empezar en...**) o personalizar aún más eligiendo el estilo de los caracteres de la numeración.

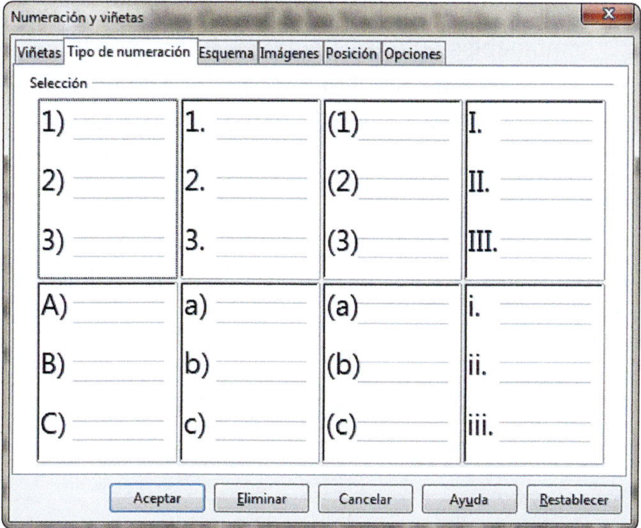

En Numeración y viñetas pueden personalizarse las listas numeradas, sus caracteres, posición y el número de inicio entre muchas otras funciones.

Actividades

8. Realice un listado mixto con tres niveles usando como primer criterio números y después letras y/u otros iconos.

3.6. Cambio de estilo, viñetas y otros

Los estilos son conjuntos de características de formato como alineación, sangrado, fuente o espaciado que dan un aspecto más elaborado al documento y ahorran tiempo en su elaboración. Aunque su uso no es obligatorio, sí es recomendable sobre todo para documentos profesionales. Por defecto los procesadores de texto vienen con algunos diseños aunque también son personalizables. Normalmente hay estilos para títulos, cuerpo de párrafo, cuadros, viñetas, etc., combinables entre sí. Dentro de títulos puede haber varios para títulos de tema, de epígrafe o subtítulos; los de párrafo también presentan diversas categorías como texto normal, citas textuales o ejemplos entre otros.

Microsoft Word

Microsoft Word presenta los siguientes estilos disponibles en el apartado **Estilos** del **Menú Inicio:**

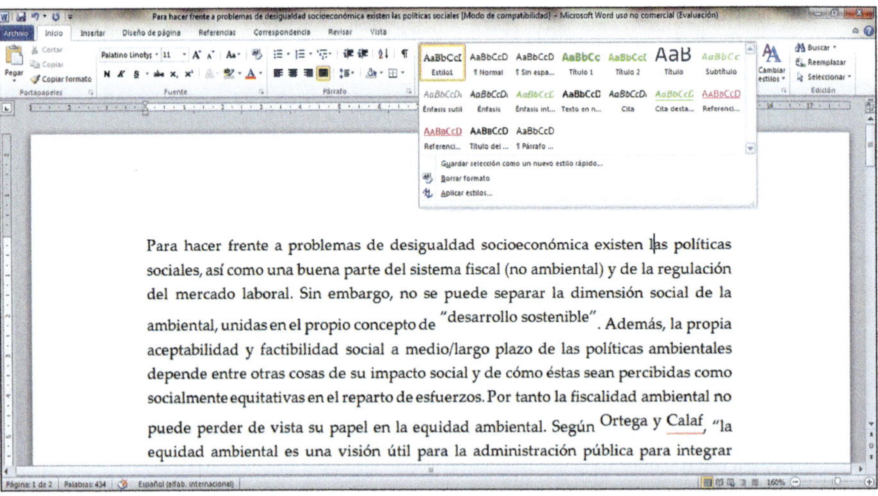

En la primera opción del desplegable se da la posibilidad de crear un nuevo estilo a partir de otro ya existente conforme a criterios propios, usando la opción **Modificar.** Los aspectos modificables son el tipo de fuente, tamaño, interlineado, sangrías y algunos efectos. Los cambios pueden aplicarse a todos los documentos o solo al presente según la pestaña elegida. En **Formato**

situado en la parte inferior pueden cambiarse las tabulaciones, la numeración e incluso crear marcos que engloben textos. Este último recurso es muy usado en informes de consumo para destacar aspectos relevantes.

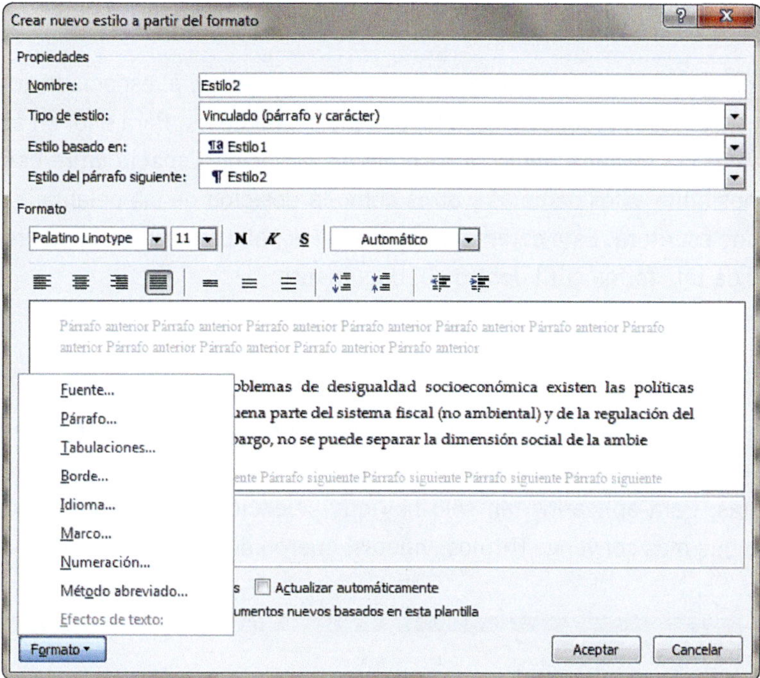

Personalización de estilos

Recuerde

Si se sitúa el cursor sobre un párrafo ya listado se puede cambiar fácilmente el elemento que introduce dicho párrafo, tan solo hay que seleccionarlo de la lista disponible. Microsoft Word dispone de variedad de elementos introductorios, además de números y letras, puede encontrar flechas, puntos, aspas, etc.

Las viñetas son similares a las listas numeradas, su funcionamiento es el mismo y el acceso es a través del apartado **Párrafo** del **Menú Inicio.** La diferencia radica en que usa otros elementos para introducir los párrafos: símbolos, flechas, guiones o puntos. Las listas multinivel permiten mezclar listas numeradas con viñetas.

En ocasiones, además de modificar el tipo de letra y el espaciado entre renglones, se necesita regular la distancia entre caracteres. Para ello, en apartado **Fuente** de la pestaña **Inicio** se dispone de la opción **Espacio entre caracteres** que posibilita estos cambios y otros como la posición de las palabras según la línea de escritura. Esta característica eleva las palabras sobre el texto resaltándolas de una forma sutil dentro del documento.

LibreOffice

La elección de estilo se realiza en **Formato → Estilos** y **Formato** aunque puede establecerse un acceso directo para dicha función en la barra de herramientas. Para aplicarlos tan solo hay que seleccionar el párrafo y escoger el estilo que más convenga (títulos, viñetas, cuerpo de párrafo, bibliografía, etc.).

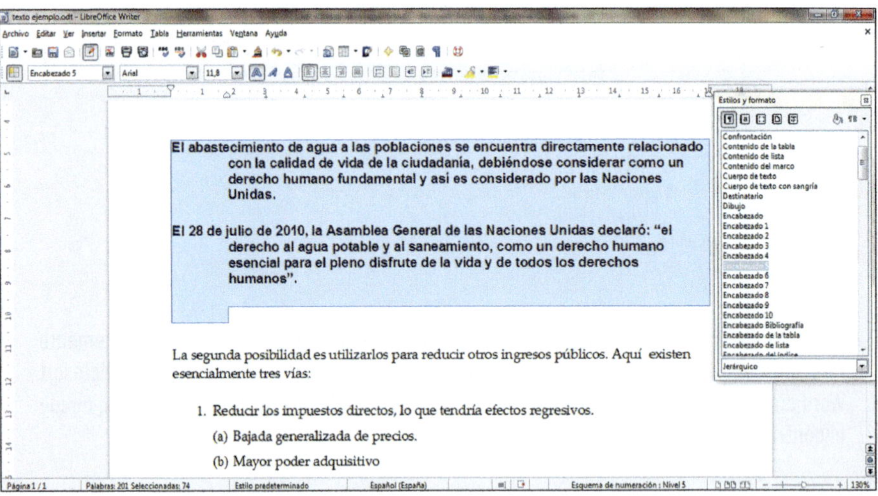

Selección y aplicación de estilos en Writer

Los estilos también pueden modificarse accediendo a **Estilo nuevo** a partir de selección disponible en la pestaña superior derecha del desplegable anterior. Los pasos a seguir son:

- Dar nombre al estilo.
- Seleccionar estilo de la lista inicial donde ya aparecerá.
- Modificar estilo a través del menú contextual (situándose sobre el propio estilo), opción **Modificar.**
- Cambiar los parámetros deseados desplazándose a través de las distintas pestañas.

Aplicación práctica

Cree un nuevo estilo llamado "Estilo personal" para título y párrafo y aplíquelo al texto modificado de la aplicación práctica anterior. Haga las siguientes modificaciones para que se adapte al formato habitual del boletín:

- **Fuente para el título: Elephant 16 en negro**
- **Fuente para el texto: Verdana 10 en negro**
- **Sangrado izquierdo y derecho de 0,25 cm y sangría francesa de 0,75 cm para el texto justificado. Para el título misma sangría salvo la francesa y alineado a la izquierda.**
- **Interlineados simples y dejar mayor espacio con párrafos anteriores y posteriores para el título que para el texto.**
- **Añadir borde tipo sombra al texto.**

SOLUCIÓN

Los pasos a seguir para la elaboración del ejercicio son:

1. Acceder al apartado **Estilos** de **Inicio** de *Microsoft Word* o **Estilos y formato** en **Formato** de *LibreOffice.*
2. Seleccionar uno de los estilos predefinidos y modificarlo. En el nuevo menú habrá que poner nombre al nuevo estilo y añadirle las características. En *Microsoft Word,* la fuente el tamaño, alineación se modifican directamente en este menú, el resto de opciones se modifican accediendo a Formato donde se crean las sangrías y el interlineado. En *LibreOffice* las sangrías e interlineado se modifican en **Sangrías y Espacios.** No olvide modificar el espacio con el párrafo anterior.

Continúa en página siguiente >>

<< Viene de página anterior

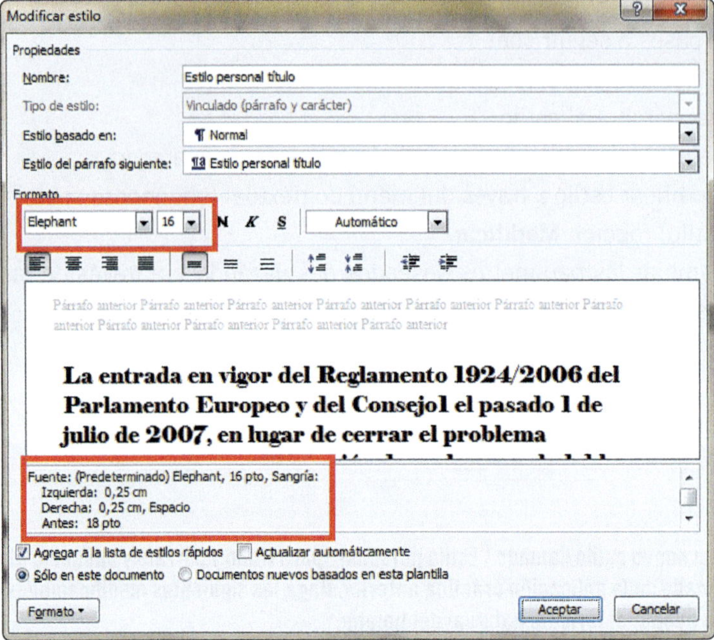

Microsoft Word

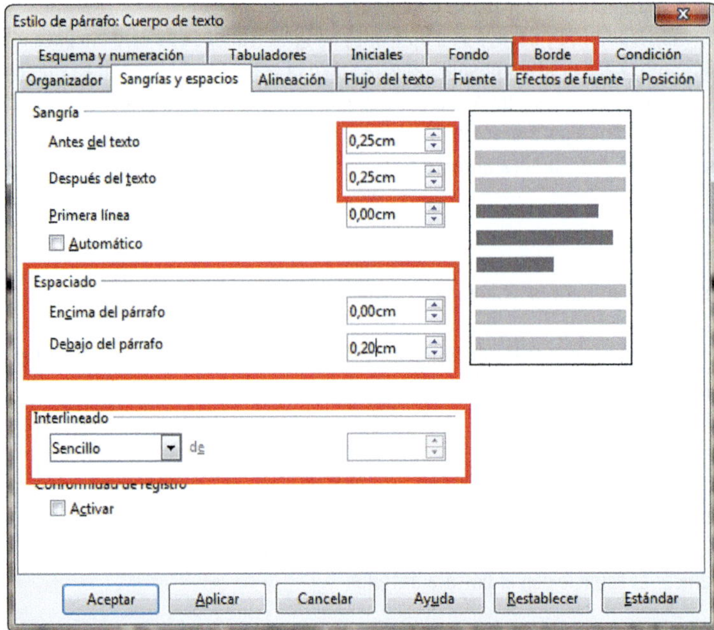

LibreOffice

Continúa en página siguiente >>

<< Viene de página anterior

3. Para añadir un marco al texto en *Microsoft Word* se hace desde el desplegable de **Formato** y para *LibreOffice* hay disponible una pestaña en el menú anterior.

Tras las modificaciones anteriores, el texto quedaría:

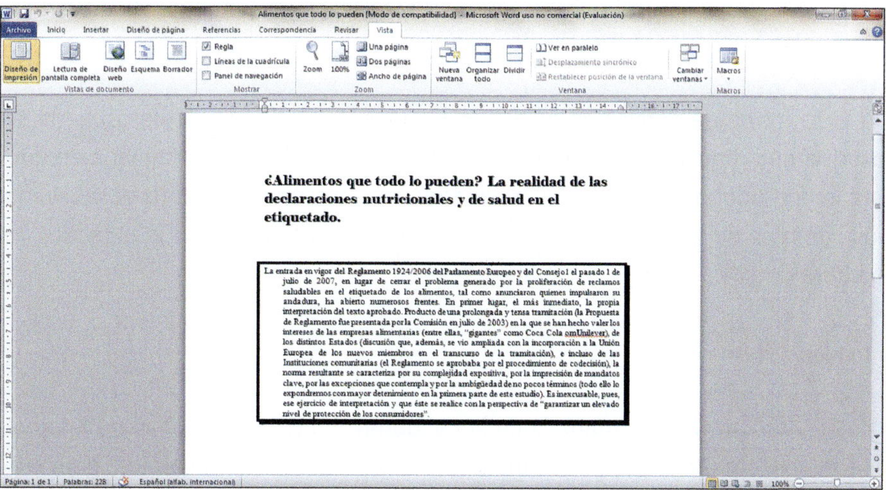

¿Alimentos que todo lo pueden? La realidad de las declaraciones nutricionales y de salud en el etiquetado.

La entrada en vigor del Reglamento 1924/2006 del Parlamento Europeo y del Consejo1 el pasado 1 de julio de 2007, en lugar de cerrar el problema generado por la proliferación de reclamos saludables en el etiquetado de los alimentos, tal como anunciaron quienes impulsaron su andadura, ha abierto numerosos frentes. En primer lugar, el más inmediato, la propia interpretación del texto aprobado. Producto de una prolongada y tensa tramitación (la Propuesta de Reglamento fue presentada por la Comisión en julio de 2003) en la que se han hecho valer los intereses de las empresas alimentarias (entre ellas, "gigantes" como Coca Cola omUnilever), de los distintos Estados (discusión que, además, se vio ampliada con la incorporación a la Unión Europea de los nuevos miembros en el transcurso de la tramitación), e incluso de las Instituciones comunitarias (el Reglamento se aprobaba por el procedimiento de codecisión), la norma resultante se caracteriza por su complejidad expositiva, por la imprecisión de mandatos clave, por las excepciones que contempla y por la ambigüedad de no pocos términos (todo ello lo expondremos con mayor detenimiento en la primera parte de este estudio). Es inexcusable, pues, ese ejercicio de interpretación y que éste se realice con la perspectiva de "garantizar un elevado nivel de protección de los consumidores".

4. Formato del documento

El formato de texto armoniza el documento y lo hace más atractivo para el lector independientemente del contenido de este. Los procesadores de texto disponen de herramientas avanzadas para el diseño del formato de forma que el emisor puede dedicarle más tiempo al contenido. Además del formato, y con la misma finalidad anterior, la corrección automática ayuda a que el texto no tenga errores de tipo ortográfico, agilizando la tarea de redacción.

4.1. Auto-formato

Microsoft Word es capaz de detectar el tipo de documento o párrafo y aplicar el estilo correspondiente según unos parámetros definidos. Esta herramienta es útil cuando el programa detecta correctamente qué tipo de documento es, si se pretende escribir otro diferente lo mejor es desactivar la función **Autoformato** para no tener que estar haciendo cambios continuamente.

Un ejemplo de activación del autoformato son los listados numerados y con viñetas vistos anteriormente, cuando se escribe un número o letra seguido de paréntesis o punto y espaciador, ***Word*** detecta la lista y automáticamente aplica el mismo formato a los párrafos siguientes.

Otra forma de activación es el reconocimiento de hipervínculos cuando se escribe una dirección web opción disponible de forma predeterminada en ambos procesadores. ***Writer*** también es capaz de detectar ciertas palabras como los nombres de la semana y sugerir su escritura, evitando tener que escribir la palabra entera.

Microsoft Word

Por defecto, **Autoformato** viene activado en todas las versiones de los procesadores, sin embargo, puede incluirse en la barra de herramientas; para ello se clica en la ficha **Archivo → Opciones → Barra de herramientas de acceso rápido.** En el desplegable de comandos, se selecciona **Todos los Comandos,** se busca **Autoformato** y se agrega a la barra de herramientas.

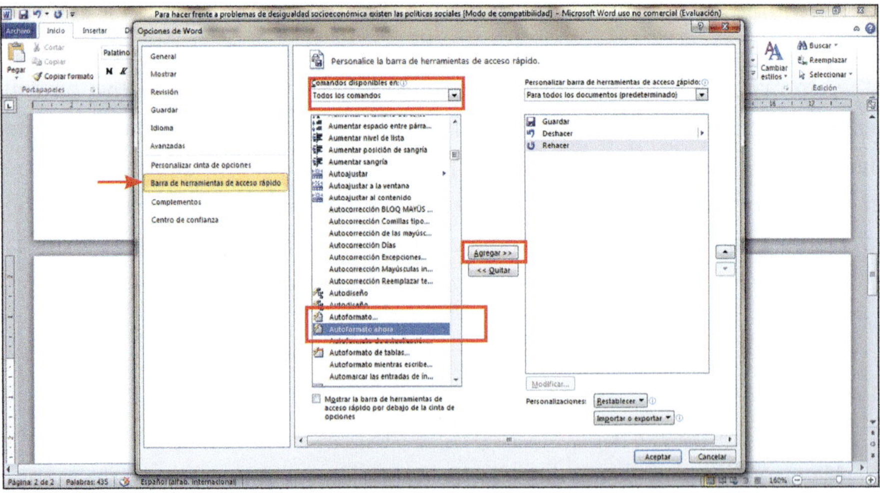

Personalización de Opciones de Word, añadir autoformato a lista de la barra de herramientas

Si se pulsa dicho botón y se accede a **Opciones,** donde pueden seleccionarse las acciones que el programa debe autocorregir o aplicar directamente como son las direcciones de correo, páginas web o viñetas, entre otras.

LibreOffice

La opción de autoformato, llamada en este programa directamente autoformato, se activa y desactiva en **Formato → Autocorrección → Al escribir.**

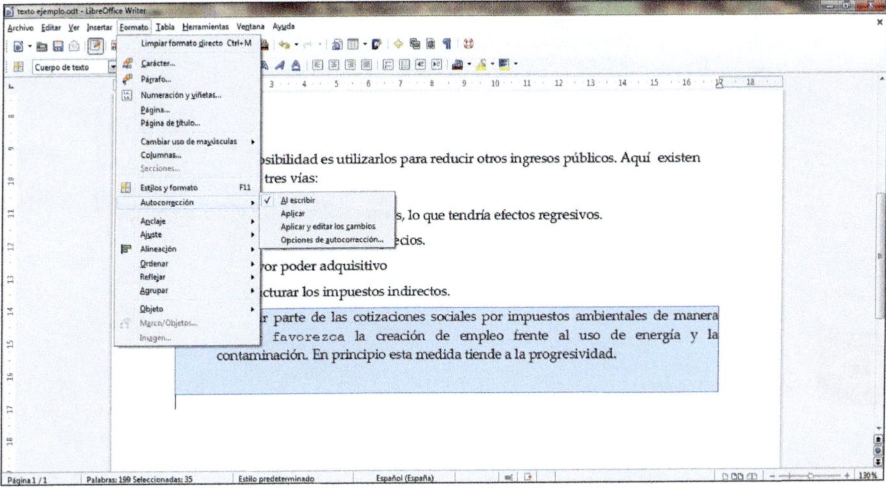

Activación de autoformato en Writer

En el mismo desplegable anterior, en su última opción, pueden modificarse las acciones automáticas al escribir, como el reconocimiento de URL (páginas web y direcciones de correo electrónico), el uso accidental de mayúsculas y el inicio de todas las frases en mayúscula entre otras, todas ellas en la pestaña **Opciones.**

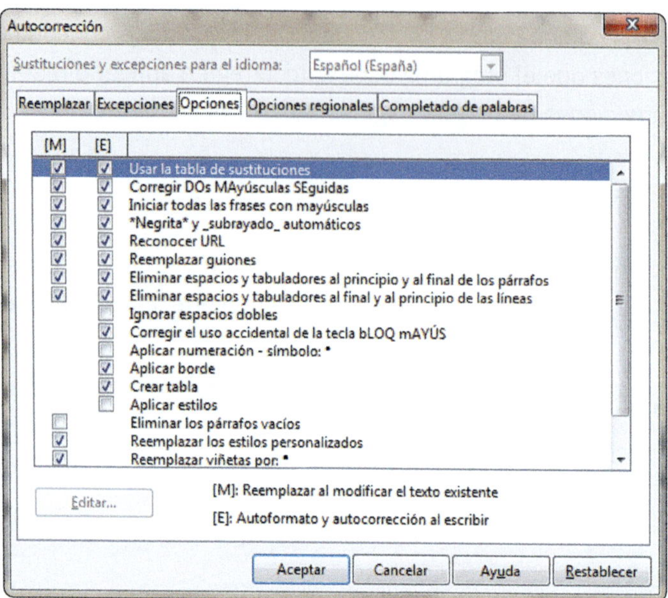

Personalización de la función autocorrección en Writer

Actividades

9. Instale la opción Autoformato en la barra de herramientas de su procesador y abra la aplicación, en el botón Opciones modifique el formato de comillas y fracciones de la pestaña Autoformato. ¿Cómo afecta al texto?

4.2. Autocorrección

Si lleva tiempo utilizando ***Microsoft Word*** o ***LibreOffice*** habrá notado que estos corrigen automáticamente palabras mal escritas, ya sea el orden de las letras o errores de ortografía. La función autocorrección es la que se encarga de realizar esas labores que sirven de gran ayuda para evitar faltas y para agilizar la escritura aunque siempre es preferible acostumbrarse a escribir correctamente, ya que hay errores que no detecta. Las correcciones se realizan de dos formas:

- **Automáticamente.** El programa cambia sin preguntar el término introducido.
- **Resalta las palabras para que se gestione el error.** En estos casos ofrece vocablos alternativos y da la opción de introducir la palabra en el modo autocorrección para que sea modificada automáticamente en próximas ocasiones.

Microsoft Word

El cuadro de texto que aparece en estos casos es el siguiente:

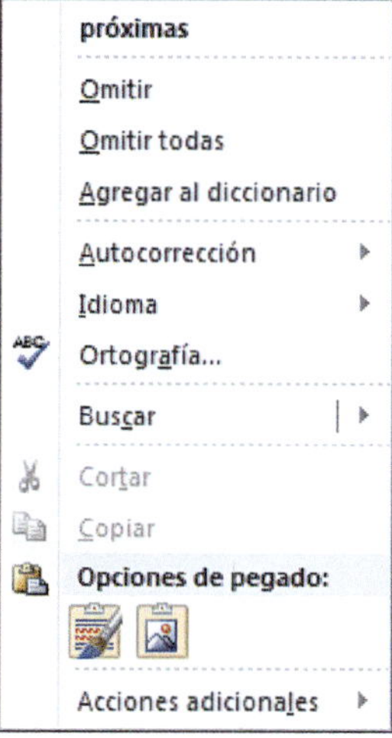

Autocorrección de una palabra con Word

Las opciones más importantes son:

- **Omitir.** Se deja la palabra sin corregir en el texto.
- **Omitir todas.** Se deja la palabra sin corregir y se aplica a todo el documento si vuelve a aparecer el mismo vocablo. Esta opción es útil para nombres de personas y lugares que no conviene añadir al diccionario, pero que van a aparecer en repetidas ocasiones en el documento.
- **Agregar al diccionario.** La palabra se incluye en la base de datos del procesador para correcciones futuras.
- **Autocorrección.** Permite elegir la palabra futura y añadirle la función autocorrección.

Nota

Word utiliza distintos colores para resaltar palabras incorrectas. Si están subrayadas en color rojo el error es de tipo ortográfico, palabra repetida o inexistente; si el subrayado es azul el error es gramatical (en número y entre sujeto y verbo) o para indicar que el significado varía según la acentuación o el uso de tilde.

LibreOffice

Para activar la autocorrección y que el programa detecte faltas ortográficas es necesario activar la opción **Revisión automática** presente en la barra de herramientas.

Ante un error las opciones dadas son las mismas que con el procesador anterior. Se resalta la palabra y situando el cursor sobre ella aparecen otras palabras alternativas, la opción de ignorar la palabra y todas las similares en el texto, añadirla al diccionario o a la base de autocorrección para que las corrija directamente en sucesivas ocasiones.

Nota

La herramienta de autocorrección es muy útil, ya que detecta fallos al escribir el texto, pero también lo es la revisión ortográfica que ambos programas realizan. En Microsoft Word se lleva a cabo en la pestaña Revisar, opción Ortografía y gramática y en Writer está situada en la barra de herramientas justo al lado de la de autocorrección vista anteriormente con un icono muy parecido.

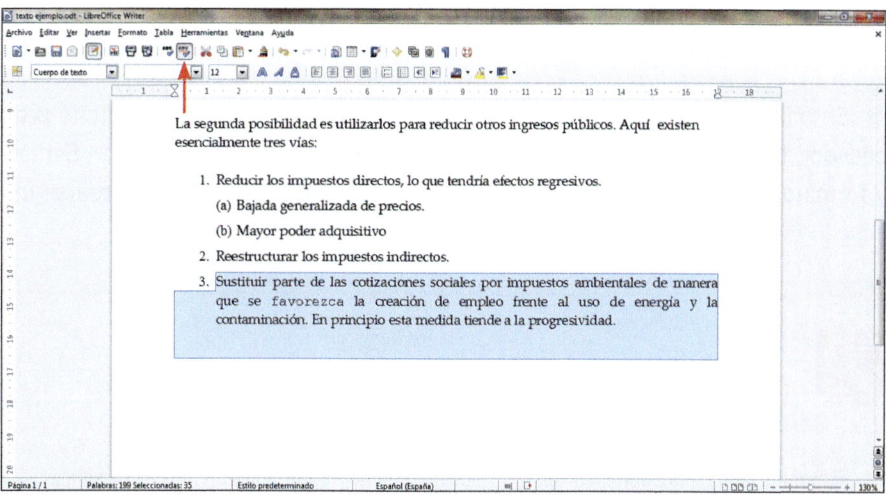

Aplicación de autocorrección de la barra de herramientas, para emplearla tan solo hay que seleccionar el texto y aplicar la corrección.

4.3. Aplicación de manuales de estilo

Como ya se ha comentado anteriormente, la aplicación de los estilos permite dar un formato completo a un texto o párrafo. Estos estilos pueden personalizarse según el aspecto final que queramos dar al documento, además la aplicación se puede realizar antes de la redacción o después. Esto permite visualizar el aspecto que va a tener el documento final y hacer modificaciones de cara a la impresión del boletín.

Además de las formas de aplicación vistas anteriormente existe otra más rápida, se accede desde el apartado **Estilos** en **Menú Inicio,** desplegable de estilos y **Aplicar estilos.** El submenú que aparece es el siguiente:

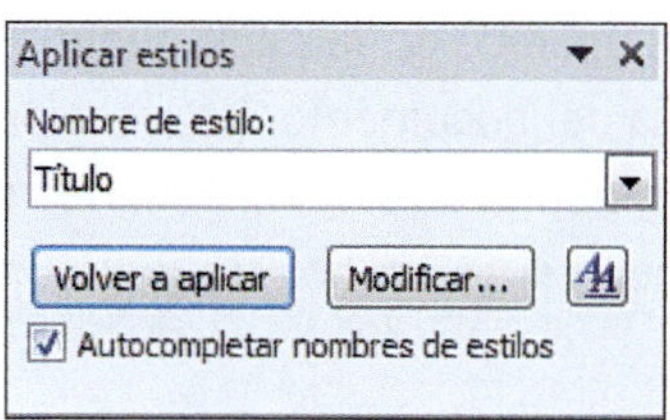

Aplicación de estilo desde la pestaña Inicio, grupo Estilos

LibreOffice

En anteriores epígrafes se ha estudiado cómo aplicar estilos en dicho procesador. La forma más usual de hacerlo es a través de **Formato,** opción **Estilos y formato** aunque el procesador siempre es personalizable y puede crearse un acceso directo desde la barra de herramientas.

Recuerde

El formato cambia la apariencia del texto pero el contenido sigue siendo el mismo. La aplicación de estilos facilita la tarea de redacción, pero nunca sustituye a la elaboración del texto, es en esta parte donde el escritor debe esmerarse más para conseguir un buen resultado.

5. Edición de textos

Una vez que se ha redactado el documento con sus párrafos y títulos es necesario elegir un tipo de encabezado y pie de página donde aparezca alguna información básica y el número de hoja. El uso de estas dos herramientas es fundamental para documentos impresos donde es fácil perder alguna página.

5.1. Configuración de encabezados y pies de página

El encabezado es el texto que aparece en la parte superior de cada página y que contiene información básica del documento. La elección del tipo de este texto la determina el propio autor, aunque de forma genérica suele contener el nombre de la publicación y la fecha si es un boletín y el nombre del informe si es este caso.

El pie de página es el texto que aparece en la parte inferior de la hoja, además de lo anterior suele contener la numeración de la página aunque en algunos formatos esta aparece en el encabezado.

Microsoft Word

El acceso a ambas opciones se realiza desde el apartado **Encabezado y pie de página** del menú **Insertar.** En las dos, **Encabezado y Pie de página** se ofrecen varios formatos predeterminados con diseños clásicos y otros más elaborados.

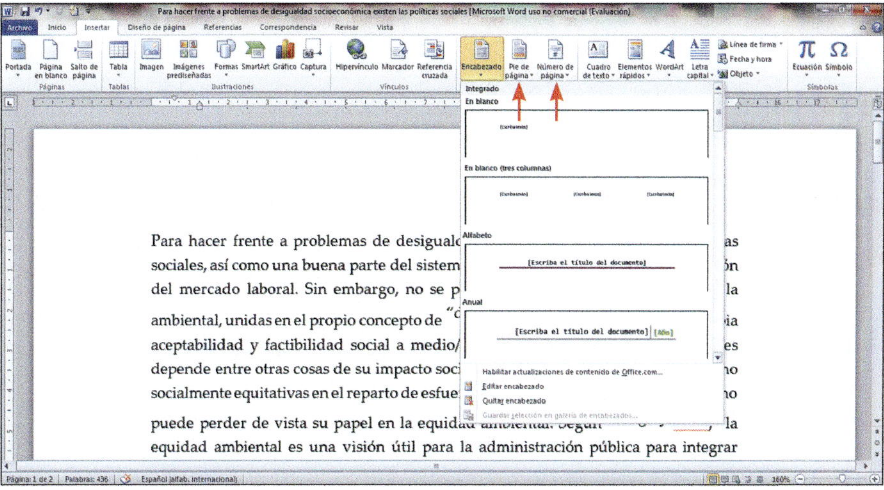

Elección y edición de encabezado

Para personalizar el encabezado o pie de página se accede a su menú en encabezado que aparece en la parte superior como otra pestaña al situarse sobre el encabezado o pie ya insertado en el texto. A través de ella pueden añadirse elementos nuevos como:

- Inserción de imágenes.
- Cambiar el formato de la fecha y añadir hora.
- Aplicar un encabezado diferente a páginas pares o impares.
- Seleccionar la posición exacta del encabezado y el pie.

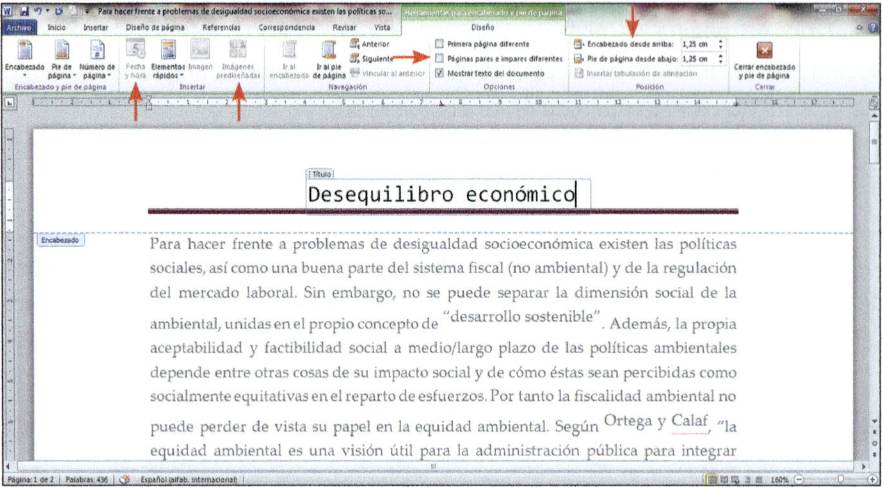

Edición de encabezado

Actividades

10. ¿Qué opciones puede modificar al editar el pie de página? Compruébelo en su procesador de textos.

LibreOffice

El acceso se hace a través de **Insertar,** opciones **Encabezado y Pie de página.** Este procesador no dispone de opciones predeterminadas como el anterior, pero se puede personalizar. Una vez que se ha insertado el pie o el encabezado puede editarse situando el cursor sobre alguno de ellos donde se abrirá un desplegable con tres posibilidades:

- **Formato de pie de página o encabezado** donde puede modificarse la altura y los márgenes. Si se marca la opción Ajuste dinámico de la altura, las alturas del pie encabezado se ajustará en función del texto insertado. En **Más** se puede añadir fondo o bordes.

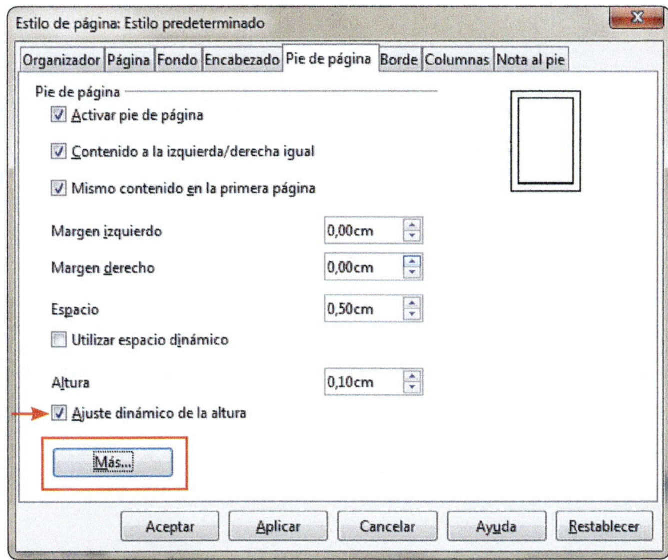

Personalización del pie de página

- Bordes y fondo, mismo menú al que se accedía a través de **Más** en el anterior.
- Eliminar encabezado o pie de página.

5.2. Inserción en ediciones de texto de: tablas, gráficos, organigramas, objetos e imágenes y otros

Las tablas son una manera rápida y fácil de organizar y ajustar columnas de texto y números muy habituales en cualquier documento de consumo o boletín y son una alternativa al uso de tabulaciones.

Los gráficos son representaciones de información numérica muy útiles para mostrar relaciones entre valores diferentes. La representación de ventas por años, por comercial o por distrito son un ejemplo de este tipo de datos. Los gráficos serán desarrollados más adelante.

Los organigramas son representaciones gráficas de la estructura de una organización en las que se pueden apreciar las relaciones de jerarquía entre sus miembros.

Microsoft Word

La pestaña **Insertar,** además de introducir otros elementos ya vistos, tiene múltiples utilidades como la aplicación de tablas, gráficos, organigramas, imágenes, portada y cualquier elemento dentro del texto.

La inserción de tablas es muy sencilla, tan solo hay que abrir su aplicación que aparece en la pestaña anterior. El número de filas y columnas se puede seleccionar manualmente desplazando el cursor por la tabla o poniendo directamente el número de filas y columnas deseadas en **Insertar tabla.** La tercera opción es dibujar directamente la tabla con un aplicador parecido a los usados por el programa ***Paint*** de **Microsoft.** Una vez dibujada la tabla pueden modificarse sus atributos (celdas, columnas, relleno, bordes, etc.).

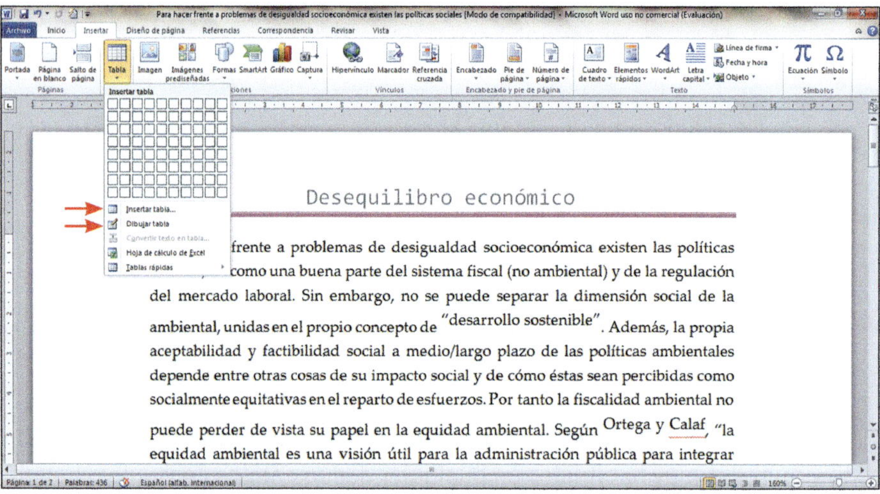

Menú Insertar Tabla

Nota

La opción tablas rápidas permite elegir formatos predefinidos de tablas elaborados por Microsoft Word bastante comunes como calendarios o matrices.

En cuanto a los organigramas, ***Microsoft Word*** dispone de una herramienta para crearlos y gestionarlos, el acceso es a través de **SmartArt** en el apartado **Ilustraciones** de la pestaña **Insertar.** Además de organigramas propiamente dichos, dicha herramienta incluye otros para indicar procesos, matrices o pirámides de jerarquía.

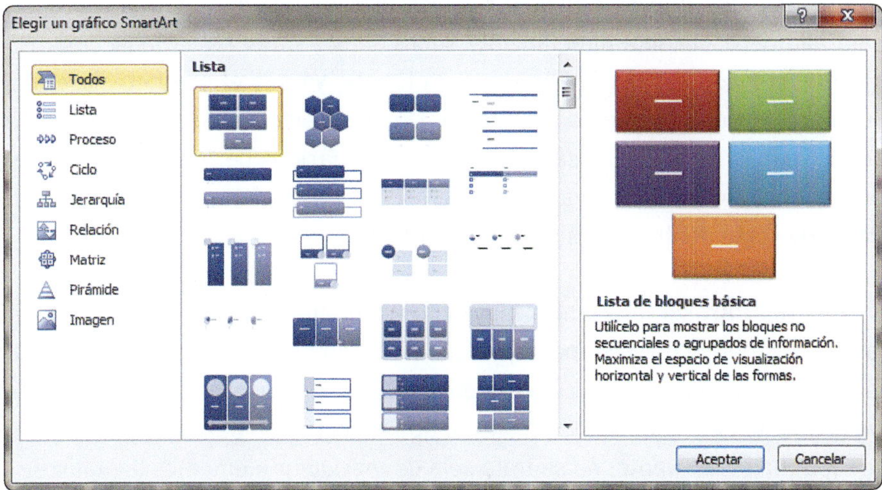

Elección de SmartArt

Los tipos disponibles son: lista, proceso, ciclo, jerarquía, relación, matriz y pirámide. Todos presentan subtipos y el funcionamiento y gestión es similar. Para ejemplificar vamos a considerar uno tipo "Ciclo" y subtipo "Ciclo clásico".

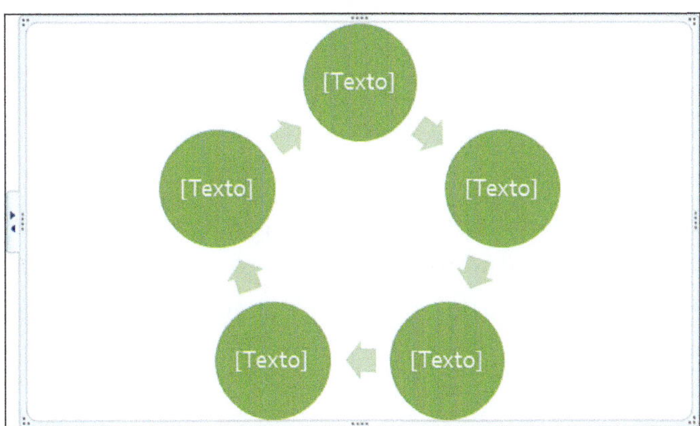

En primer lugar, se selecciona el tipo quedando la forma inicial de la siguiente forma, ver imagen anterior:

Al mantener el cursor sobre el **SmartArt** se observa que aparece una nueva pestaña en la barra de herramientas, es el asistente para el nuevo elemento donde pueden configurarse colores, sentido de las flechas, subtipo de organigrama o agregar nuevas formas o círculos. Las formas permiten la escritura, para ello debe clicarse directamente sobre ellas y empezar la redacción. No hay que preocuparse por el tamaño de la fuente, ya que el programa la ajusta automáticamente al espacio del círculo. Una vez seleccionado el texto de una de las formas, pueden aplicársele los cambios básicos de fuente vistos en el primer epígrafe del libro. La opción de escritura también está disponible en **Panel de Texto** dentro del asistente de **SmartArt.**

Los **SmartArt** son elementos muy vistosos en cualquier documento, atraen la atención del lector fácilmente, ya que representan relaciones o procesos de una forma muy gráfica. Los colores deben elegirse en consonancia al estilo que tiene el resto del documento, sin olvidar que el contenido del organigrama debe ser oportuno y relevante, no se trata solo de introducir elementos llamativos.

Actividades

11. Busque información sobre el procedimiento de reclamaciones en consumo y establezca los pasos a seguir. ¿Qué elemento de SmartArt utilizaría para representarlo en un boletín de consumo?

Las formas son elementos diversos que pueden acompañar a fotografías, textos u elementos de **SmartArt.** Al igual que los anteriores, aportan vistosidad y creatividad al documento. Existen varios formatos: flechas, flujos, líneas, etc.

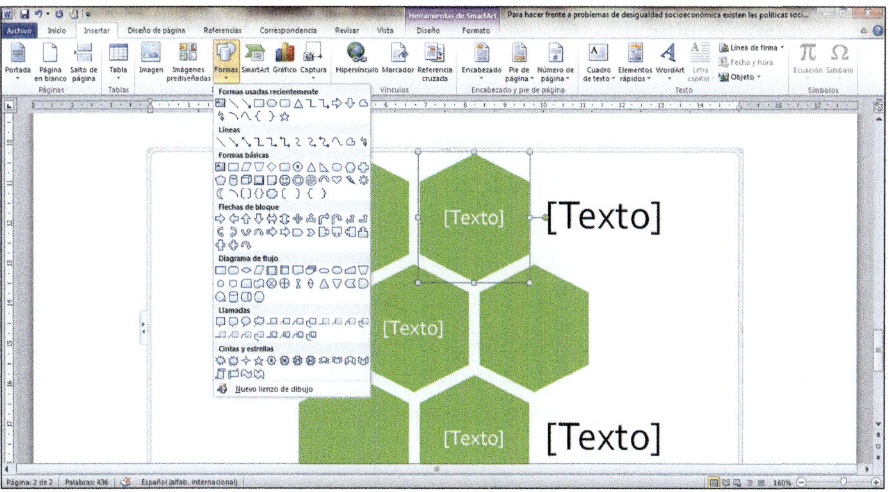

Selección de forma

Insertar imágenes también es posible y se hace de la misma forma, el botón es **Imagen** o **Imágenes Prediseñadas** en el mismo apartado de **Ilustraciones.** La primera es para insertar imágenes o fotografías personales guardadas en el equipo o un dispositivo interno de almacenaje; las imágenes prediseñadas las ofrece el propio programa de su base de datos o en la red. Para usar esta herramienta tan solo hay que escribir una palabra relacionada en el buscador y elegir la imagen adecuada.

Nota

La letra capital es un recurso muy utilizado en publicaciones, consiste en resaltar la primera letra de un texto utilizando una fuente bastante vistosa y generalmente de otro color. Para su aplicación hay que acceder al párrafo Texto del Menú Insertar.

Un elemento muy utilizado en boletines es el cuadro de texto para resaltar o recordar alguna información importante al lector. ***Word*** ofrece algunos formatos prediseñados con colores y formas aunque pueden personalizarse y/o crearse nuevos desde el principio. Al igual que las tablas y los **SmartArts,** poseen un asistente propio seleccionable desde la barra de herramientas.

Por último, cabe destacar la inserción de cualquier objeto en un texto ***Word,*** para ello acudimos al icono **Objeto** del menú que estamos desarrollando durante todo este epígrafe. La función objeto es más amplia que las anteriores y abarca otros documentos de texto, hojas de cálculo, presentaciones en ***PowerPoint*** o textos contenidos en el equipo. La gestión de estos documentos se puede hacer de dos formas, en la primera pantalla del menú **Objeto** se selecciona el tipo de documento; si se marca la opción Mostrar como icono aparecerá un icono representativo del documento insertado. Esta opción está desmarcada por defecto.

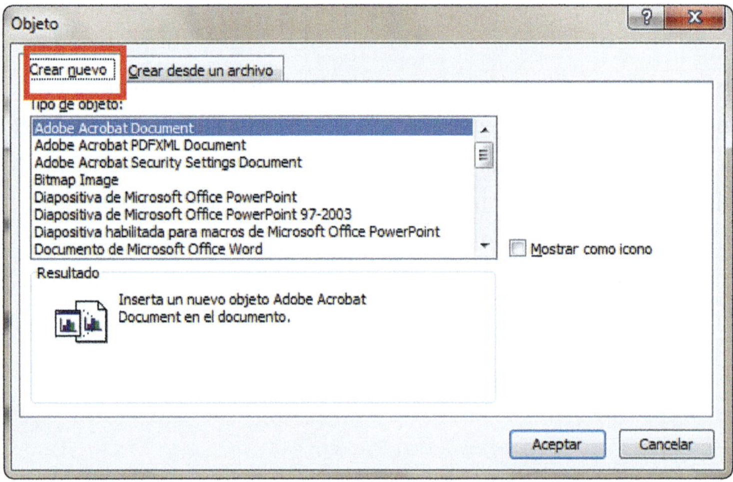

Pestaña Crear nuevo del menú Objeto donde se selecciona el formato del objeto a insertar.

En la segunda pestaña se puede seleccionar un archivo ya existente en el equipo, al igual que antes se puede marcar la opción de icono, de no hacerlo, el texto del segundo documento aparecerá insertado dentro del texto. Si se vinculan ambos textos, los cambios producidos en el documento insertado se reflejarán en el otro.

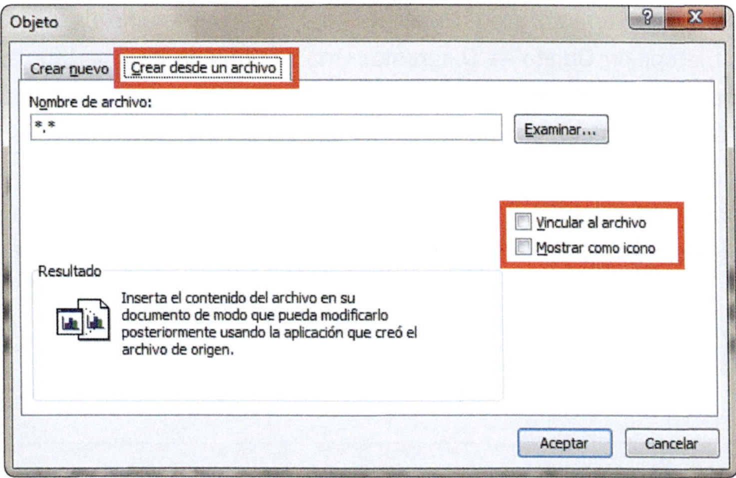

Pestaña para insertar documentos del propio equipo. Pueden vincularse y mostrarse como iconos.

LibreOffice

La inserción de tablas se hace desde **Insertar,** menú tabla donde se especifican el número de filas y columnas deseadas. El encabezado permite que la primera fila sea diferente a las anteriores y que se repita dicha fila en cada hoja si hubiera varias. La opción de no dividir la tabla en varias páginas es muy útil cuando se va a imprimir el documento.

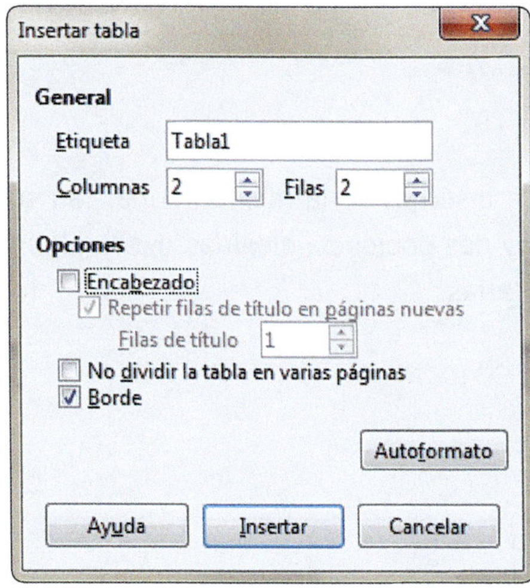

Menú de tabla

Los organigramas y gráficos se insertan desde el mismo desplegable, eligiendo la opción **Objeto → Diagrama.** Una vez que se ha insertado el objeto, este puede editarse de nuevo y cambiar sus características en el menú contextual **(Tipo de gráfico)** tal y como se muestra en la imagen.

Para insertar los datos representados en el gráfico se accede a **Ver → Tabla** de datos del gráfico, siempre que se ha seleccionado previamente el gráfico, donde aparece una nueva ventana con la información modificable. Los títulos, las leyendas, cuadrículas y cuadros con información se incluyen a través de **Insertar.**

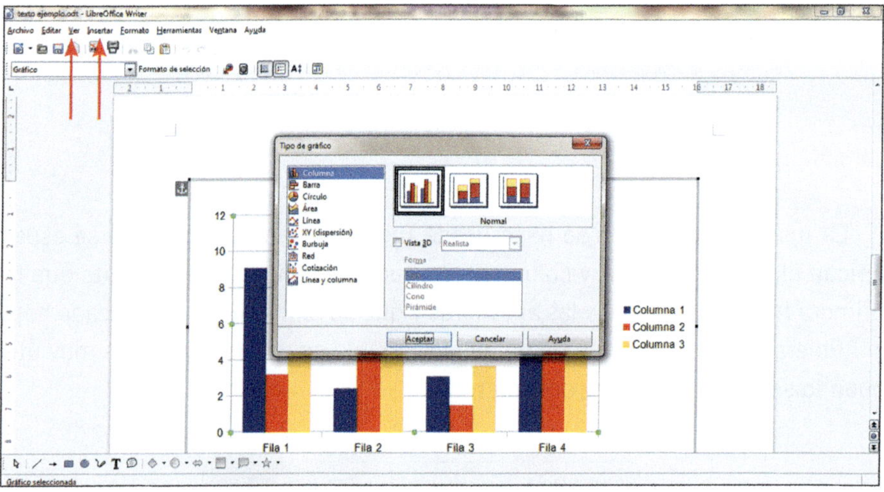

Modificación de tipo de gráfico una vez insertado

Las imágenes se insertan de la misma forma, tan solo hay que indicar el origen de estas. Hay dos opciones: elegirlas desde algún archivo del equipo o escanearlas e insertarlas.

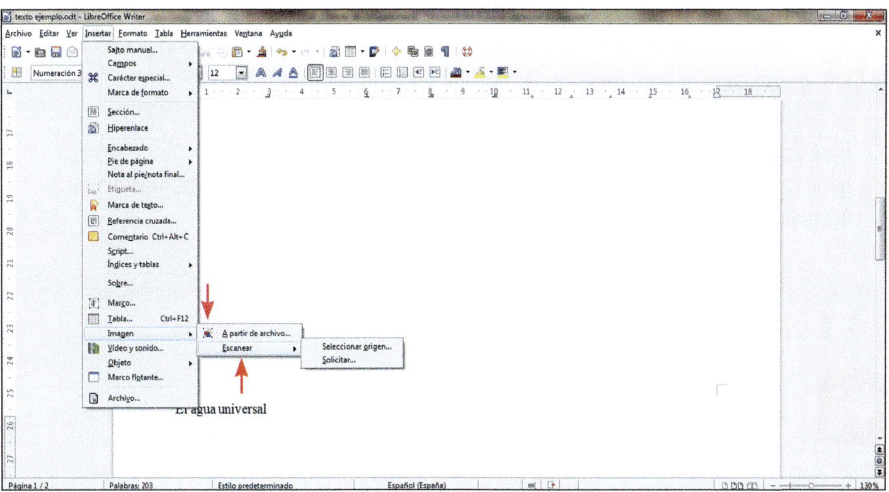

Inserción de imágenes

Para insertar documentos provenientes de otros archivos, sea cual sea su formato se hace a través de objetos OLE **(Insertar->Objeto->Objeto OLE).** En la ventana resultante se elige el tipo de documento que puede ser nuevo o elegirlo de los disponibles en el equipo, opciones **Crear nuevo** y **Crear a partir de archivo respectivamente.**

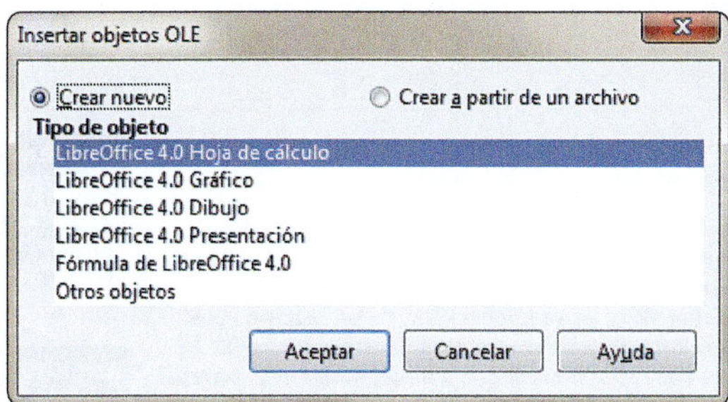

Inserción de objetos OLE

Recuerde

Para acceder a las opciones propias del gráfico insertado en Writer es necesario seleccionarlo previamente, de esta forma las funciones de la barra de herramientas y las distintas pestañas serán específicas para el gráfico.

Aplicación práctica

Usted es miembro de una asociación de consumidores y lee la siguiente noticia en el boletín que recibe mensualmente de dicha asociación:

CONSEJOS

Qué hacer si el inquilino no paga el alquiler

1 enero 2011

Le explicamos cómo puede prevenir el impago del alquiler y, en caso de necesidad, cómo reclamar el pago a un inquilino moroso. Sepa qué mecanismos le ayudan a garantizar el alquiler. Porque ir a los tribunales no suele compensar.

Primero, un acuerdo por las buenas

Una cosa es retrasarse unos días en el pago del alquiler y otra muy distinta dejar de pagar más de un mes de alquiler, que es el caso que nos ocupa. En una situación como ésta el propietario debe, primero, llamar la atención del inquilino, ya sea por teléfono o por escrito. Si el inquilino no responde, tendrá que volver a reclamarle el pago, pero ya por vía fehaciente, es decir, por medios que supongan una prueba legal: burofax, conducto notarial, o acto de conciliación judicial. Si aún así el inquilino no paga, no queda más remedio que ir a juicio.

Puede reclamar lo que se le debe, o resolver el contrato y solicitar el desahucio por impago, o las dos cosas a la vez. En el caso de que el inquilino sea solvente, reclame lo que le debe. Si no, olvídese de reclamarle las deudas, ya que, además de no cobrar nada, tendrá que hacerse cargo de los gastos por el proceso judicial. Mejor céntrese en resolver el contrato y recuperar el inmueble.

CONTENIDOS RELACIONADOS

Cartas tipo

Reclamación al juzgado de primera instancia por impago de alquiler

ANEXOS

Impago del alquiler

Fuente: www.ocu.org

Continúa en página siguiente >>

<< Viene de página anterior

¿Qué elementos insertables observa en el texto?

SOLUCIÓN

No se puede conocer con exactitud su naturaleza porque el texto no está editado, pero se podría decir que aparecen varios objetos insertables:

- Imagen.
- Cuadro de texto para el párrafo introductorio de la noticia.
- Tablas para contenidos relacionados y anexos.
- Objetos para "Impagos de alquiler" y "Reclamación al juzgado de primera instancia por impago de alquiler".

---

6. Documentos profesionales

En ámbitos empresariales es habitual tener que reproducir el mismo documento en repetidas ocasiones. Los procesadores de texto permiten la creación de plantillas y realizan tareas automatizadas para que el escritor solo tenga que preocuparse del contenido de dichos documentos. En la elaboración de boletines e informes también se usan, pues simplifican enormemente la tarea de redacción y montaje, sobre todo teniendo en cuenta que son publicaciones periódicas. Dentro de las tareas automatizadas se estudiarán las macros para ***Word*** y ***LibreOffice*** aunque a lo largo del capítulo ya se han venido estudiando otras como la aplicación de estilos o la autocorrección.

6.1. Creación y uso de plantillas

Microsoft Word dispone de varias plantillas genéricas en su base de datos. Para acceder a ellas nos situamos en **Archivo → Nuevo → Plantillas disponibles.** Aunque estas plantillas son muy útiles y tienen un buen diseño, se recomienda que en ámbitos empresariales se usen las de creación propia, ya que son más profesionales y creativas.

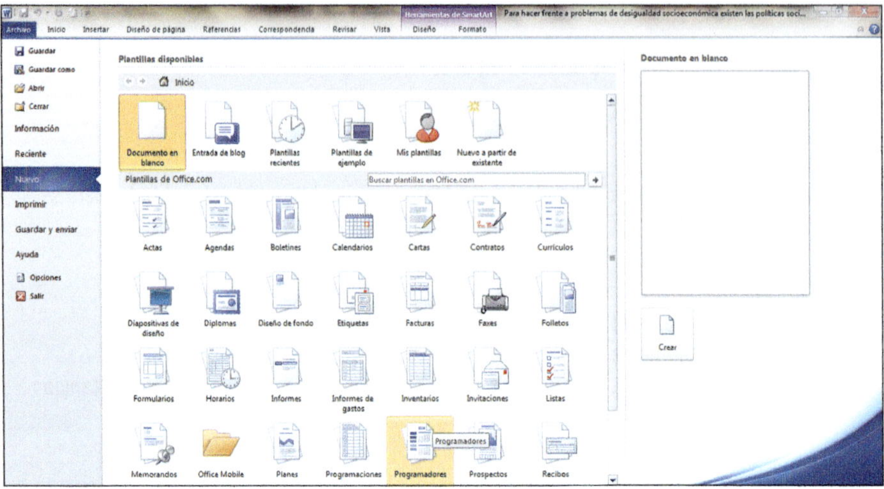

Selección de plantillas instaladas

Si se dispone de acceso a Internet se pueden descargar otros formatos, se accede directamente desde el mismo menú anterior en **Office.com.** Las plantillas están ordenadas por categorías y se pueden hacer búsquedas temáticas. Una vez seleccionada una cualquiera se abrirá una ventana de visualización del documento, se descarga y se crea el nuevo.

Actividades

12. Busque dos ejemplos de boletines de los disponibles en Microsoft Office Online que versen sobre temas empresariales y económicos. ¿Los usaría para su empresa? ¿Y a nivel particular?

Para crear plantillas se accede al mismo menú, situándose en mis plantillas donde se puede seleccionar una plantilla ya creada o iniciar otra. En la parte baja derecha hay que seleccionar qué tipo de escrito se va a crear, un documento o una plantilla. Cuando se cree una nueva se recomienda asignarle nombre para que no se confunda con otras plantillas. La creación de la plantilla es totalmente personal, pueden usarse tablas, títulos, textos justificados o en varias columnas, imágenes, viñetas, listas numeradas. Los boletines suelen redactarse sobre plantillas, aunque es habitual que se cambien elementos de lugar para que las publicaciones no sean monótonas. Los informes también toman la forma de plantilla, personalizándolos con gráficos y tablas que ejemplifiquen el tema expuesto.

Para usar las plantillas tan solo hay que abrirlas como si de un documento normal se tratara y redactar los nuevos textos. Cuando se guarden los cambios se hará creando otro documento, en este caso normal, no plantilla, quedando la plantilla original intacta y lista para más usos.

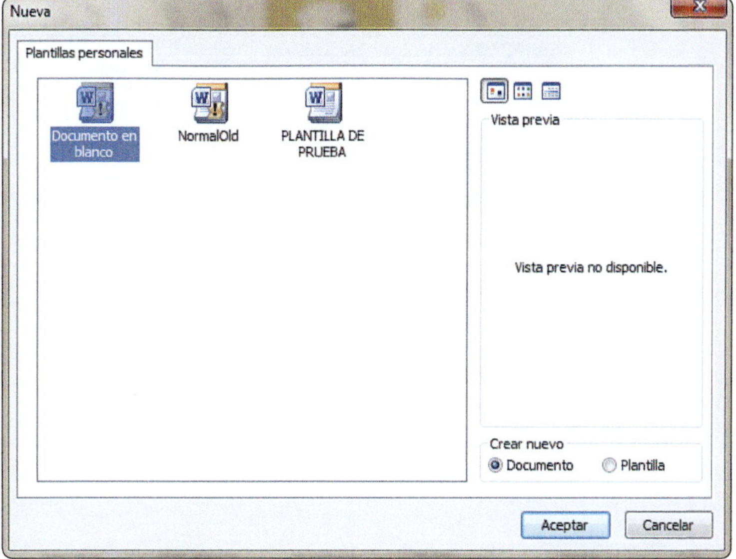

Selección y creación de plantillas propias

Nota

En la opción Guardar como puede guardarse directamente cualquier documento en forma de plantilla. Para ello hay que seleccionar esta opción en el desplegable del tipo de archivo.

LibreOffice

Los pasos a seguir para crear la plantilla son:

- Crear el documento usando los textos, gráficos, objetos, etc. que se deseen.
- **Archivo → Guardar como plantilla.**
- Elegir la categoría para hacer búsquedas más fácilmente.
- Asignar un nombre a la nueva plantilla y **Guardar.**

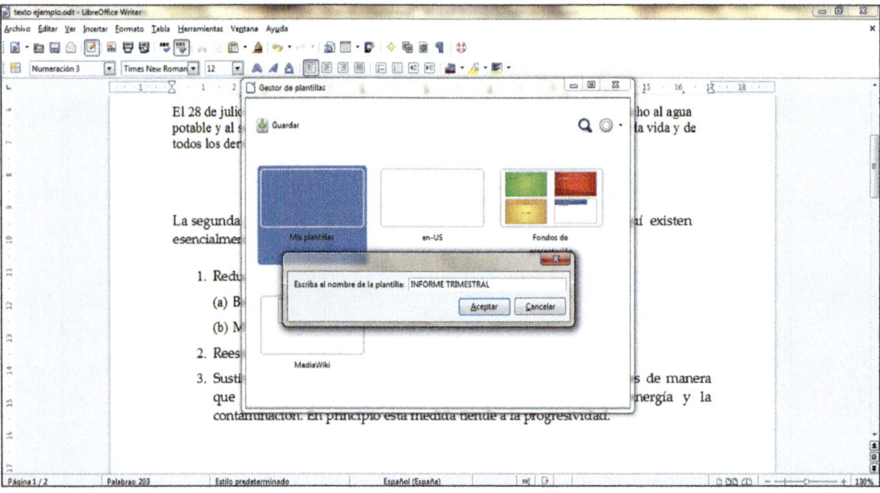

Creación de plantilla

El acceso a la plantilla se realiza desde **Archivo → Nuevo → Plantillas** donde se selecciona la deseada de los grupos existentes, al hacerlo se abre un nuevo documento que habrá que guardar como documento normal y la plantilla seguirá intacta para usos posteriores.

6.2. Tareas automatizadas

Las macros son conjuntos de acciones que se ejecutan de forma progresiva a petición del usuario. Son útiles cuando se crea un tipo de documento en el que siempre se repiten algunos elementos con el mismo formato.

Microsoft Word

Para facilitar la comprensión se creará una macro de tabla, el orden es menú **Vista → Macros → Grabar macro.** En el cuadro de texto deberá rellenarse el nombre de la macro, la forma de acceso (botón en la barra de herramientas o teclado) y el lugar donde quiere guardarse. Si se desea puede incluirse una breve descripción de las tareas de la macro.

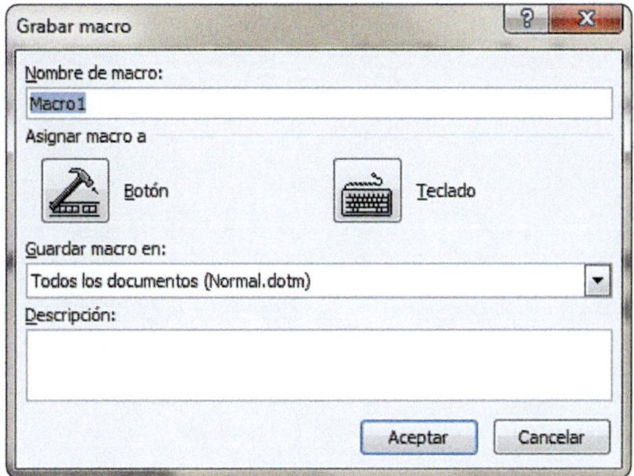

La aceptación en esta nueva pantalla inicia la grabación de la macro que será fácil de reconocer, ya que el cursor será diferente. Los pasos siguientes son los vistos para insertar una tabla, **Menú Insertar → Tabla,** elección de filas y columnas y formato de tabla a través de su asistente. Para detener la grabación se pulsa el icono cuadrado que aparece en la barra inferior o **Pausar grabación** del desplegable anterior.

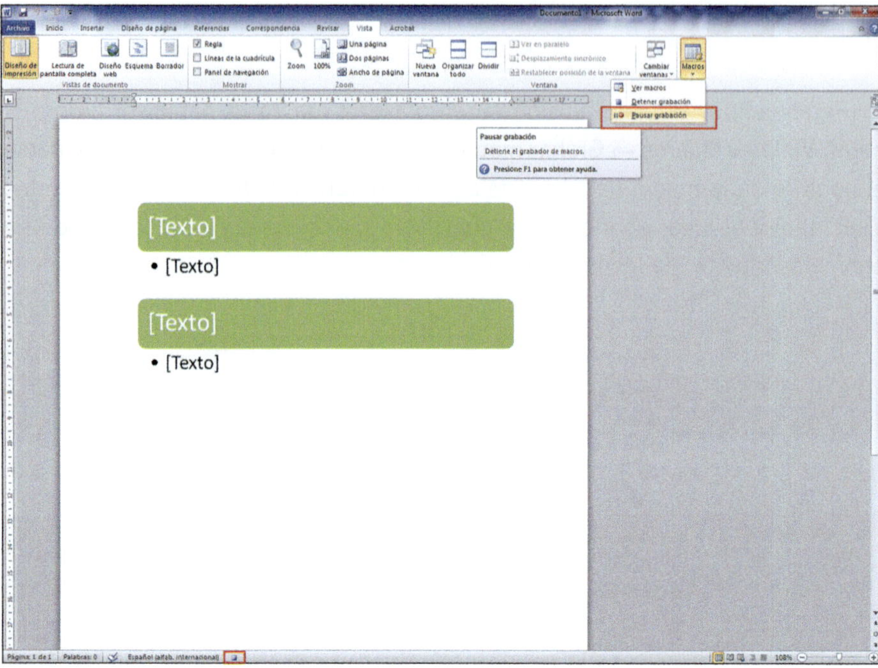

Pausa de grabación de una macro

La ejecución de la macro se realiza de dos formas:

- **Vista → Macros → Ver macros** donde se selecciona la deseada y se ejecuta.
- Situando un botón específico en la barra de herramientas que ejecute la macro directamente. Esta opción está disponible en **Archivo → Opciones → Barra de herramientas** de acceso rápido. En comandos se elegiría la macro deseada y se agregaría a la nueva lista.

Nota

Las macros deben eliminarse desde el menú que las creó, menú Vista → Macros → Ver macros. Habría que seleccionarla y eliminarla. Si tan solo se elimina el icono de la barra de herramientas no se está eliminando la macro.

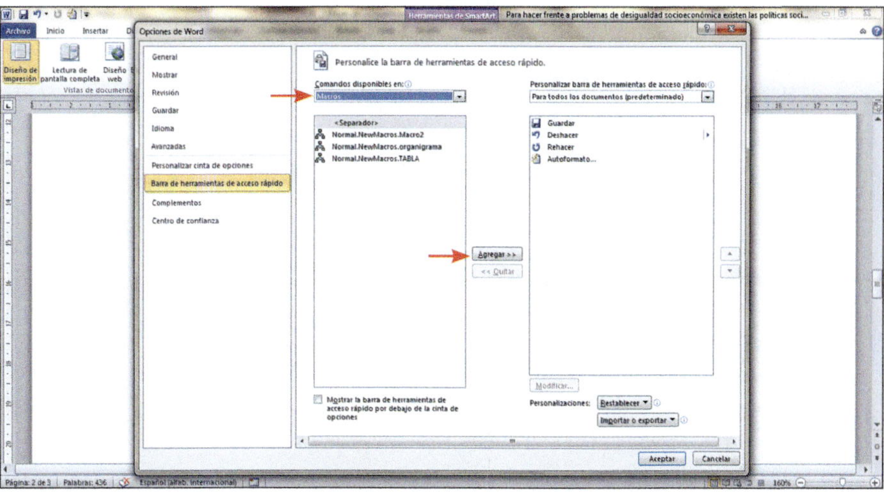

Personalización de la barra de herramientas añadiendo macros

La macro podrá ejecutarse tantas veces como sea necesario, tan solo con pulsar el botón de la barra de herramientas o usar el menú.

LibreOffice

Por defecto la grabación de macros viene desactivada, para que esté disponible es necesario hacer algunos cambios en la configuración del procesador. La secuencia es **Herramientas → Opciones → LibreOffice → Avanzado** y se activa **Grabación de macros.**

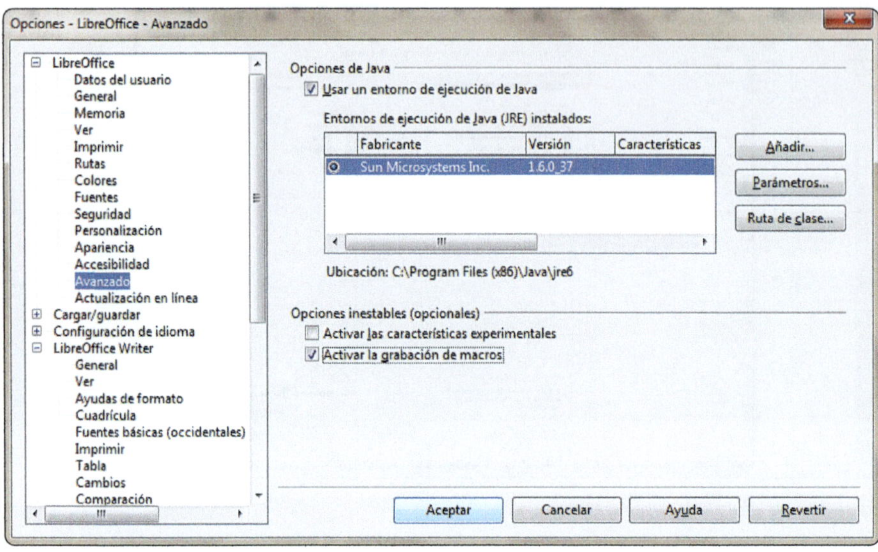

Activación de la grabación de macros

Una vez activada la opción el procedimiento de creación de macros es similar al anterior. Los pasos a seguir son:

- Inicio de la grabación de la macro en **Herramientas,** opción **Macros y Crear macro.** El siguiente cuadro muestra la ejecución de la macro.

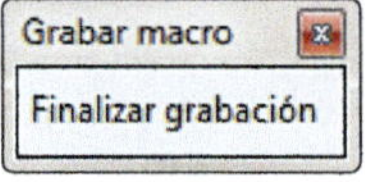

- Ejecución del proceso que tiene que repetir la macro, puede ser la inserción de una tabla, la escritura de un texto o la inserción de una imagen o icono entre otros.
- Finalizar grabación en la ventana anterior.
- Elegir la ubicación de la nueva macro, teniendo en cuenta que sea fácil su búsqueda y asignar nombre.

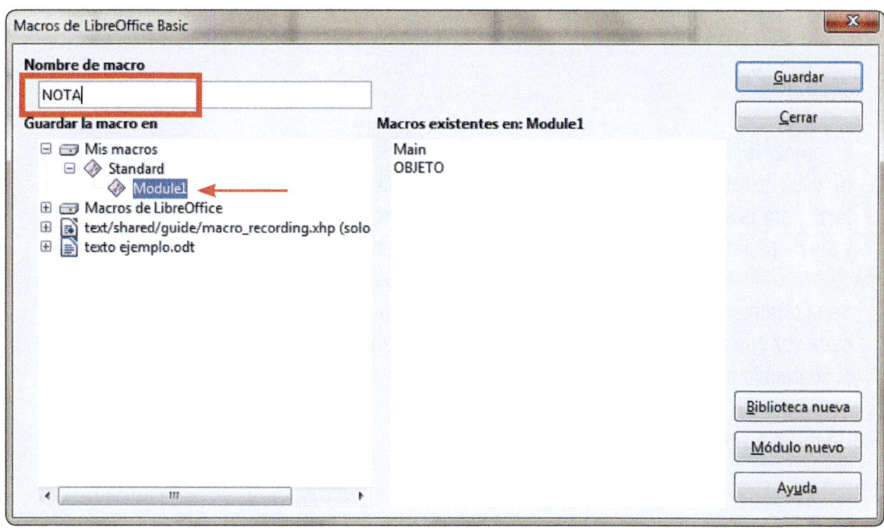

Elección de la ubicación de la macro y nombre. Por defecto, las macros propias se almacenan en la carpeta Standard, Módulo 1.

Para ejecutar la macro se usa el mismo desplegable, tan solo hay que seleccionar **Ejecutar macro** y elegir la carpeta que la contiene, de ahí la importancia de una buena organización. El programa mostrará todas las macros de dicha carpeta y se elegirá la adecuada.

Aplicación práctica

La empresa para la que trabaja decide emitir un boletín de carácter trimestral con información para empleados y le encargan a usted el montaje del mismo. Según instrucciones del presidente de la compañía, el boletín debe incluir un mensaje del presidente que ha elaborado él mismo. El resto de elementos son un sumario, noticias relevantes del sector, noticias específicas sobre la marcha de la empresa y su expansión, nuevas incorporaciones a la compañía y cursos impartidos.

¿Qué elementos de los vistos a lo largo del tema usaría en la elaboración del documento? ¿Sería factible el uso de una plantilla personalizada? Diseñe un modelo de documento usando Microsoft Word o LibreOffice.

Continúa en página siguiente >>

<< Viene de página anterior

SOLUCIÓN

En primer lugar habría que determinar los estilos, algunos para títulos (el del propio boletín y los de las noticias) y otros para párrafos. Para el sumario se insertaría un cuadro de texto para evitar que se muevan los contenidos. El resto de elementos serían encabezado y pie de página y fotografía o tablas si fuera necesario.

Sería totalmente recomendable el uso de una plantilla, ya que ahorraría trabajo de edición cada vez que se editara la publicación. Una vez diseñado el formato habría que introducir el contenido nuevo de cada trimestre.

Un posible diseño sería:

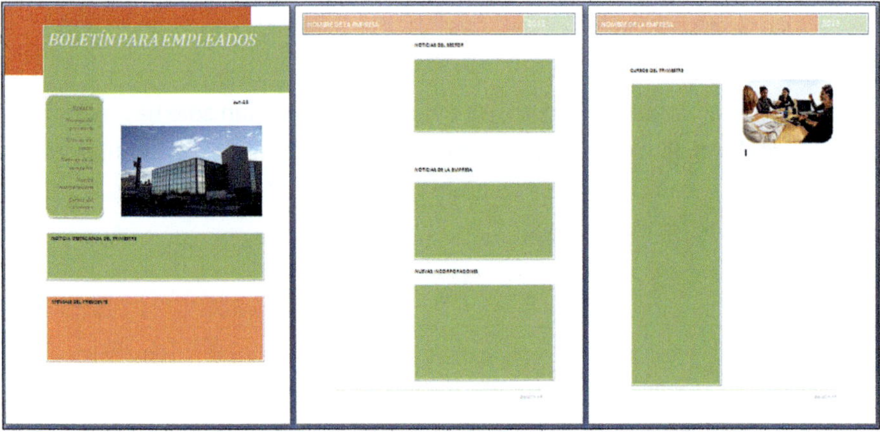

7. Creación de un informe personalizado

Al igual que los boletines, los informes usan plantillas para agilizar el trabajo de redacción. También permiten el uso de macros en el caso de que se tengan que introducir elementos fijos como tablas u organigramas. Los procedimientos para la creación de informes siguen los pasos anteriores, tan solo hay que tener en cuenta que el diseño suele ser más sobrio, ya que tiene una finalidad más profesional y que la extensión es mayor.

7.1. Asistente para informes

El acceso se hace de la misma forma ya que se trata de otra plantilla más, **Archivo → Nuevo → Plantillas de ejemplo.** De nuevo ***Microsoft Office*** ofrece algunos modelos de informes, aunque se recomienda modificarlos o crear nuevos para mayor creatividad. A pesar de ello, los que ofrece el procesador pueden servir de inspiración para los propios. **Office.com** permite la descarga de más modelos de informes: informes de gastos, empresariales, de tapas de carpeta, esquemas e informes académicos.

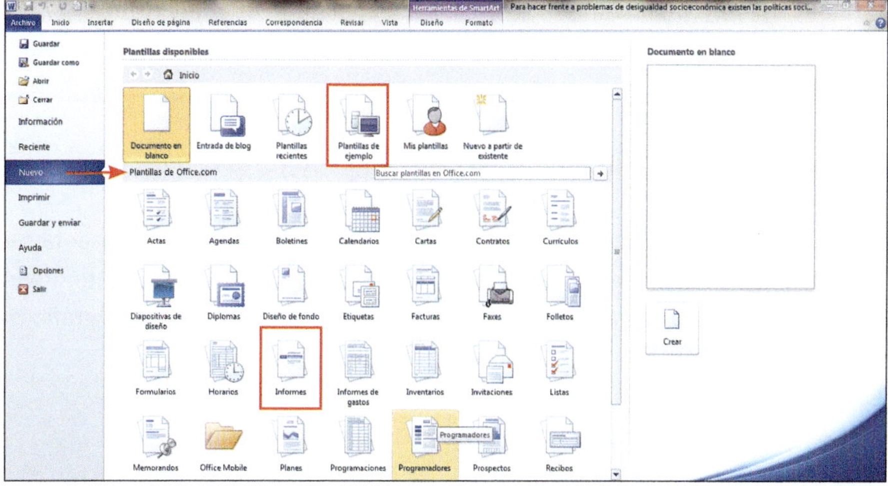

Elección de informes predefinidos, algunos se descargan directamente del programa y para otros es necesario tener conexión a Internet.

Actividades

13. ¿En qué se diferencia el diseño de una plantilla para un boletín y una para un informe?
14. Busque modelos de boletines disponibles en Office.com.

LibreOffice

Con la ayuda del asistente para informes de ***Writer*** puede crear plantillas para informes y otros documentos como cartas o plantillas de fax. Dicha herramienta se encuentra en **Asistentes,** dentro de **Archivo.** Únicamente hay que seleccionar el tipo de documento a grabar y dejar que el programa guíe el proceso. Este puede variar dependiendo del tipo de documento elegido, pero al final todos incluyen la ubicación. Por defecto se guarda en plantillas del usuario aunque se puede elegir otro lugar.

La gestión de dichos informes se realiza como con cualquier otro tipo de plantillas, se accede a ella en **Archivo** → **Nuevo** → **Plantillas.**

7.2. Creación de informes (en columnas, tabular o justificado)

Los informes incluyen gran cantidad de información que de presentarse de una forma lineal daría un aspecto monótono y aburrido al documento. Para hacer que el diseño sea más original y se puedan intercalar imágenes, gráficos o tablas se estructura el texto en forma de columnas.

Microsoft Word

Se puede hacer de dos formas:

- **Mediante el asistente para columnas. *Microsoft Word*** incluye esta opción en pestaña **Diseño de Página → Configurar página → Columnas.** El desplegable ofrece varias alternativas: una columna, dos, tres y dos con diferentes grosores y alineación, además puede personalizar el ancho de columnas en **Más columnas.** El formato se puede aplicar antes o después de escribir el texto.

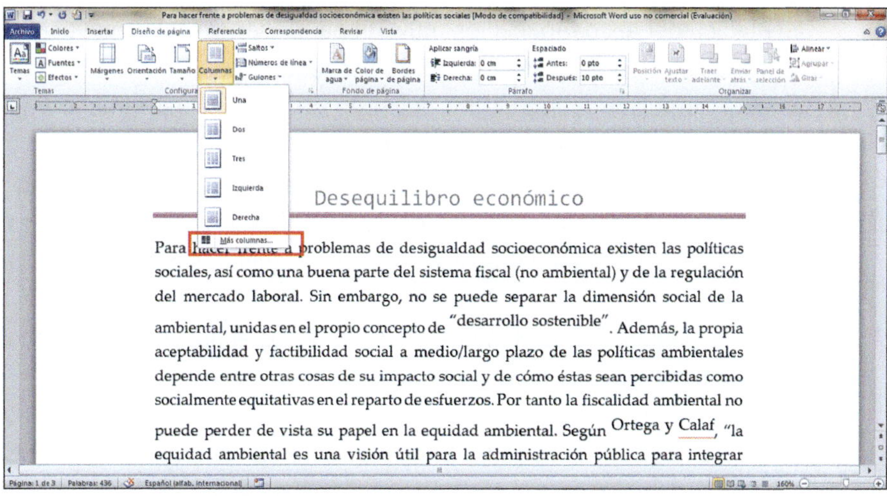

Selección del asistente para columnas en Diseño de página

- **Mediante tabuladores.** Esta aplicación es más manual y menos práctica que la anterior. Deben ponerse los tabuladores en las posiciones deseadas para hacer los saltos de columna. El empleo de tabuladores está desarrollado en un apartado anterior.

Recuerde

Para aplicar tabuladores es necesario que estos se creen antes del escribir el texto. Si se opta por el asistente de columnas se pueden aplicar en cualquier momento.

Otras opciones disponibles en la ficha **Diseño de página** útiles para los informes o cualquier tipo de documento son:

- Márgenes donde se puede modificar el espacio entre los párrafos y el límite de folio. Por defecto vienen establecido el normal y se pueden crear nuevas configuraciones a través de **Márgenes personalizados.**

- Orientación del texto. Aplicación muy útil para insertar tablas que por su configuración necesiten más amplitud horizontal.
- Tamaño. Establece la estructura del texto en función del tamaño y la forma del papel impreso (A4, A5, sobres, cuartilla, etc.).
- Marcas de agua. Permite la impresión del logotipo o nombre de la empresa de forma difuminada detrás del texto del informe. El resultado es muy profesional aunque la imagen debe ser pequeña, sino recargaría el texto.
- Bordes de página. Dan un resultado muy atractivo al documento aunque está más recomendado para la portada que para todo el informe.

La apariencia final de un texto dice mucho sobre su contenido y sobre su escritor, es importante cuidar los detalles y que el texto esté bien encuadrado dentro del papel, sobre todo si se va a imprimir después. La opción justificación de texto posibilita que este quede bien alineado en el margen derecho, modificando la posición y extensión de los renglones. Esta característica se activa en pestaña **Inicio,** apartado **Párrafo,** opción **Justificación.** Al igual que casi todas las aplicaciones, se puede insertar antes o después de la escritura y se puede aplicar a todo el texto o a párrafos seleccionados.

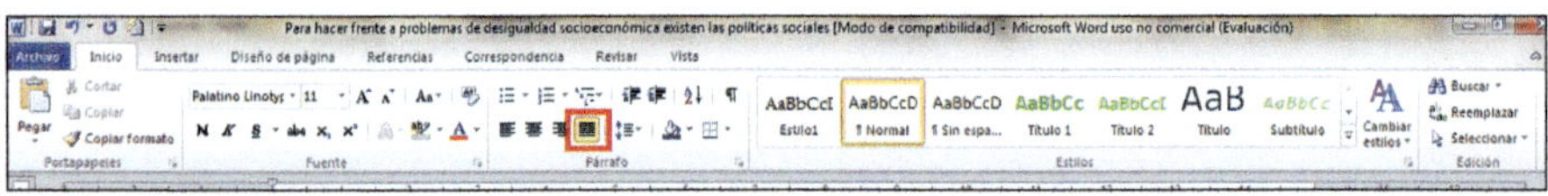

Elección de párrafo justificado

Otras opciones relacionadas con la alineación de párrafos son:

- **Alinear texto a la izquierda.** Es el que viene configurado por defecto, pero no es el adecuado para la mayoría de los documentos, mejor el justificado.
- **Centrar.** Permite centrar la frase dentro de los márgenes del texto, opción muy útil para títulos.
- **Alinear texto a la derecha.** Es de menor aplicación en documentos con textos extensos, pero sí se utiliza para portadas o para párrafos específicos a los que se le quiera aportar un diseño especial.

LibreOffice

Con *LibreOffice* también es posible hacer informes con estructura tabular. Para ello, habría que remitirse al epígrafe anterior, 3.3 donde se explica cómo insertar tabuladores y sus tipos.

En cuanto a las columnas, la opción está disponible en **Formato → Columnas** donde se puede elegir el número de ellas, el ancho de columna y el de separación entre ellas.

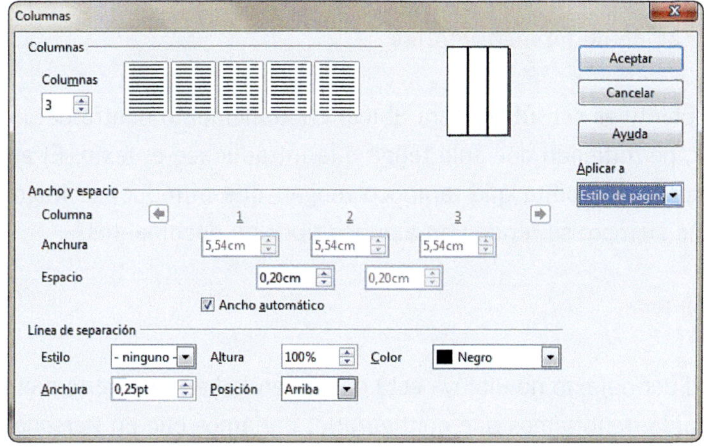

Gestión de texto en forma de columna

Por defecto la justificación del texto se encuentra en la barra de herramientas de acceso directo junto con el resto de las opciones: alineación a la derecha, a la izquierda y centrada.

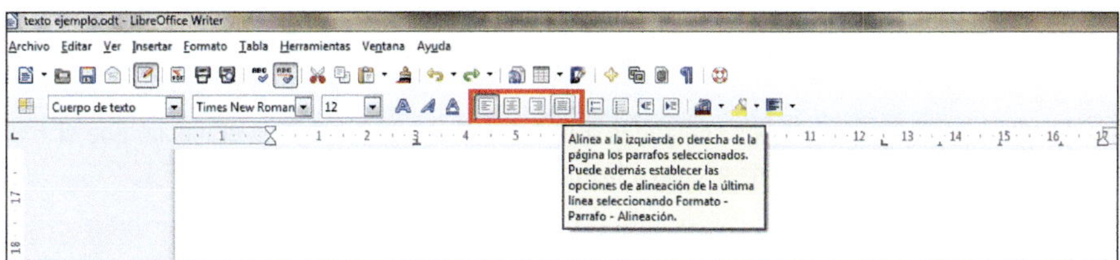

Justificación de texto en LibreOffice

Actividades

15. ¿Qué tipo de alineación de párrafo utilizaría para un boletín?, ¿y para el índice de un informe? Compruebe el uso de texto justificado en un índice y observe lo que ocurre en los renglones.
16. ¿Cómo puede cambiar el color de la página de un documento?

7.3. Creación de un auto-informe

Las plantillas son útiles para ubicar cada elemento dentro de un boletín o informe, permitiendo que solo tenga que introducirse el texto. El auto-texto o auto-informe posibilita que tampoco tengan que introducirse fragmentos del texto que siempre se repiten en algunos tipos de documentos.

Microsoft Word

Word por defecto no incluye esta opción en la barra de herramientas de acceso rápido, tendríamos que configurarlo, haríamos clic en **Personalizar barra de herramientas,** que se encuentra en la propia barra a la derecha de los otros elementos, **Más comandos → Todos los comandos** y agregamos **AUTOTEXTO.** Una vez realizados estos pasos tendríamos un nuevo botón en nuestra barra de herramientas.

Nota

El menú para agregar nuevos comandos a la barra de herramientas es el mismo que el usado para definir el lugar de acceso a las macros visto en el capítulo.

Para aplicar el comando, tan solo hay que seleccionar un texto del documento, clicar en el icono anterior y elegir la opción **Guardar selección en galería de autotexto.** El menú es el siguiente:

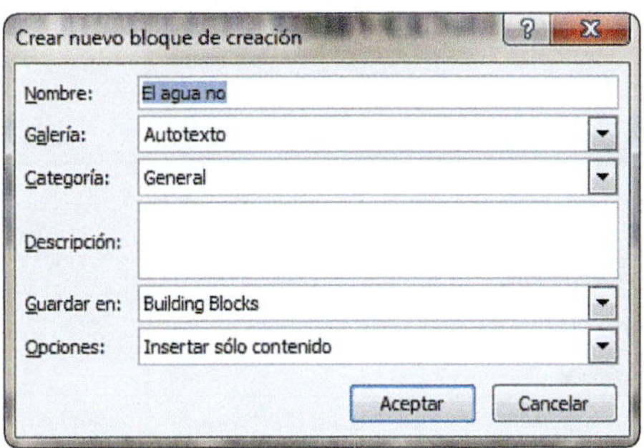

Asistente para creación de autotexto

Cuando se quiera aplicar el autotexto tan solo hay que elegirlo del desplegable disponible en el icono de acceso anterior:

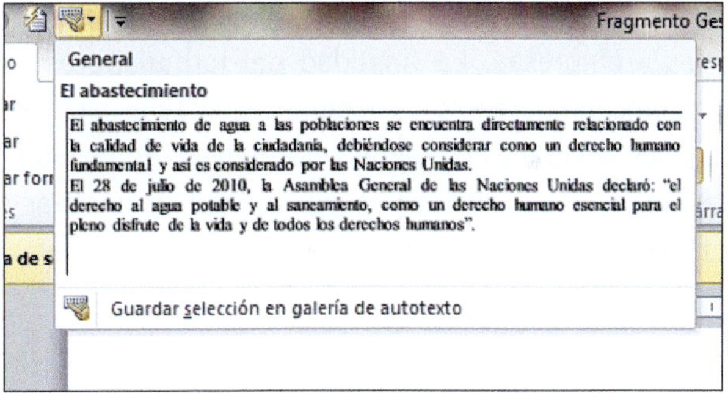

Selección de autotexto

LibreOffice

La función de autotexto en *LibreOffice* tiene las mismas utilidades que la anterior, aunque su gestión es distinta. *LibreOffice* ya tiene insertados algunos textos estándar como cartas y anexos. Para usarlos se accede a menú **Editar → Autotexto** y se selecciona el que más se ajuste al documento. Los textos insertados se personalizan en los huecos que hay disponibles para ello. También es posible insertar textos predeterminados de elaboración propia, su inserción se hace en **Importar** donde se selecciona un archivo de los disponibles en el equipo.

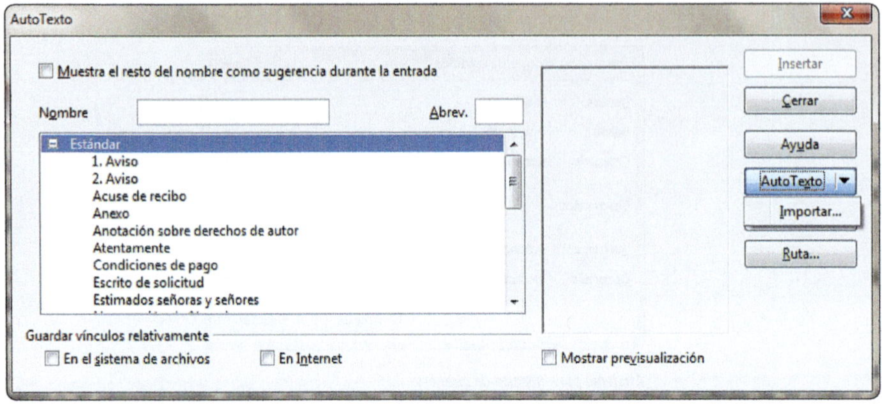

Elección de autotexto con LibreOffice

8. Creación de formularios

El uso de formularios es cada vez más común, se emplean en administraciones públicas y empresas. La finalidad del formulario es la obtención de datos de forma precisa, para ello se hacen preguntas específicas con opciones de respuesta y desplegables con varias alternativas. En consumo son bastante utilizados para encuestas, además la posibilidad de realizar formularios en formato electrónico constituye un importante ahorro de papel.

Microsoft Word

Word cuenta con una aplicación para crear y formularios, pero es necesario activarla. Accedemos a **Archivo → Opciones → Personalizar cinta de opcion → Fichas principales** tal y como se muestra en la siguiente imagen. A continuación, marcamos dicha opción y aceptamos, podemos observar cómo tenemos otra nueva ficha en la cinta de opciones de nuestro procesador.

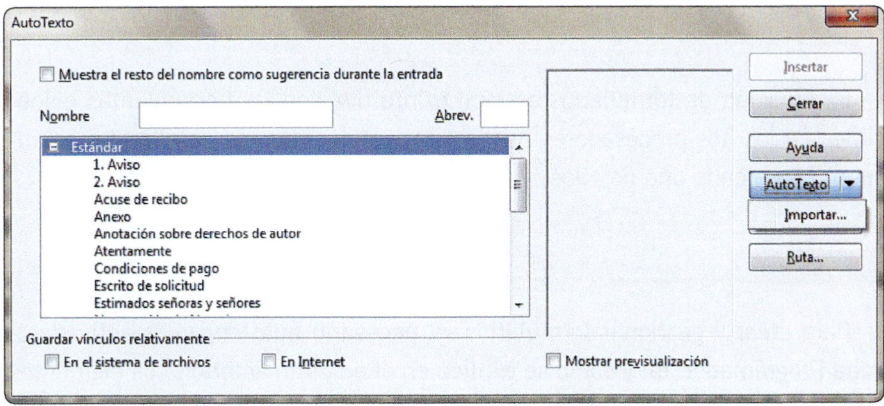

Personalización de la cinta de opciones

LibreOffice

En ***LibreOffice*** también hay que activar los botones necesarios para la creación de formularios. Se hace de la siguiente manera **Ver → Barra de herramientas** y se marca **Campos de control de formularios.**

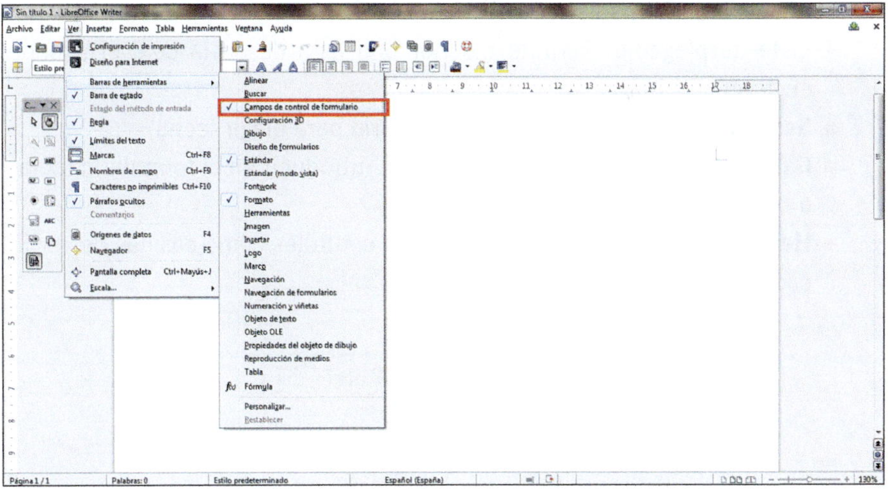

Configuración de botones para formularios

8.1. Asistente para formularios

La creación de formularios es fácil e intuitiva con las herramientas disponibles en los dos procesadores usados. A continuación, se detalla el procedimiento para cada uno de ellos.

Microsoft Word

Para crear y gestionar formularios es necesario que tengamos activada la ficha **Programador,** tal y como se explicó en el epígrafe anterior. Los elementos que intervienen en la elaboración de formularios se encuentran en el apartado **Controles** de la ficha anterior. Los botones son los siguientes:

- **Texto enriquecido.** El texto que puede inscribirse dentro de él es texto con formato.
- **Texto.** Igual que el anterior, pero no admite formato de texto.
- **Control de contenido de imagen.** Inserta una imagen proveniente de algún archivo del equipo.
- **Cuadro combinado.** Es un elemento mixto que incluye funciones de texto y lista desplegable.
- **Lista desplegable.** Permite insertar una lista desde la cual el usuario elige un concepto.
- **Selector de fecha.** Adjunta un calendario para elegir fecha.
- **Galería de bloque de creación.** Permite introducir en el formulario tablas o ecuaciones.
- **Herramientas heredadas.** Inserta otros controles como casillas de verificación, controles de números.

Menú de elección de controles de formularios

LibreOffice

Al activarlos por el procedimiento anterior, los botones para formularios se localizan en la parte izquierda del texto, tienen la siguiente forma:

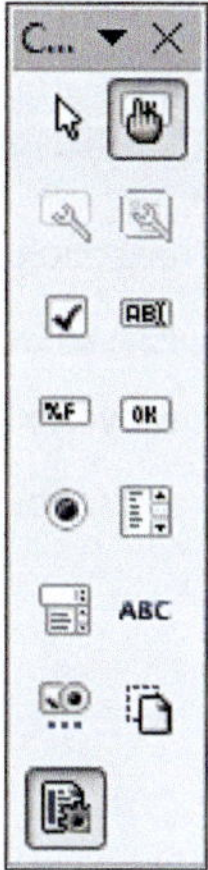

Los comandos son similares a los del otro programa: botones, casillas de verificación, cuadros combinados y listas desplegables. Si se sitúa el cursor sobre cada una de las opciones aparecerá un cuadro de texto con su definición.

8.2. Creación de un formulario: en columnas, tabulación, hojas de datos o justificados, formularios que incluyen subformularios

Los controles vistos en ambos programas pueden resultar un poco complejos *a priori,* pero basta con practicar para conocer en qué casos se usan y cómo se gestionan. Para ello, se va a elaborar un formulario básico de petición de datos personales: nombre y apellidos, DNI, fecha de nacimiento, dirección, población, provincia, teléfono y estado civil.

Microsoft Word

El diseño inicial del formulario es igual a cualquier documento. Podemos hacerlo en forma lineal o usar una estructura en columnas o tabular como la siguiente:

La elaboración es muy sencilla, tan solo hay que redactar los campos a rellenar y aplicar dos columnas o hacer el diseño manualmente con tabuladores.

Una vez finalizado el diseño procedemos a insertar controles de formulario. Accedemos al botón **Modo Diseño** del apartado **Controles** y lo activamos para poder empezar.

El primer campo definido es NOMBRE y vamos a utilizar el formato **Texto,** aparecerá un cuadro sombreado con el texto "Haga clic para escribir texto".

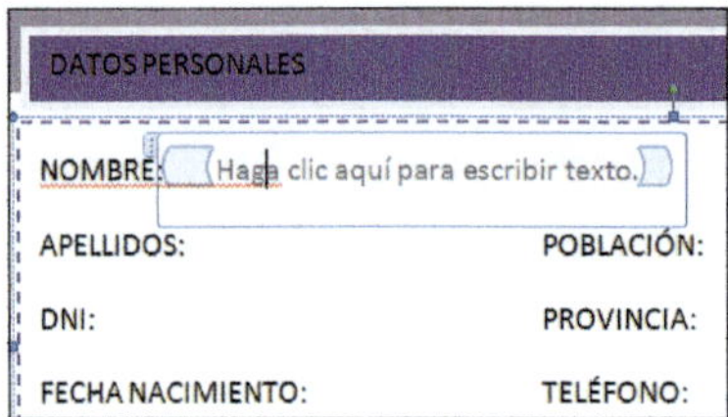

El siguiente campo es el DNI, para ello vamos a introducir un control tipo número con ocho cifras y una letra, el máximo en este tipo de documento.

Para ello, accedemos al primer icono de **Formularios Heredados** y elegimos el elemento número con ocho dígitos del botón **Propiedades.** Para la letra insertamos otro control de texto a continuación del número de igual forma.

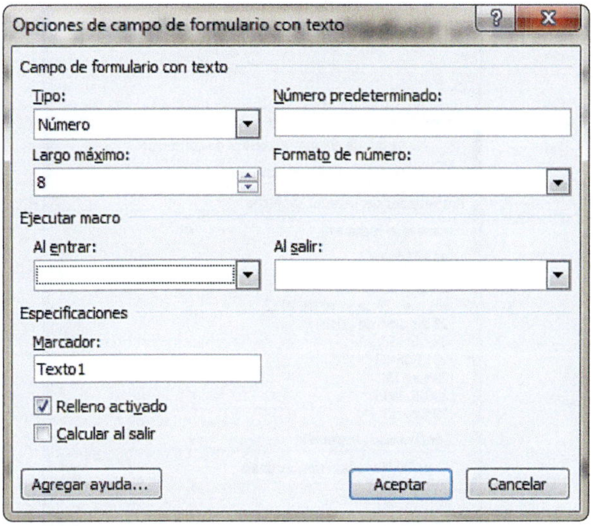

Elección de tipo de texto y dígitos

Para el campo FECHA insertaremos un control tipo fecha en el mismo menú anterior y elegimos el primer formato disponible (dd/mm/aaaa) en **Propiedades.**

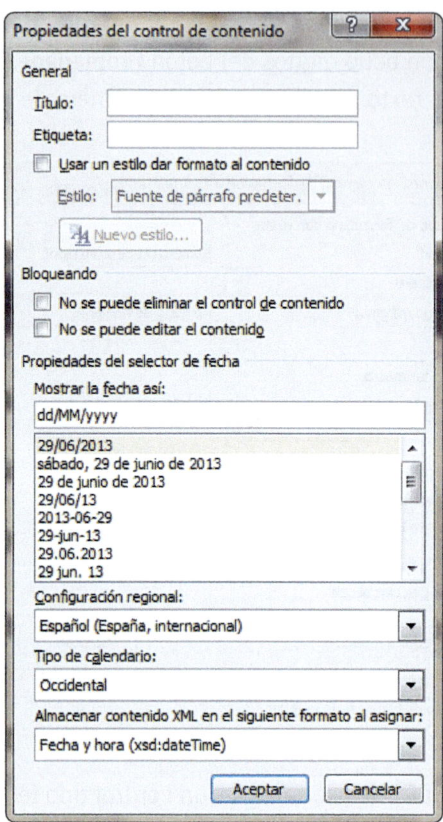

Tan solo queda un tipo de formato por ver, es el control desplegable que vamos a aplicar a PROVINCIA. Para facilitar la introducción de datos vamos a tener en cuenta Andalucía como comunidad autónoma para no tener que introducir todas las provincias de España. Se accede a **Cuadro combinado → Propiedades** y se agregan cada una de las provincias andaluzas.

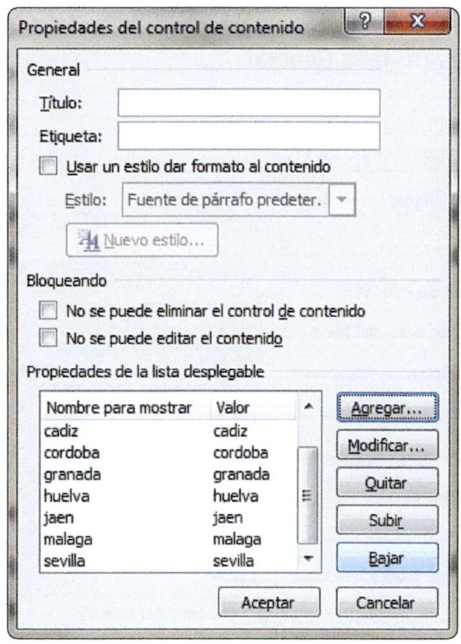

LibreOffice

Los pasos a seguir son los mismos que para **Microsoft Word.** Primero se elabora el cuadro o texto, donde irá el formulario y se activa el modo diseño (arriba a la derecha del cuadro de botones).

Nota

El símbolo da paso a otras opciones de campos no disponible en la primera tabla para LibreOffice.

Algunas de los campos permiten la configuración de sus propiedades. Por ejemplo, si se clica dos veces sobre un campo de texto se puede decidir si es imprimible, si se accede a él a través de un tabulador o si está activado. Todo ello se modifica en la pestaña **General.**

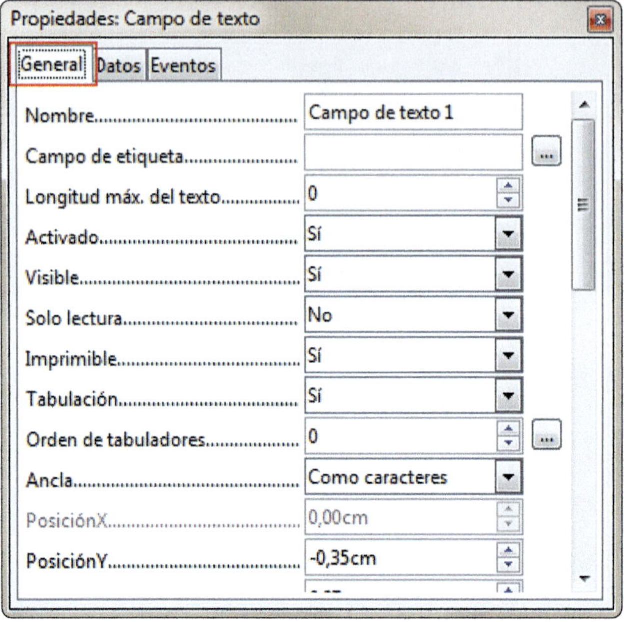

Modificación de campo de texto

Los campos de fecha se modifican de la misma forma, el menú de modificación es similar, tan solo tiene otras opciones como formato de fecha o fecha máxima o mínima.

Actividades

17. Cree un formulario con las siguientes preguntas: "¿Es usted fumador?", "Si la respuesta es afirmativa, ¿cuál es su consumo?". Utilice las variables: "Sí o No" y "Eventual o diario". Utilice controles de tipo "Botón de opción" para las alternativas.

8.3. Auto-formulario

Es habitual crear el formulario cada vez que se necesite, ya que son documentos de uso masivo y continuo en la empresa. Sin embargo, a veces es necesario incluir los mismos tipos de textos con los mismos controles en diferentes formularios.

Como se ha visto en el apartado anterior no es difícil desarrollar los formularios, pero sí requieren tiempo para determinar las propiedades. Gracias a las macros podemos insertar controles ya definidos directamente. La creación es igual a la macro para tabla que se vio en epígrafes anteriores, aun así lo veremos paso a paso para un formulario que requiera el dato DNI.

Microsoft Word

Los pasos a seguir para grabar la macro son:

a. Acceder a **Grabar Macro,** apartado **Macro** del **Menú Vista.**
b. Poner DNI a la macro y ubicarla para acceder a ella. La opción más fácil es crear un acceso directo en la barra de herramientas. Si es necesario, debe cambiarse el icono para que no se confunda con otras macros ya definidas, elegirlo en menú **Modificar** en la parte de abajo.
c. Acceder a **Ficha Programador → Controles → Activar Modo Diseño → Formularios Heredados → Campo de texto.** Una vez en el menú **Propiedades** establecer tipo numérico con 8 dígitos.

Para comprobar la efectividad de la macro tan solo hay que clicar en el nuevo icono de la barra de herramientas y verá cómo el control del formulario se repita tantas veces como sea necesario.

LibreOffice

Los pasos a seguir para la grabación de la macro son:

a. Inicie la macro en **Herramientas->Macro->Grabar macro.**
b. Activar el modo diseño en el cuadro de botones de formulario.
c. Elegir un campo formato texto.

d. Situar el nuevo campo en el texto y clicar dos veces sobre él para acceder a propiedades.
e. Establecer 8 dígitos como longitud máxima del texto.

8.4. Apertura, cierre, cambio, almacenamiento, eliminación e impresión de un formulario

Una vez que se ha creado el formulario debemos desmarcar la opción **Modo Diseño** de la tabla de botones de ambos programas y guardarlo para tenerlo disponible cuando sea necesario utilizarlo. El proceso de guardado es diferente según el programa usado.

Microsoft Word

Tiene dos opciones de guardado:

- Guardarlo como un documento normal aunque no es la opción de más recomendable, ya que podría modificarse.
- Guardarlo como texto protegido, permitiendo el rellenado de los espacios de datos. Esta opción es la más indicada, ya que evita que el usuario pueda cambiar el texto del documento original además de resultarle más sencilla la cumplimentación de datos. Elegimos la opción **Restringir edición** en la ficha **Programador** y seleccionamos **Permitir solo este tipo de edición en el documento.** En desplegable seleccionamos **Rellenando formularios.** Finalmente se hace clic en el botón **Sí, aplicar protección.**

Nota

Según la configuración de su procesador, este puede necesitar una clave para restringir el formato y la escritura en un texto. Si en el proceso de guardado anterior le aparece un cuadro de diálogo solicitándole la creación de la clave, hágalo y no olvide la contraseña, de lo contrario no podrá volver a editar el texto.

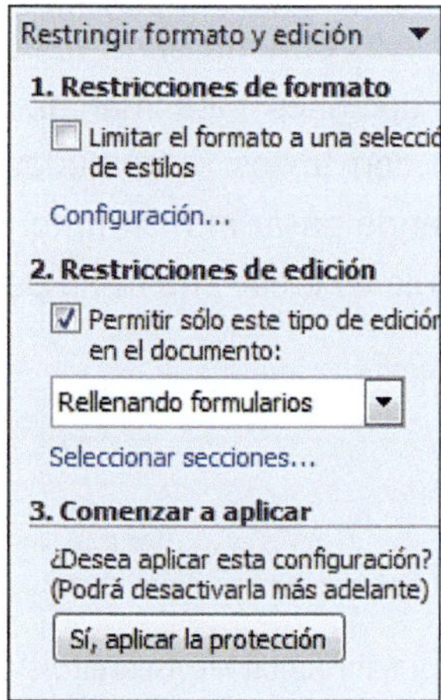

Protección de formularios

Para hacer cambios en los formularios tan solo hay que volver a editarlos en **Modo Diseño** para ambos programas. Una vez activado sitúe el cursor sobre la entrada que desee modificar y acceda de nuevo a **Propiedades** donde podrá modificar formato o tipo de control.

Si se desea eliminar definitivamente una entrada del formulario, se sitúa el cursor sobre este para seleccionarlo y se suprime. Es importante no olvidar hacer el borrado del texto que acompañaba al espacio autorrellenable, ya que dejaría de tener sentido y confundiría al usuario. Si se borran todos los controles del formulario pasaría a ser un documento normal.

Al ser formularios interactivos de uso electrónico el almacenaje es similar a cualquier recurso electrónico, en los propios equipos o en unidades de almacenamiento extraíble. Es habitual difundir los formularios electrónicos en páginas web para que pueda acceder el mayor número de personal.

La eliminación de documentos en formato formulario es igual de simple que cualquier otro documento o elemento; basta con seleccionarlo con el ratón, enviarlo a la papelera de reciclaje y vaciar esta.

La impresión de formularios digitales no es aconsejable, ya que hay elementos que no saldrían impresos como las listas desplegables, si se quiere realizar un formulario en este formato sería necesario que las listas desplegables aparecieran como opciones para marcar. Por otro lado, los espacios autorrellenables aparecen con textos sombreados que no quedarían bien de forma impresa. Si se pretende pasar el mismo formulario en formato impreso, la opción más recomendable es crear una tabla para la toma de datos.

Actividades

18. Realice un formulario en formato digital y revíselo en vista impresión según instrucciones del epígrafe número 9. ¿Cómo haría la versión en tabla?

8.5. Uso de filtros en formularios

Como ya sabemos los formularios tienen el objetivo de extraer información de forma directa para que se pueda cuantificar fácilmente. Los fines perseguidos pueden ser muy diversos, pero es habitual que se hagan estudios para extraer conclusiones sobre el consumo de productos o la satisfacción o descontento sobre alguno de ellos. Las preguntas en los formularios no son aleatorias, tienen que estar bien estructuradas y redactadas para no confundir al lector y obtener la información deseada. Hay varios tipos:

- **Preguntas cerradas.** No dan lugar a otro tipo de respuesta, son las habituales de "Sí" o "No" u opción múltiple.
- **Preguntas abiertas.** Se da más margen de respuesta al lector, la respuesta no está definida previamente. Como ejemplo ¿Qué característica le gustó más del nuevo producto?

Existe otro tipo de preguntas, las que actúan como filtro cuya principal característica es que eliminan información que no resulte relevante para el estudio y determinan seguir con el resto de preguntas.

Ejemplo

Es usted fumador: Sí ☐ No ☐ , si la respuesta es afirmativa, ¿cuál es su consumo? Diario ☐ Eventual ☐ .

Actividades

19. ¿Qué tipo de preguntas cree que serán más usadas en formularios, abiertas o cerradas? Argumente su respuesta.

9. Impresión de textos

La impresión del documento es la parte última del proceso de elaboración del boletín o informe. El documento ya está terminado pero todavía pueden hacerse algunos cambios de cara a una mejor impresión, es por ello que no vamos a usar la opción de impresión rápida disponible en la barra de herramientas.

En un trabajo profesional es necesario visualizar previamente el documento y comprobar que todos los elementos están en su sitio: márgenes, tablas, encabezados, pie de página, etc.

Microsoft Word

La pestaña **Vista** permite visualizar el documento en una o varias páginas, aplicándole el zoom. Si se visualiza como esquema pueden verse los espacios entre párrafos para cuadrar el texto y que no haya más separación entre unos y otros.

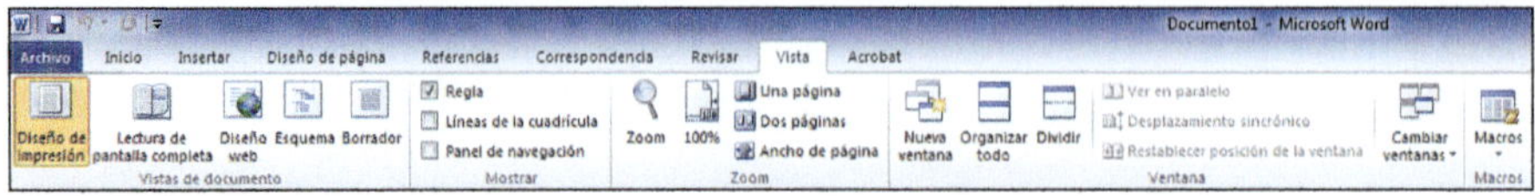

Pestaña Vista de Microsoft Word

LibreOffice

Vista previa está disponible en la pestaña **Archivo.** Las opciones ofrecidas son:

1. Acceso de nuevo al texto para modificación.
2. Creación de un PDF a partir del documento.
3. Impresión directa del documento.
4. Visualización de varias páginas.
5. Aplicación de zoom.

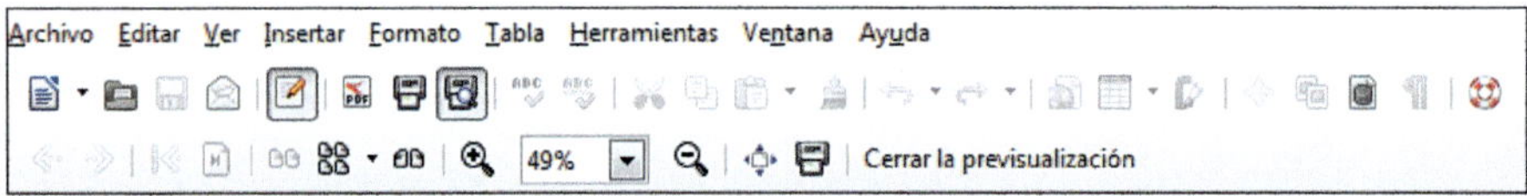

Sabía que...

La impresión a color es mucho más cara que la normal en tinta negra. Cuando se quiere resaltar un documento y no hacer un gasto exagerado se recurre a la impresión en papel de color que es una alternativa más económica.

Una vez que se ha comprobado el documento en ambos programas y cambiado algunas características, si hubiera sido necesario, procedemos a imprimir donde el menú habilitado, para ello nos va a permitir diversas funciones:

- Elección de impresora, es habitual que en centros de trabajo se disponga de varias impresoras conectadas en red, debemos elegir la adecuada, sobre todo si la impresión es a color, ya que todas no incorporan esta característica.

- Páginas a imprimir, se puede imprimir todo el documento, solo las páginas pares o impares o una selección de páginas.
- Número de copias.

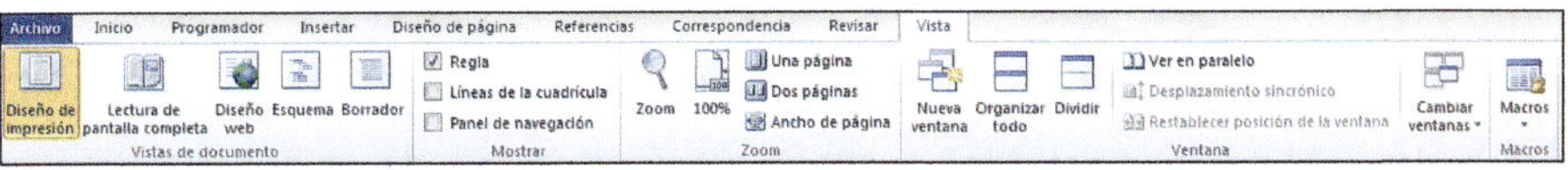

Menú imprimir. Disponible para las dos versiones de procesador

La opción **Propiedades** arriba a la derecha del menú de impresión incorpora opciones más avanzadas como desactivar la impresión a color, impresión a escala real o aplicando otro tamaño de papel, imprimir varias páginas en un mismo folio, reduciendo el documento previamente y atajos de impresión. Estos últimos son paquetes con todas las características anteriores de aplicación directa a un documento de tipo especial como postales o informes entre otros.

Actividades

20. Busque el atajo de impresión Impresión rápida/económica. ¿Qué utilidad le daría?

10. Resumen

Los boletines e informes son documentos de difusión masiva cuyo diseño tiene que ser cuidado para dar la mejor imagen de profesionalidad al editor. **Microsoft Word y *LibreOffice*** ofrecen diversas herramientas que ayudan a elaborar todo tipo de documentos y a conseguir el objetivo deseado.

El tipo de fuente utilizado así como su tamaño y efectos aportan creatividad al documento además de hacerlo legible. No todos los tipos de letras son adecuados para boletines e informes, la fuente debe ser clara y precisa para no distraer al lector.

La distribución de los párrafos y los márgenes dan encuadre al texto y el encabezado y pie de página ayudan al lector a situarse en el documento. El uso de listas numeradas y viñetas es adecuado para redactar listas de elementos.

Todos los documentos profesionales deben ser revisados minuciosamente antes de publicarse, para facilitar la tarea se dispone de la autocorrección consistente en hacer cambios de forma directa en palabras con errores de tipo ortográfico.

Para completar y hacer más rico cualquier documento es interesante la inserción de elementos como tablas, gráficos, organigramas o imágenes. Una vez insertadas se pueden mejorar cambiar sus características cambiarlos de ubicación si el resultado final no es el adecuado.

Plantillas, informes y formularios son elementos habituales en escritos profesionales y de nuevo el procesador de texto ayuda a su elaboración. Las plantillas pueden guardarse para después editarlas de nuevo con otra información pero con la misma estructura. Los formularios permiten obtener información detallada sobre algún tema haciendo preguntas con elección de opciones, rellenado de datos o listas desplegables.

La impresión en la parte última del proceso de elaboración del documento. Es necesario realizar una vista previa para comprobar que todos los elementos están colocados correctamente. Las opciones de impresión son diversas, el número de copias, tipo de impresora o el tamaño de papel son algunos de los campos modificables.

Ejercicios de repaso y autoevaluación

1. Indique si lo expuesto en las siguientes frases es verdadero o falso.

a. Los boletines de consumo presentan siempre el mismo tipo de fuente pues son de uso público.

- ☐ Verdadero
- ☐ Falso

b. El texto para imprimir puede visualizarse a través de la pestaña Diseño de Página de Microsoft Word.

- ☐ Verdadero
- ☐ Falso

c. Los procesadores de texto disponen de una amplia variedad de estilos por ello no es necesario modificarlos ni crear nuevos.

- ☐ Verdadero
- ☐ Falso

2. Indique la opción correcta.

a. Todos los efectos de fuente están en el menú contextual.
b. No es posible cambiar la fuente una vez elaborado el texto.
c. El resaltado aplica franjas de color al renglón o párrafo seleccionado.
d. Las opciones a y c son correctas.

3. Indique la opción correcta.

a. El interlineado hace referencia al espacio entre el título del documento y los párrafos.
b. El interlineado es el espacio entre renglones.
c. El interlineado es el espacio entre distintos párrafos.
d. Las opciones a y c son correctas.

4. Indique la opción incorrecta.

a. La sangría francesa es inversa a la sangría normal.
b. La sangría francesa se caracteriza porque hay menos espacio entre el primer renglón y el margen izquierdo del texto.
c. La sangría francesa puede realizarse con tabulaciones.
d. Las opciones a y c son correctas.

5. Indique la opción correcta.

a. Existen cinco tipos de tabuladores.
b. El tabulador decimal centra el texto conforme a la coma de una cifra con decimales.
c. En el tabulador izquierda, el texto avanza hacia la derecha y queda alineado en la izquierda.
d. Todas las opciones son correctas.

6. Las listas numeradas...

a. ... se pueden determinar antes o después de escrito el texto.
b. ... solo presentan un nivel, las viñetas sí permiten la creación de listas multinivel.
c. ... establecen viñetas para listar elementos.
d. ... no se usan habitualmente en informes.

7. La herramienta auto-corrección...

a. ... siempre hay que activarla, viene desactivada por defecto.
b. ... se limita a autocorregir automáticamente el texto.
c. ... se limita a señalar las palabras incorrectas para su tratamiento.
d. ... tiene dos formas de actuación: autocorrección y señalando la palabra errónea para su tratamiento.

8. Los SmartArt...

a. ... son exclusivamente representaciones gráficas de relaciones jerárquicas entre varios elementos.
b. ... se utilizan para representar relaciones o procesos de forma gráfica y sencilla.
c. ... se gestionan desde el apartado Párrafo del menú Inicio.
d. ... permiten la inserción de formas como triángulo, flechas, nubes de texto, etc.

9. La impresión...

a. ... se realiza únicamente desde la opción impresión de la barra de herramientas de ambos programas.
b. ... no permite cambios de último momento en el aspecto del texto.
c. ... profesional requiere que se visualice el documento mediante vista previa para la comprobación de todos los elementos de este.
d. ... permite únicamente la configuración de una impresora.

10. Los formularios...

a. ... solo permiten la opción de guardado en formato formulario.
b. ... ofrecen opciones y listas desplegables como variables.
c. ... no pueden realizarse en formato electrónico.
d. ... tan solo permiten la introducción de datos en texto.

11. Relacione las siguientes funciones con su ficha o menú en Microsoft Word.

a. Cambio de fuente.
b. Marcas de agua.
c. Controles de formularios.
d. Tabla.

__ Diseño de página
__ Programador
__ Inicio
__ Insertar

12. ¿Qué elemento insertable elegiría para los siguientes supuestos?

a. Ventas de los últimos cinco años representadas por cada año.
b. Organigrama de la empresa.
c. Pirámide nutricional.
d. Datos de clientes (teléfono, dirección y estudios).

__ Pirámide
__ Tabla
__ Gráfico de barras
__ Gráfico de jerarquía

13. Relacione cada elemento con su definición o función.

a. Conjuntos de acciones que se ejecutan de forma progresiva a petición del usuario.
b. Elemento que posibilita no tener que introducir de nuevo un texto.
c. Tienen como finalidad la obtención de datos de forma precisa con opciones de respuesta y desplegables con varias alternativas.
d. Permiten la impresión del logotipo o nombre de la empresa de forma difuminada detrás del texto del informe.

__ Autotexto
__ Formulario
__ Macro
__ Marcas de agua

14. ¿Es posible hacer el sangrado de primera línea con tabulaciones?

____
____

15. ¿Cómo se puede guardar un formulario?

____
____

Capítulo 3

Presentación de información en consumo con tablas

Contenido

1. Introducción
2. Presentación de información en consumo con tablas
3. Edición de una tabla
4. Relaciones entre las tablas
5. Personalización de la vista Hoja de datos
6. Impresión de una hoja de datos
7. Resumen

1. Introducción

En boletines y sobre todo en informes es habitual incluir tablas con información numérica y estadística, de ahí la dedicación de todo este capítulo a su conocimiento y elaboración.

Al igual que en el anterior capítulo, es necesario tener unos conocimientos básicos de informática a nivel de usuario para poder comprender y desarrollar los temas propuestos. El capítulo tratará la elaboración de estas tablas con dos hojas de cálculo: ***Microsoft Excel*** y ***LibreOffice.***

En el primer epígrafe se creará la tabla y se podrán cambiar algunas de sus características básicas de aspecto como el sombreado, los bordes y la combinación de celdas. También se estudiará cómo exportar otras tablas desde otros documentos. Una vez que se ha creado la tabla, esta se puede volver a editar y cambiar o agregar datos, tal como se verá en el segundo apartado. Los dos últimos epígrafes versan sobre otros aspectos importantes como la inmovilización y ocultación de tablas así como la impresión con vista previa.

2. Presentación de información en consumo con tablas

Las tablas facilitan la presentación de datos, sobre todo numéricos, de forma ordenada haciendo más fáciles las búsquedas de información. Normalmente complementan a un texto donde se ha explicado brevemente el contenido de la tabla. Los datos a incluir en ellas son de naturaleza muy diversa aunque en consumo suelen tratar datos estadísticos sobre compras y ventas, reclamaciones, consumo por áreas geográficas, productos o tipos de consumidor entre otros.

2.1. Creación de una tabla

La creación de cualquier tipo de tabla se hace de la misma forma, tal como se explica a lo largo de los siguientes apartados.

Microsoft Excel

Para introducir la tabla se accede al apartado **Tabla** de la ficha **Insertar,** donde existen dos formas de elaboración:

- Seleccionar directamente el número de filas y columnas con el cursor dentro de la hoja de cálculo y pulsar **Tabla.**
- Pulsar tabla en primer lugar y después indicar los parámetros de la tabla seleccionándolos en la hoja de cálculo.

En ambos casos el menú resultante es el mismo, en este se ofrece la posibilidad de crear tablas con los encabezados ya editados donde aparecen las columnas numeradas en lugar de las letras de cuadrícula típicas de ***Excel.***

Otra forma de crear tablas es a través de la pestaña **Inicio,** grupo **Estilos, Dar formato como tabla** donde hay que seleccionar previamente las celdas que se van a ser incluidas. Al igual que antes, no es necesario introducir los datos previamente para crear la tabla.

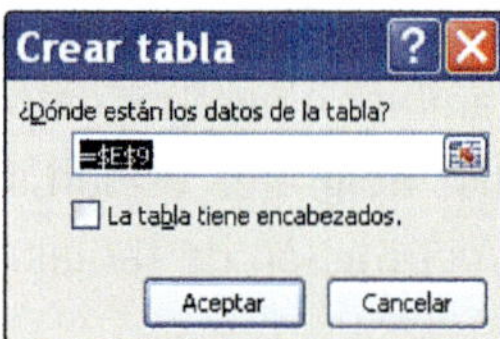

Menú de creación de tablas

LibreOffice Calc

El proceso en ***Calc*** es todavía más sencillo, tan solo hay que seleccionar las celdas deseadas e introducir datos para que el programa lo asemeje a una tabla. A lo largo de este capítulo se estudiarán los procedimientos para darle formato a dicha selección.

Nota

Un método para comprobar que efectivamente el programa considera una selección de celdas como tabla es intentar crear un gráfico a partir de ella. Para ello, se accede a la pestaña Insertar, opción Gráfico una vez que se han seleccionado los datos

Actividades

1. Crear una tabla en la que se muestre el consumo de productos de primera necesidad durante tres meses en tres provincias distintas, aporte datos numéricos de su invención.

2.2. Propiedades: añadir bordes y sombreado, combinación de celdas

Una de las características básicas de una tabla es su aspecto. Su cuidado hará que el acabado del informe o boletín sea más profesional.

Microsoft Excel

Tanto los bordes como los sombreados pueden modificarse en la pestaña **Inicio,** grupo **Fuente.** Las opciones posibles son bordes totales alrededor de toda la tabla o personalizados por celdas. Para los colores, ***Excel*** dispone de varias alternativas: colores del tema elegido, colores estándar, últimos colores usados donde se guardan los diez últimos y más colores donde la gama es más amplia.

En **Formato de celdas,** pestaña inferior del grupo **Fuente,** se amplían las funciones anteriores de bordes y sombreado pudiéndose aplicar efectos de relleno, trama y degradados a las celdas.

Sabía que...

El cambio de bordes se puede realizar sobre la tabla entera o sobre una o varias celdas, para ello hay que seleccionar previamente los elementos de la tabla que quieran modificarse y después aplicar el cambio.

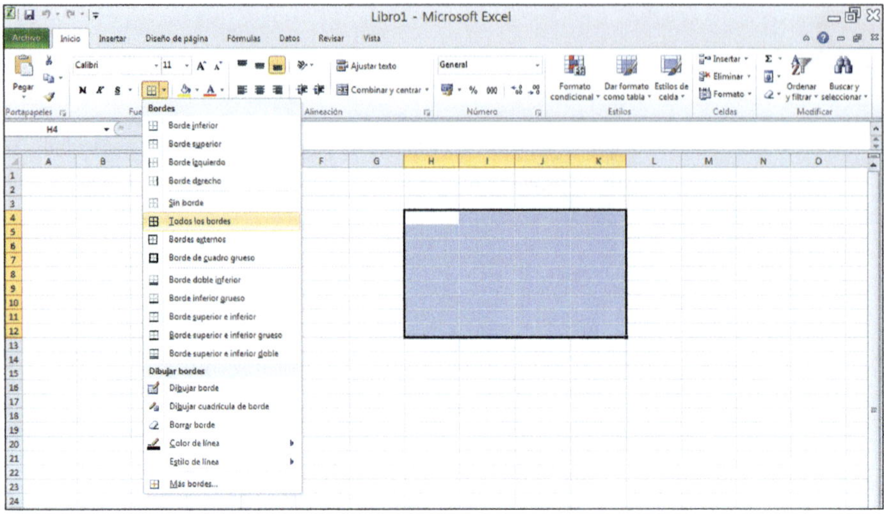

Menú con diversas opciones de bordes

Existe otra forma más rápida de cambiar el color de bordes y sombreado, el procesador dispone de varios formatos predeterminados con diseños más elaborados en **Dar formato como tablas** (pestaña **Inicio** de **Estilos**).

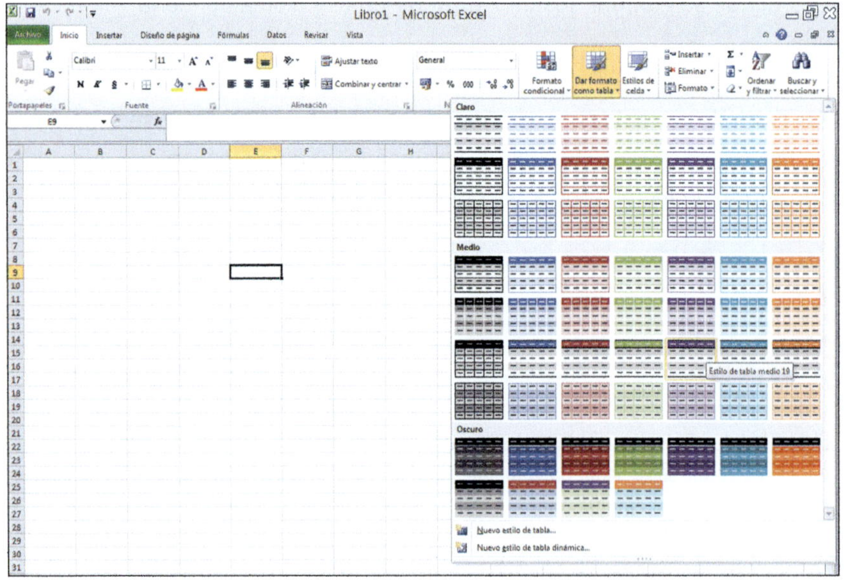

Selección de estilos de Tabla donde puede personalizarse la tabla con estilos predefinidos. El lugar que la flecha indica ofrece más estilos de tabla.

La combinación de celdas consiste en unir varias de ellas en una única celda, se puede realizar para columnas o filas. El procesador dispone de un acceso directo en el grupo **Alineación** de la pestaña **Inicio** llamado **Combinar y Centrar.** El proceso también se invierte, tan solo hay que seleccionar el rango combinado y **Separar Celdas** dentro del mismo desplegable anterior.

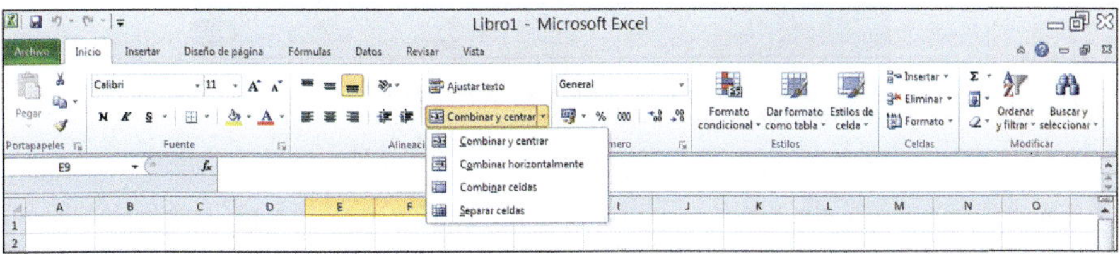

Combinado de celdas

LibreOffice Calc

El primer paso es seleccionar la tabla o celdas a las que se le quieran aplicar los cambios y después se marcan los botones de **Borde** y **Color de fondo** de la barra de herramientas. Si se selecciona toda la tabla el color y el borde se aplicará a la tabla en su totalidad. La personalización de filas o columnas concretas es muy útil para resaltar encabezamientos y títulos.

Nota

Las opciones de sombreado y bordes vienen por defecto como botones en la barra de herramientas cuando se instala en el programa. Si esto no fuera así siempre se puede personalizar dicha barra en Ver → Barra de herramientas → Personalizar.

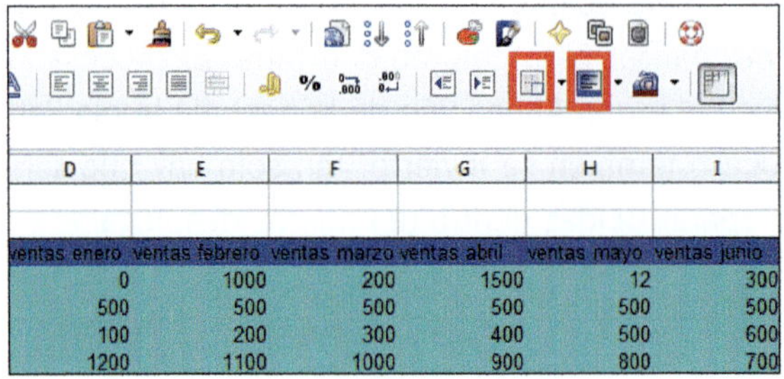

D	E	F	G	H	I
ventas enero	ventas febrero	ventas marzo	ventas abril	ventas mayo	ventas junio
0	1000	200	1500	12	300
500	500	500	500	500	500
100	200	300	400	500	600
1200	1100	1000	900	800	700

Elección de sombreado y fondo a través la barra de herramientas

La combinación de celdas o unir varias celdas en una se hace desde el botón **Combinar y centrar** de la barra de herramientas.

Botón Combinar y centrar

Actividades

2. Cree una tabla con cuatro columnas y cuatro filas y combine la primera fila para insertar el título de dicha tabla.
3. ¿Es posible insertar imágenes como fondo de tablas?

2.3. Importación, vinculación y exportación de tablas

Al crear boletines e informes es habitual hacer uso de información ya elaborada, por lo que tienen que traspasarse tablas de otros documentos o al contario, pueden usarse las mismas tablas para realizar otros informes. Los procesadores de texto permiten ambas opciones: exportar e importar tablas. La vinculación permite acceder a una tabla u otro objeto de forma que la información se actualice si se cambia esta en el archivo de origen.

Sabía que...

La vinculación y la incrustación de datos son conceptos distintos. Como se ha explicado, la vinculación permite acceder a una tabla de forma que se pueden ver los cambios sucedidos en el archivo original. En la incrustación, los documentos incrustados no cambian si cambian los datos en el origen.

Microsoft Excel

La importación inserta como objeto tablas de otros documentos de forma que la información no cambia si se producen modificaciones en el archivo de origen. La forma de hacerlo es muy sencilla, tan solo hay que seleccionar el objeto a importar y con el botón derecho del ratón elegir la opción de cortar si se desea que el objeto desaparezca del documento de origen o copiar si se quiere conservar. Con el teclado el comando sería: [Ctrl + X] para cortar y [Ctrl + C] para copiar. Una vez situados en el documento tan solo hay que seleccionar **Pegado Especial** del botón **Pegar** de la **Ficha Inicio** y elegir el tipo de documento. Por defecto está seleccionada la opción pegar todo aunque esto puede cambiarse si solo se quieren importar las fórmulas si las hubiera o los valores numéricos entre otros datos.

Para documentos cuyo programa de creación es distinto a ***Excel,*** la importación se hace desde el grupo **Obtener datos externos** en la pestaña **Datos** donde se pueden trasladar datos en forma de texto (desde texto), páginas web (desde web), bases de datos de **Access** y otros. El procedimiento es similar en todos los casos, hay que seleccionar el documento a insertar de los archivos del equipo. Aunque estas opciones son específicas y el programa las efectúa directamente, el traslado de datos se puede seguir haciendo con el método anterior (copiar y pegar).

Si se quiere vincular la tabla, los datos del documento variarán si se modifica el documento original. El proceso es igual al anterior, tan solo hay que usar el menú **Pegar vínculos** en el cuadro **Pegado especial.**

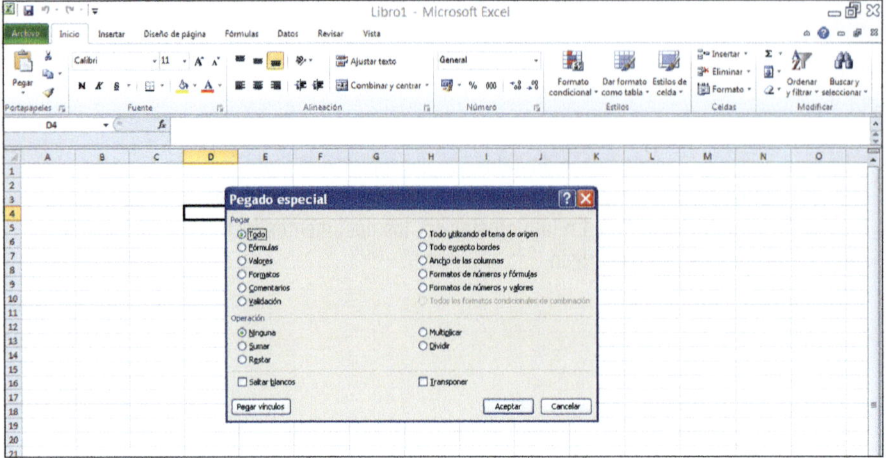

Cuadro Pegado especial donde se pueden seleccionar los datos a importar y hacerlo como vínculo.

Para exportar una tabla se sigue el mismo procedimiento anterior, únicamente hay que seleccionarla del documento original y pegarla, opción normal o vinculada tal como se ha visto en la imagen.

LibreOffice Calc

Para importar tablas en documentos ***LibreOffice*** el proceso es similar. Tan solo hay que seleccionar la tabla y cortarla o copiarla y pegarla en el documento nuevo, se hace a través del desplegable del botón derecho del ratón. De nuevo, cortar implica que la tabla seleccionada desaparece del documento original y copiar permite que se conserve.

Si se desea que los cambios de la tabla original aparezcan en otros documentos hay que vincular la tabla. Para ello, se accede a la pestaña **Editar** y se selecciona **Pegado Especial,** en el cuadro resultante se elige **Vincular.**

Para exportar datos se lleva a cabo la misma acción tan solo hay que seleccionar los datos del primer documento y pegarlos en el nuevo.

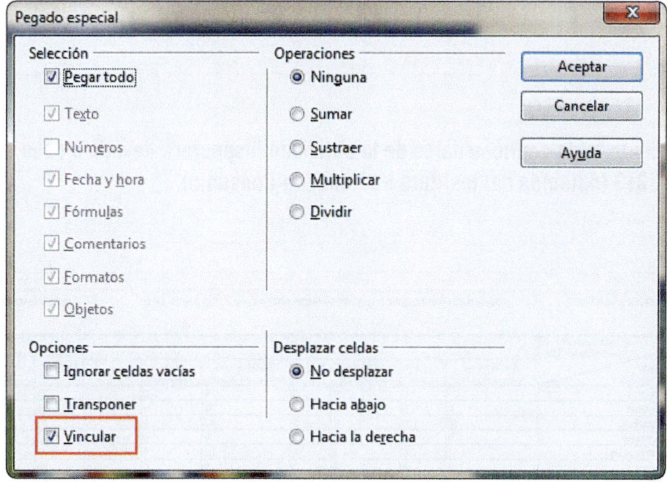

Selección de tablas vinculadas donde los cambios producidos en el documento original se trasladan al resto de documentos.

Recuerde

La importación de datos se puede hacer desde cualquier otra fuente, ya sea otro documento o desde escritos de Internet.

Actividades

4. Importe una tabla cualquiera de las disponibles en www.ine.es (Instituto Nacional de Estadística) a una hoja de cálculo y cámbiele el formato.

Aplicación práctica

La siguiente tabla contiene datos de la actividad inspectora llevada a cabo en Andalucía en 2013 (obtenida del Instituto Nacional de Consumo).

De 01/01/2013 a 30/06/2013 — RESUMEN ESTADÍSTICO CORRESPONDIENTE A LA C.A. DE ANDALUCÍA — ACTIVIDAD INSPECTORA

CLASIFICACION POR INFRACCIONES / CLASIFICACION POR PRODUCTOS O SERVICIOS	ACTAS POSITIVAS							Actas Negativas	Actas de Tomas de Muestras	TOTAL ACTAS
	Adulteración y fraude en la calidad	Fraude en el peso	Transacciones comerciales	Precios	Normalización y condiciones de venta	Otras infracciones	TOTAL			
ACEITES Y GRASAS	1	0	0	0	5	0	6	31	0	37
PRODUCTOS LACTEOS	0	0	0	7	43	1	51	72	10	133
PRODUCTOS CARNICOS	15	0	0	0	67	3	85	81	2	168
PRODUCTOS DE PESCA	0	0	0	0	0	0	0	27	0	27
PAN Y PANES ESPECIALES	1	0	0	1	22	1	25	47	21	93
CONSERVAS	2	0	0	0	6	0	8	38	4	50
VINOS Y LICORES	0	0	0	0	6	0	6	51	0	57
HUEVOS	0	0	0	0	0	0	0	3	0	3
PROUCTOS CONGELADOS	1	0	0	1	16	0	18	56	2	76
FRUTAS Y HORTALIZAS	2	8	0	0	31	2	43	92	0	136
PRODUCTOS ALIMENTICIOS VARIOS	0	0	0	3	31	1	35	140	38	213
ELECTRODOMESTICOS	0	0	1	0	38	16	55	451	5	511
JUGUETES	1	0	0	0	178	27	206	2000	49	2.255
AUTOMOVILES Y REPUESTOS	2	0	0	0	0	0	2	96	0	98
TEXTILES	2	0	0	10	23	13	48	1435	0	1.483
PROD. DE CUERO Y PIEL	0	0	0	0	1	1	2	236	0	238
COSMETICOS	0	0	0	1	3	1	5	395	0	400
PRODUCTOS QUIMICOS USO DOMESTICO	0	0	0	0	0	0	0	41	0	41
COMBUSTIBLES	0	0	0	0	2	0	2	1	0	3
PRODUCTOS QUIMICOS	0	0	0	0	0	0	0	34	0	34
ACEITES GRASAS (NO C. BOCA)	0	0	0	0	0	0	0	0	0	0
PRODUCTOS INDUSTRIALES VARIOS	13	0	0	10	67	45	135	2469	36	2.640
TINTORERIA LAVANDERIA SERV. GENER.	0	0	0	0	8	3	11	8	0	19
REPARACION DE VEHICULOS	2	0	7	6	25	3	43	69	0	112
REPARACION ELECTRODOMESTICOS	1	0	0	1	6	0	8	9	0	17
VIVIENDA	3	0	0	24	168	18	213	54	0	267
TRANSPORTES	0	0	0	0	9	0	9	6	0	15
REPARACIONES VIVIENDAS	0	0	1	0	1	0	2	2	0	4
TURISMO (HOTEL, AGEN.VIAJES)	1	0	0	0	3	1	5	24	0	29
SERV.SANITAR.Y ASISTENCIAL	1	0	0	1	7	0	9	36	0	45
PUBLICIDAD	0	0	0	0	0	0	0	0	0	0
SERV.PUBLIC.ABASTECIMIENTO	4	0	1	1	3	4	13	16	0	29
SERVICIOS VARIOS	75	11	24	171	794	222	1297	2458	1	3.756
TOTALES	127	19	34	237	1.563	382	2.342	10.478	168	12.988

Nota: Esta información reproduce exactamente la facilitada por las Comunidades Autónomas

¿Qué elementos de los estudiados hasta ahora están presentes en la tabla?

SOLUCIÓN

Los elementos de diseño de tabla presentes son varios:

- Los primeros cuadros de la tabla que contienen títulos están combinados, es el caso de las actas y sus subepígrafes.
- Aparecen cambios de color en determinadas celdas como los cuadros de títulos y totales.
- El formato de los bordes también se ha modificado, haciendo algunos más amplios como los que separan los distintos tipos de productos y los títulos.

3. Edición de una tabla

La edición de tabla permite hacer modificaciones sobre ella una vez que se ha creado. Permite que se añada más texto, más celdas o que se cambie por completo la apariencia de la tabla.

3.1. Movimiento

En el anterior apartado se explicó cómo copiar una tabla y trasladarla a otros documentos. En este se aprenderá cómo se mueve la tabla dentro del mismo documento y cómo se cambia su tamaño.

Microsoft Excel

El movimiento de la tabla dentro de la hoja de cálculo se realiza de la misma forma que para exportar tablas, tan solo hay que seleccionar la tabla, cortarla y pegarla en su nueva ubicación.

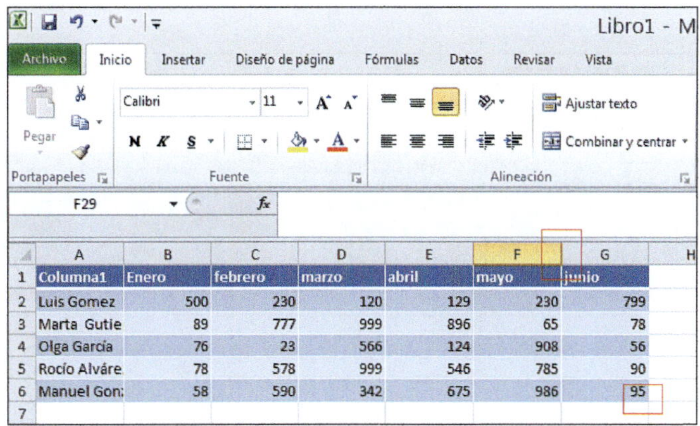

Selección de controladores de aumento de ancho y número de filas y columnas

El tamaño de las tablas puede aumentarse de dos formas:

- **Añadiendo más filas y columnas.** Para ello, se pulsa el controlador que aparece en la esquina inferior derecha de la tabla y se arrastra hacia abajo para obtener más filas o hacia la derecha para más columnas.
- **Cambiando el tamaño de las filas y columnas existentes.** Tan solo hay que arrastrar los controladores situados sobre las líneas de separación de celdas a la izquierda y en la parte superior. Estos cambios se aplican individualmente a cada fila o columna.

LibreOffice Calc

Las tablas en formato ***Calc*** se desplazan con el mismo procedimiento que las de Microsoft Word, tan solo hay que seleccionarlas y pegarlas en una nueva ubicación dentro de la misma hoja de cálculo.

Para aumentar el tamaño solo permiten la opción de cambiar el ancho de las celdas, situándose en los controladores de las líneas de separación de estas (izquierda y parte superior).

Margarita Casas

C	D	E	F	G	H	I
Vendedor	ventas enero	ventas febrero	ventas marzo	ventas abril	ventas mayo	ventas junio
José López	0	300	200	1500	12	300
Antonio Mata	500	500	500	500	500	500
Jimena Arco	100	200	300	400	500	600
Margarita Casas	1200	1100	1000	900	800	700

La selección de controladores para aumentar el ancho de las columnas se ubica en el mismo lugar que Microsoft Excel.

Actividades

5. ¿Cuál es la diferencia entre importar una tabla y desplazarla?
6. Al cambiar el tamaño de una tabla, ¿cambia la relación entre el ancho y la altura?

3.2. Agregaciones y eliminaciones

Al desarrollar una tabla pueden elegirse desde el principio el número de filas y columnas que tiene, sin embargo es habitual que esto tenga que modificarse ya sea eliminado filas o columnas o añadiendo nuevas. En documentos profesionales se recomienda que las tablas tengan el número de celdas necesario, el exceso da un aspecto poco cuidado.

Microsoft Excel

En ***Microsoft Excel*** se pueden añadir o eliminar celdas directamente desde el menú desplegable emergente al clicar sobre el botón derecho del ratón. La opción es **Insertar,** siempre situándose sobre la celda desde la cual se va a añadir una nueva fila o columna. El siguiente desplegable es muy intuitivo y dispone de todas las opciones: columnas a la derecha, a la izquierda y filas abajo y arriba. Para eliminar tan solo hay que seleccionar la opción que aparece en el mismo desplegable.

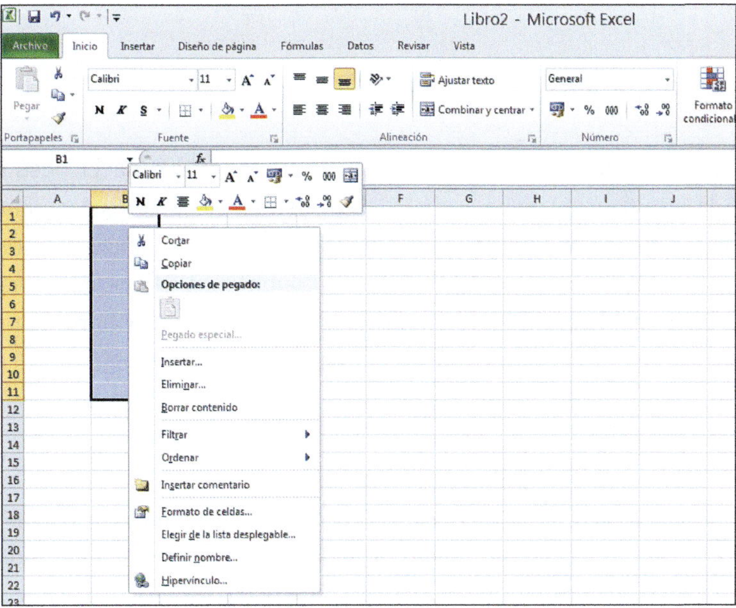

Selección del menú Insertar usando el botón derecho del ratón

LibreOffice Calc

Eliminar y agregar filas y columnas a una tabla ya editada en ***Calc*** es análogo a uno de los procesos anteriores. Tan solo hay que acceder de nuevo a la tabla y seleccionar **Insertar** donde se abrirá un nuevo desplegable con las alternativas de filas o columnas, desplazar celdas hacia abajo o a la derecha e insertar una fila o columna entre otras dos ya existentes. La opción eliminar permite hacerlo solo para celdas seleccionadas o para la tabla en su totalidad según el área seleccionada.

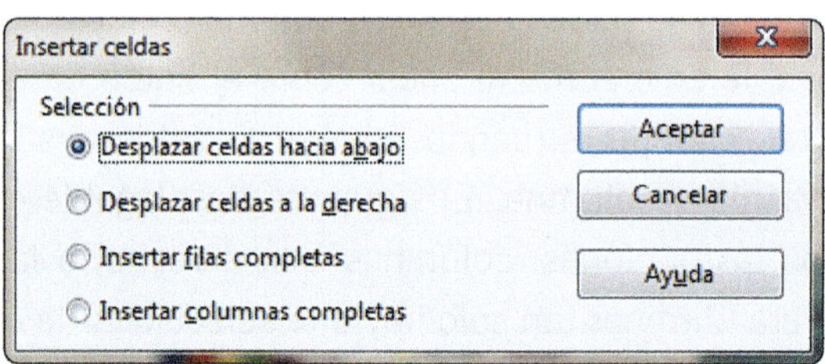

Selección de filas a añadir a la tabla, la misma acción está disponible para insertar columnas.

3.3. Búsquedas y reemplazos de datos

Tanto en texto como en tablas es habitual tener que hacer búsquedas de datos determinados. Las hojas de cálculo además de crear los documentos que permiten esta opción muy útil al hacer rastreos de información. Tan solo habría que editar el texto en alguno de los dos formatos y usar las herramientas disponibles para ello. Una vez encontrados los datos pueden sustituirse por otros, ya sea por errores cometidos o por actualización de los contenidos.

Microsoft Excel

Para reemplazar datos es necesario hacer la búsqueda de estos previamente. El acceso es el siguiente: **Inicio → Modificar → Buscar y seleccionar** donde se anota el dato a buscar que puede ser numérico o texto. El programa lo busca inmediatamente y lo sombrea en el documento a través de la opción **Buscar,** si quiere reemplazarse tan solo hay que seleccionar dicha opción en el menú anterior y añadir el nuevo dato.

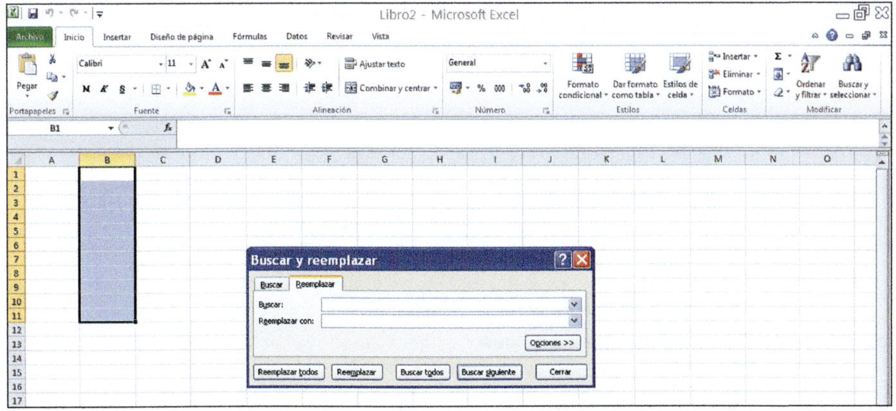

Menú Buscar y reemplazar donde puede accederse a los dos opciones mediante las pestañas disponibles.

Nota

En la búsquedas de Microsoft puede usar algunos caracteres comodín para encontrar palabras, por ejemplo si usa "s*l", el programa encontrará todas las palabras que empiecen y acaben por dichas letras. Si usa "s?l", el programa encontrará todas aquellas palabras que solo contengan una letra entre las consonantes como "sol" o "sal".

LibreOffice Calc

La búsqueda de datos se hace accediendo a la pestaña **Editar,** en **Buscar y Reemplazar.**

Al seleccionar **Buscar,** el programa muestra el texto de la búsqueda. Una vez consultado el texto, puede volverse a clicar el botón **Buscar** para seguir avanzando en todo el texto. Si se elige **Buscar todo,** ***Calc*** selecciona todo el texto coincidente con los parámetros de búsqueda, esta opción es muy útil cuando se quiere modificar el estilo del texto seleccionado.

Para reemplazar, una vez que el texto está localizado, tan solo hay que añadir la nueva redacción y el programa la aplicará inmediatamente.

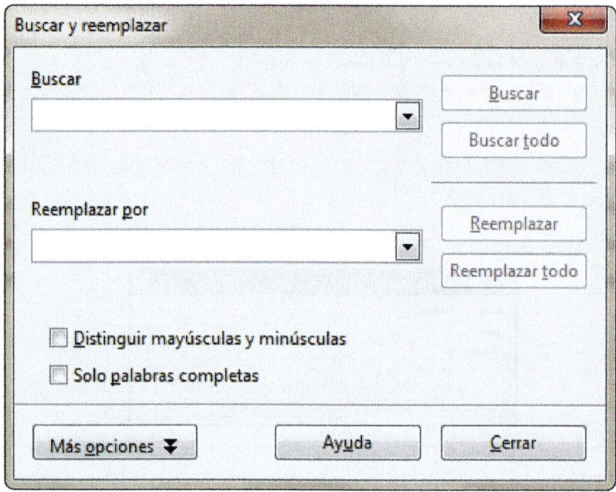

Tan solo hay que añadir el texto a buscar y el que lo sustituirá y el programa realizará la acción automáticamente.

Actividades

7. Descargue en formato Excel alguna tabla disponible en la página del Instituto Nacional de Estadística y reemplace algunos datos numéricos, ¿qué ocurre con las filas de totales si es que las había?

3.4. Copias, cortes y pegados de datos

Las tablas permiten agregar texto a sus celdas, este procedimiento es similar para cualquier tipo de texto ya sea en tabla o no. El cortado, copiado y pegado agilizan la tarea de la escritura al no tener que volver a redactar el texto que se repite a lo largo del documento. La opción de cortado extrae el texto del documento original sin dejar copia y el copiado permite esta opción.

Microsoft Excel

Microsoft Excel dispone de tres formas de acceso a las opciones de copiado, cortado y pegado aunque las funciones son las mismas y el procedimiento también, tan solo hay que seleccionar el texto previamente y después aplicar la herramienta. La primera es la más directa y se hace a través del menú del botón derecho del ratón.

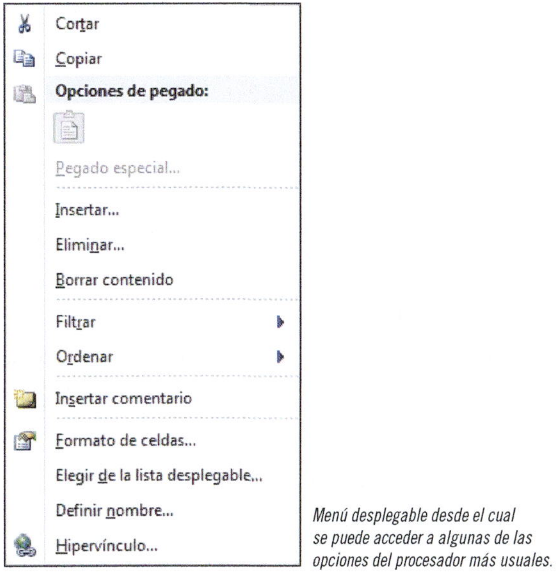

Menú desplegable desde el cual se puede acceder a algunas de las opciones del procesador más usuales.

La segunda alternativa es a través de los botones **Copiar, Cortar** y **Pegar** disponibles en el grupo **Portapapeles** de la ficha **Inicio** donde se pueden seleccionar pegado de solo texto, pegados de fórmulas o números entre otros. El botón **Pegado Especial** está indicado cuando se desea pegar el texto seleccionado en otro formato distinto al original. Las opciones ofertadas son muy diversas pero las más usadas son Texto y Objeto. Este menú puede variar según la naturaleza del texto pegado, no tendría el mismo formato si se pretende pegar una tabla.

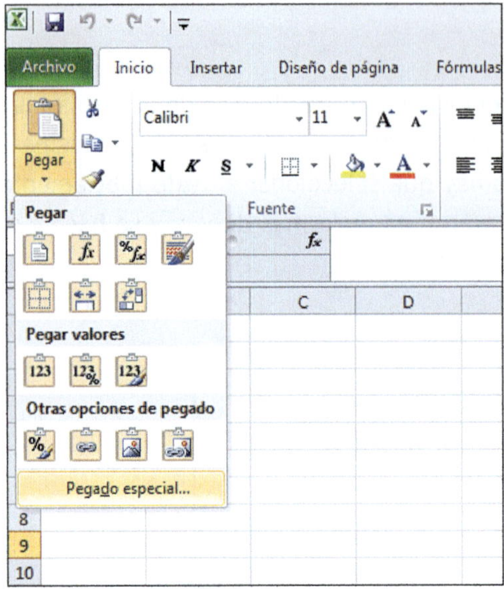

Menú Pegado especial que permite pegar textos y objetos.

La tercera opción es realizar el cortado, copiado y pegado con el teclado, los comandos son: [Ctrl + X] para cortar, [Ctrl + C] para copiar y [Ctrl + V] para pegar.

Nota

El texto copiado o cortado se almacena temporalmente en el Portapapeles hasta que se decide su destino. Se puede acceder a él en el grupo Portapapeles de la ficha Inicio.

LibreOffice Calc

Las acciones de copiado, cortado y pegado se pueden realizar de tres formas:

- Directamente desde el menú del botón derecho del ratón donde aparecen las tres opciones en la parte superior.
- En la pestaña **Editar.**
- Personalizando la barra de tareas y seleccionando las opciones de cortado, copiado y pegado. Para personalizar la barra de herramientas es necesario acceder a la pestaña **Herramientas** y elegir la opción **Personalizar.**

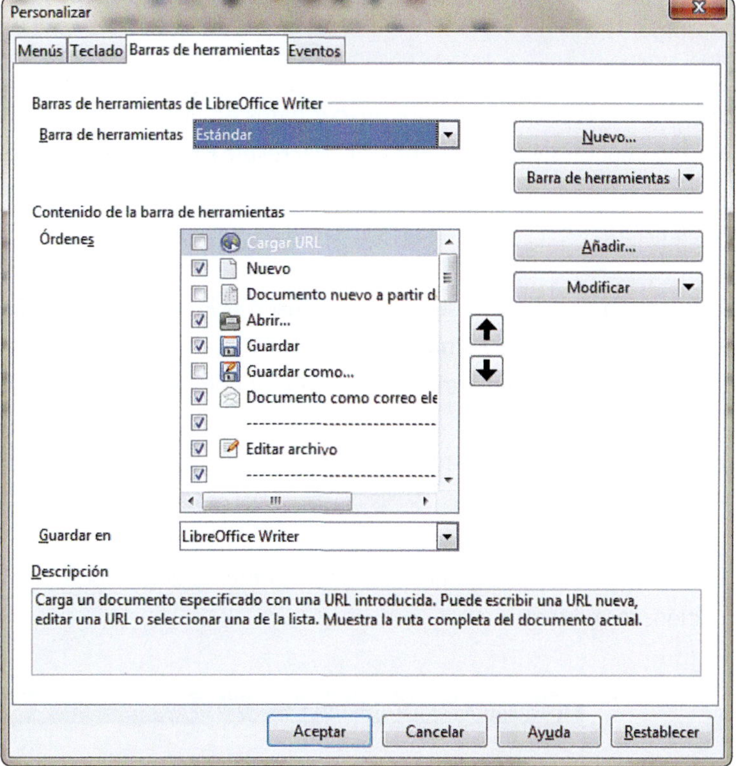

Menú de personalización donde se puede cambiar el aspecto de la barra de herramientas entre otros. Para ello es necesario seleccionar dicha opción y los elementos que quieren añadirse o desecharse.

4. Relaciones entre las tablas

Las tablas presentan datos relacionados entre ellos y ordenados de una forma lógica. Por ejemplo, cualquier organismo puede emitir informes con tablas sobre el consumo de un producto a lo largo de todo un año para apreciar la evolución de las ventas y el consumo estacional. Las tablas permiten encontrar el dato de una provincia durante un mes en concreto sin tener que hacer la búsqueda manual.

Por otro lado, debido a esta y demás utilidades, la conversión de texto en tablas para que el manejo de la información sea más fácil también es posible gracias a los dos programas manejados a lo largo del capítulo.

4.1. Índices

La función ÍNDICE es útil para buscar datos en una tabla en la intersección de una fila concreta y una columna en ***Microsoft Excel*** y ***LibreOffice.***

Microsoft Excel

La inserción de fórmulas se realiza en **Insertar Función** (grupo **Biblioteca de funciones**) de la pestaña **Fórmulas.** ÍNDICE es una función de tipo estadístico aunque puede buscarse directamente en la biblioteca general de funciones.

Los pasos para aplicar la fórmula son los siguientes:

1. Selección de la fórmula.
2. Selección de los argumentos, por defecto se selecciona la primera opción, forma matricial.

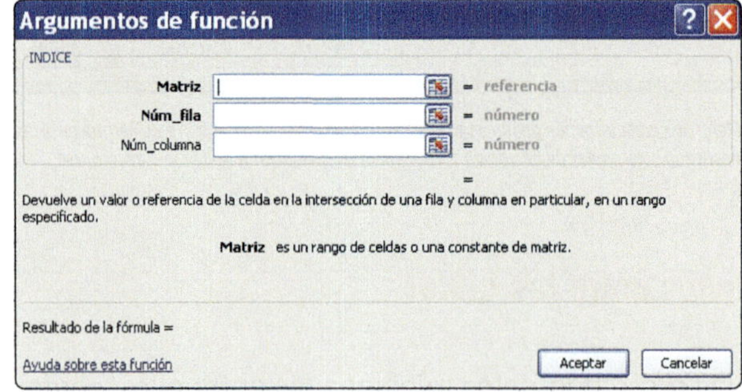

La forma matricial y de referencia funcionan igual, tan solo hay que seleccionar una matriz de datos o un dato de la tabla.

3. Inserción de parámetros de búsqueda. La matriz se refiere a toda la tabla de datos desde donde el programa dará la solución; el número de fila es el dato al que corresponde, junto con el número de columna, la información que se desea conseguir.

LibreOffice Calc

El procedimiento para insertar la función ÍNDICE es igual al anterior. Es necesario seleccionar la función que se encuentra dentro del tipo estadístico, seleccionar la celda donde se va a insertar y rellenar los parámetros anteriores. La principal diferencia radica en que no establece dos tipos de introducción de datos, tan solo se introduce una referencia que se corresponde con la matriz de ***Microsoft Excel*** (selección de datos). La introducción de datos tampoco se realiza mediante un cuadro de menú, estos se escriben directamente en la barra de fórmulas de la hoja de datos separados por punto y como tal como se aprecia en la siguiente imagen.

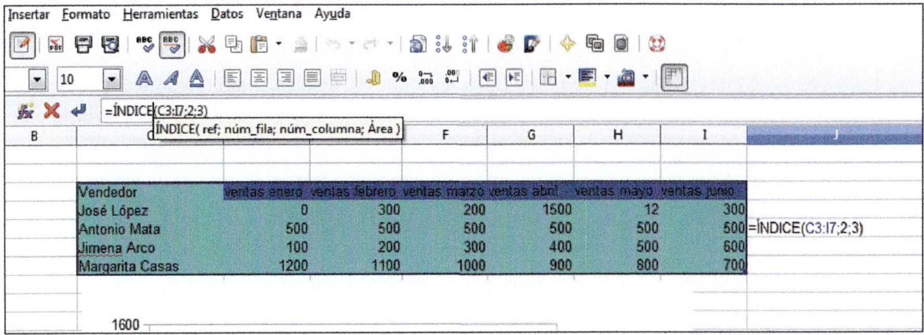

Vendedor	ventas enero	ventas febrero	ventas marzo	ventas abril	ventas mayo	ventas junio
José López	0	300	200	1500	12	300
Antonio Mata	500	500	500	500	500	500
Jimena Arco	100	200	300	400	500	600
Margarita Casas	1200	1100	1000	900	800	700

Introducción de parámetros en LibreOffice

Ejemplo

Mediante la función ÍNDICE se va a buscar el volumen de ventas correspondiente al mes de mayo de la comercial Olga García de la siguiente tabla:

Continúa en página siguiente >>

<< Viene de página anterior

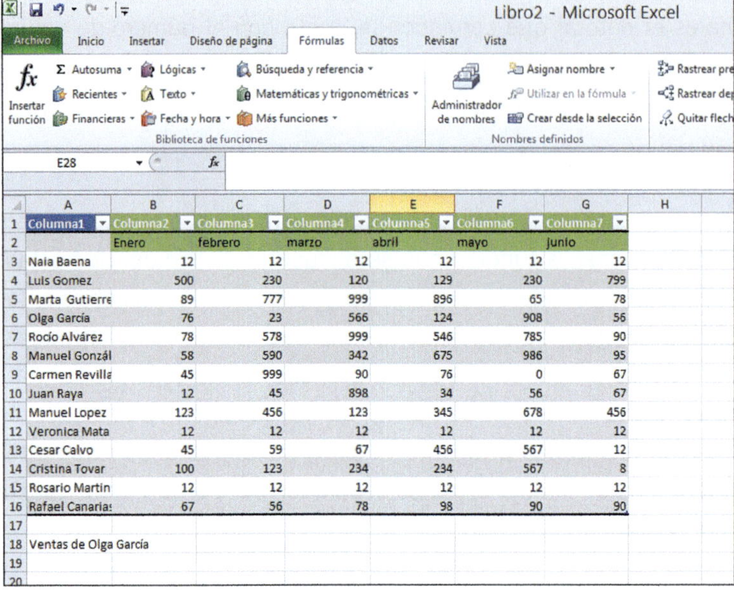

	A	B	C	D	E	F	G
1	Columna1	Columna2	Columna3	Columna4	Columna5	Columna6	Columna7
2		Enero	febrero	marzo	abril	mayo	junio
3	Naia Baena	12	12	12	12	12	12
4	Luis Gomez	500	230	120	129	230	799
5	Marta Gutierre	89	777	999	896	65	78
6	Olga García	76	23	566	124	908	56
7	Rocío Alvárez	78	578	999	546	785	90
8	Manuel Gonzál	58	590	342	675	986	95
9	Carmen Revilla	45	999	90	76	0	67
10	Juan Raya	12	45	898	34	56	67
11	Manuel Lopez	123	456	123	345	678	456
12	Veronica Mata	12	12	12	12	12	12
13	Cesar Calvo	45	59	67	456	567	12
14	Cristina Tovar	100	123	234	234	567	8
15	Rosario Martin	12	12	12	12	12	12
16	Rafael Canarias	67	56	78	98	90	90
17							
18	Ventas de Olga García						

1. En Matriz se añade toda la tabla, incluidos los nombres de los comerciales y los meses.
2. En Nº de fila se inserta el número 5 que corresponde con la fila de Olga García en la matriz seleccionada.
3. En Nº de columna se inserta el número 6 que corresponde con el mes de mayo según la matriz.

El resultado es 908 correspondiente a las ventas de dicho comercial en mayo.

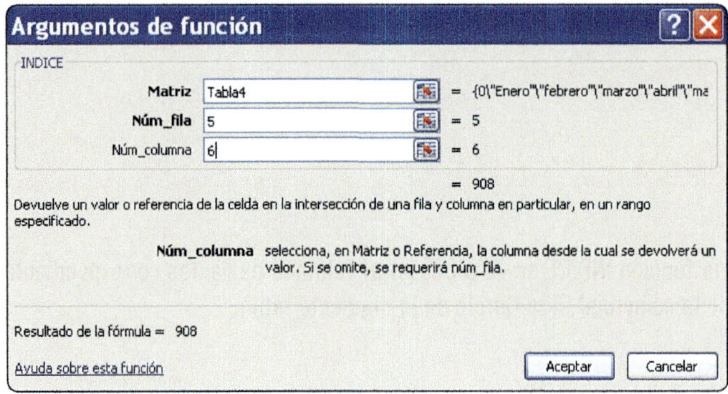

4.2. Conversiones de texto y tablas

Como ya se ha explicado en epígrafes anteriores, el orden habitual en la creación de tablas es establecer primero esta y después rellenar los datos. Sin embargo, hay ocasiones en las que el procedimiento es inverso, se tiene la información y se le da la forma de tabla. Para que se creen las celdas correctamente es necesario que la información venga ordenada con puntos y comas, párrafos o tabulaciones de lo contrario todo el texto ocupará una celda. Esta opción es muy útil cuando se importan tablas desde Internet donde la información ya viene de esta forma.

Nota

La información, siempre que venga con tabulaciones, puntos y comas o párrafos, puede traspasarse aunque tenga como soporte otro programa como por ejemplo Bloc de Notas (herramienta de Windows).

Microsoft Excel

Para convertir texto en tabla hay que acceder a la pestaña **Datos → Obtener Datos externos → Desde texto.** Esta acción requiere pasar por varias pantallas hasta obtener la tabla tal como se indica a lo largo de las siguientes imágenes.

Nota

Existe otro método más sencillo de conversión de texto en tabla, es haciéndolo a través de Microsoft Word. Dicho programa dispone de una herramienta que convierte el texto en tabla de forma directa (pestaña Insertar → Tabla → Convertir texto en tabla), tan solo hay que hacer este proceso, copiar la tabla resultante y pegarla en la hoja de Excel.

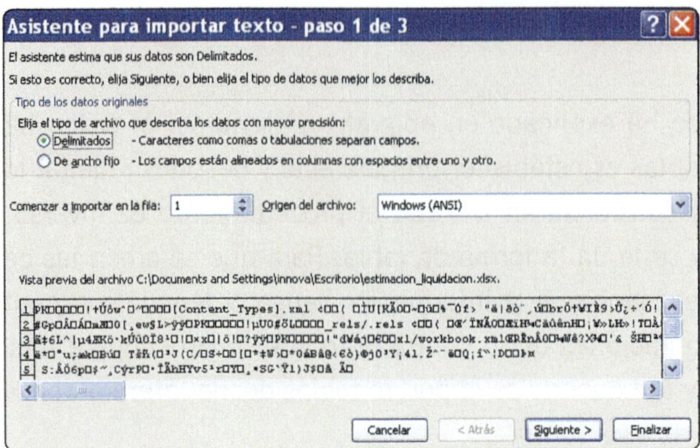

En la primera pantalla se requiere la elección del formato del texto, separado por columnas o por puntos, comas o tabuladores.

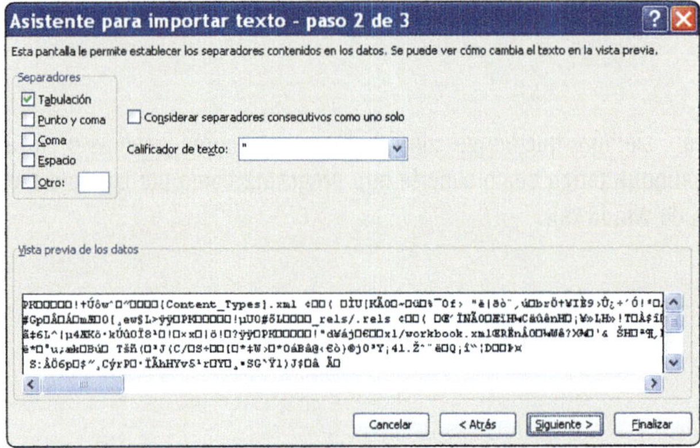

En la segunda pantalla se elige el separador que usa el texto, también hay disponible una vista previa de los datos a pasar.

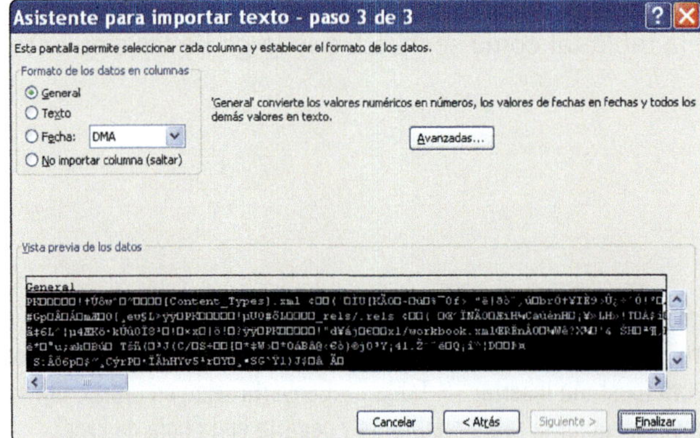

En la tercera pantalla se puede elegir el formato, texto o número, de cada columna y omitir alguna columna que no se desee incluir.

Por defecto, ***Microsoft Excel*** reconocerá el número de filas y columnas necesarias aunque esto siempre se puede modificar como ya se ha indicado a lo largo del tema.

LibreOffice Calc

LibreOffice permite la conversión de textos en tablas desde una forma similar. Se accede a través **Tabla → Insertar Hoja de archivo.** Para que el programa identifique las celdas el texto debe tener separadores que pueden ser tabulaciones, puntos y comas, párrafos u otros que se determinen.

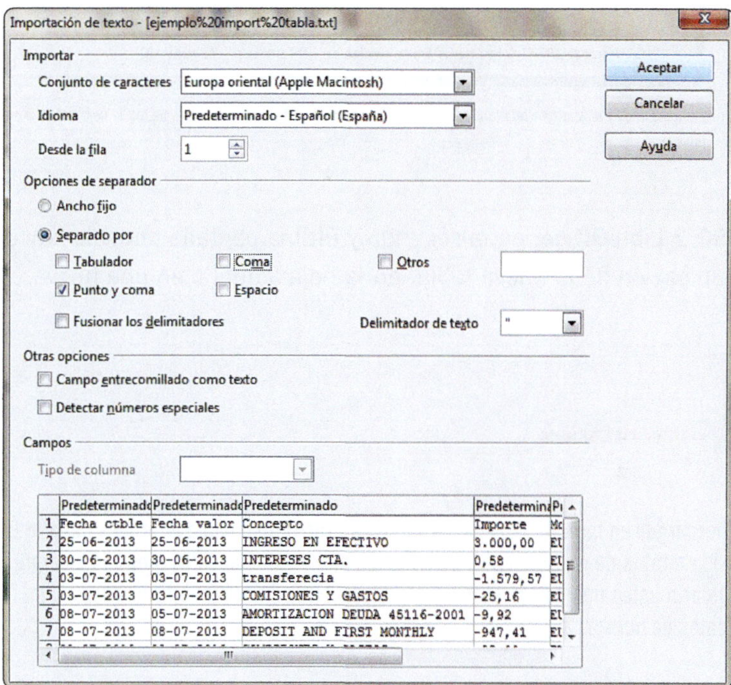

En la primera pantalla del asistente tiene que determinarse qué separador usa el texto para indicar al programa donde se sitúan las columnas.

PASO 1 LibreOffice: en la primera pantalla del asistente tiene que determinarse qué separador usa el texto para indicar al programa donde se sitúan las columnas.

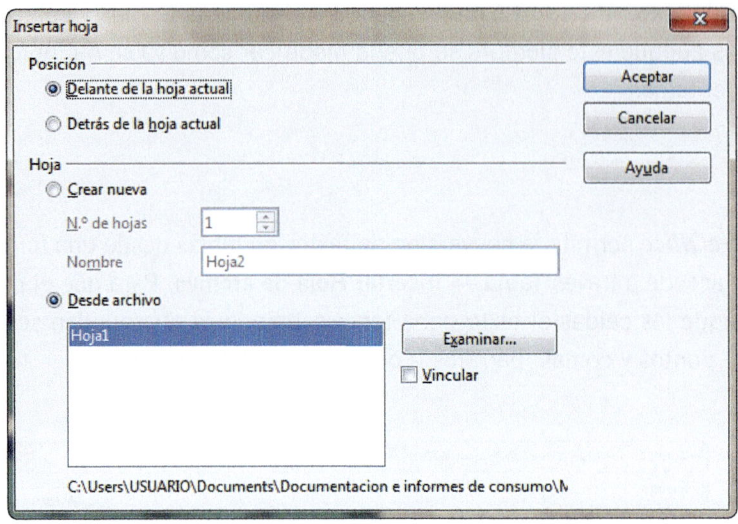

En la segunda y última pantalla tan solo hay que indicar la ubicación de la nueva tabla, en la hoja actual o en una nueva.

PASO 2 LibreOffice: en la segunda y última pantalla tan solo hay que indicar la ubicación de la nueva tabla, en la hoja actual o en una nueva.

Actividades

8. Descargue en formato Bloc de notas alguna tabla disponible Internet y haga la conversión a tabla de nuevo en una hoja de cálculo, si no encuentra ninguna siempre puede crearla usted mismo con datos de su invención. ¿Podría invertir el proceso, de tabla a datos de nuevo?

5. Personalización de la vista Hoja de datos

Una vez diseñadas las tablas, su visualización puede ser diferente según los datos que quieran consultarse. Las hojas del cálculo permiten diferentes vistas ocultando o mostrando filas o columnas enteras o permitiendo ver el encabezado de tablas de gran extensión.

5.1. Visualización y ocultación

Las tablas usadas en boletines e informes de consumo pueden representar de dos formas: visualizarlas en su totalidad o restringir algunos datos omitiendo filas o columnas sin que lleguen a eliminarse del documento. En cualquier caso el proceso es reversible y pueden visualizarse en cualquier momento tan solo cambiando la vista.

Microsoft Excel

La opción de ocultación de filas y columnas está disponible en las opciones de visualización de celdas. El acceso se realiza a través de ficha **Inicio,** grupo **Celdas,** opción **Insertar.** Se puede apreciar como la columna o fila desaparece aunque el proceso se puede revertir, la acción se similar, tan solo hay que seleccionar las columnas o filas colindantes a la desaparecida y elegir **Mostrar** del desplegable anterior.

Nota

La ocultación de celdas también se puede realizar situando el cursor sobre el encabezamiento de la columna o fila, botón derecho del ratón y opción Ocultar.

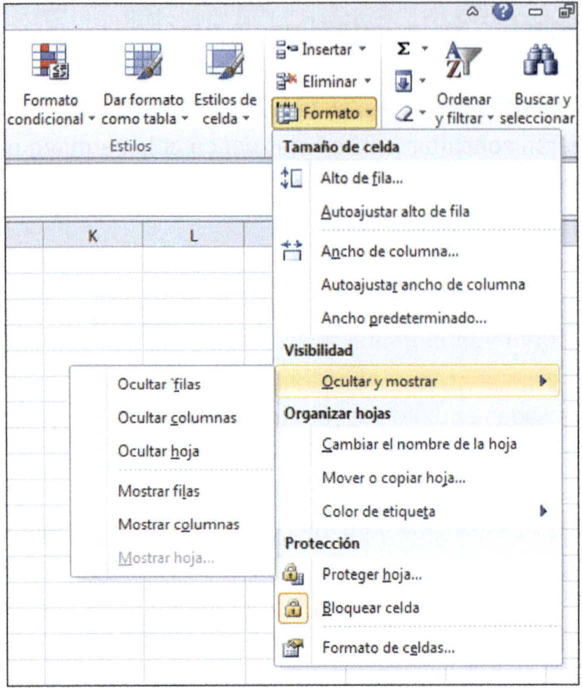

Opciones mostrar y ocultar de la opción visualización

LibreOffice Calc

La visualización y ocultación de filas y columnas en ***LibreOffice*** se hace de la misma forma, seleccionando el encabezado de la fila o columna que quiera ocultarse y eligiendo la opción **Ocultar** del desplegable del botón derecho del ratón.

Actividades

9. ¿Es posible ocultar varias celdas o columnas a la vez? Compruébelo en una hoja de datos.
10. ¿Qué utilidad podría darle a la ocultación de columnas en tablas de gran extensión?

Para la acción inversa tan solo hay que marcar **Mostrar** del mismo menú una vez que se han seleccionado las filas o columnas colindantes a la ocultada.

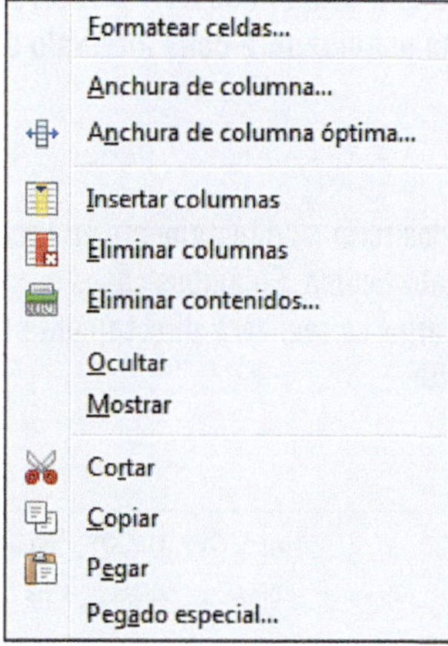

El desplegable del botón derecho del ratón en ambos programas es el mismo, tan solo varía el orden de los elementos.

Aplicación práctica

La siguiente imagen muestra una selección en www.ine.es del número de viajes realizados en 2012 a hoteles, vivienda propia y alquilada por duración de estancia.

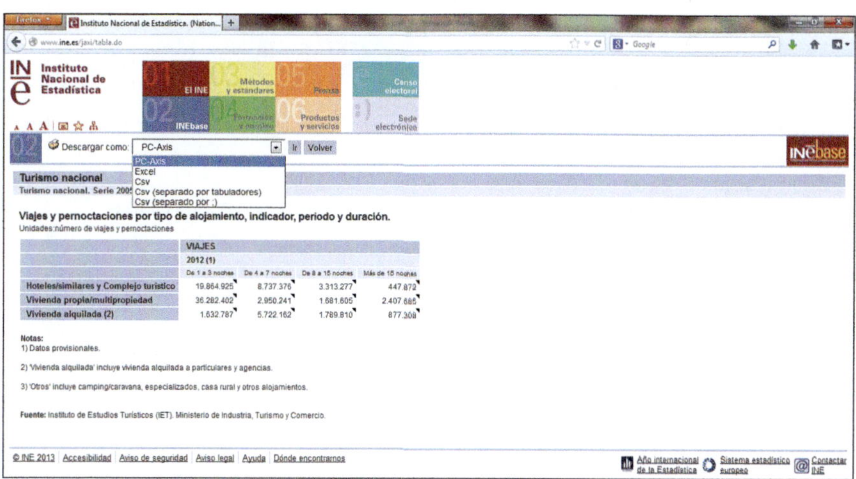

	VIAJES			
	2012 (1)			
	De 1 a 3 noches	De 4 a 7 noches	De 8 a 15 noches	Más de 15 noches
Hoteles/similares y Complejo turístico	19.864.925	8.737.376	3.313.277	447.872
Vivienda propia/multipropiedad	36.282.402	2.950.241	1.681.605	2.407.685
Vivienda alquilada (2)	1.632.787	5.722.162	1.789.810	877.308

Continúa en página siguiente >>

<< Viene de página anterior

¿Cómo descargaría los datos para introducirlos como tabla en una hoja de datos? Realice la operación y añada manualmente una nueva fila con los datos de los viajes realizados a viviendas de familiares o amigos que son 44.385.547, 9.165.703, 4.961.997 y 3.456.250 (datos consultados en la misma página) para cada intervalo de tiempo.

SOLUCIÓN

www.ine.es permite descargar los datos de dos formas: directamente en Excel o formatos donde la información viene separada por punto y coma. En ambos casos se puede realizar la descarga. Para facilitar la tarea la descarga se realizará directamente en Excel. Los resultados se mostrarán de la siguiente forma:

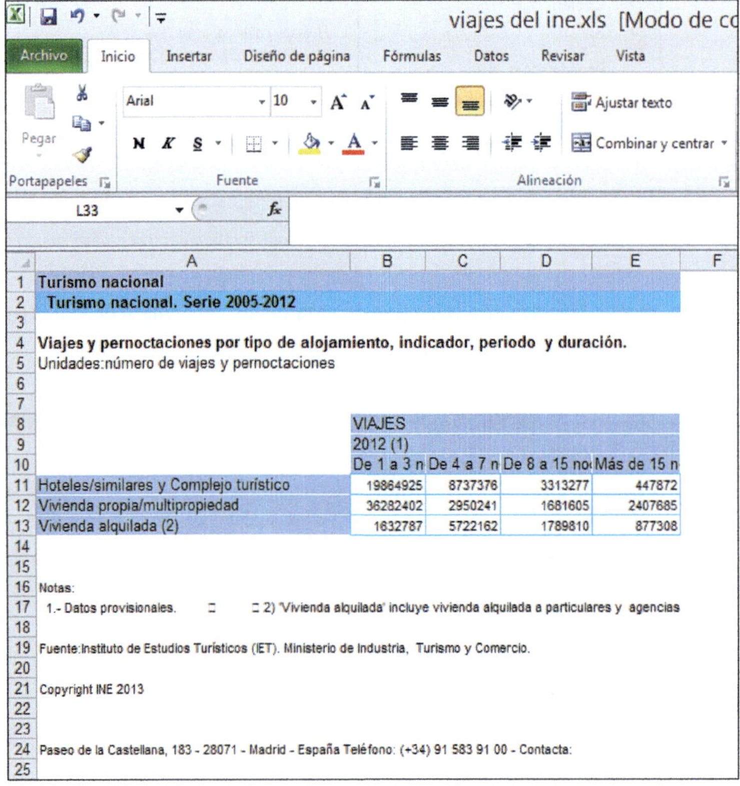

Turismo nacional

Turismo nacional. Serie 2005-2012

Viajes y pernoctaciones por tipo de alojamiento, indicador, periodo y duración.

Unidades:número de viajes y pernoctaciones

	VIAJES			
	2012 (1)			
	De 1 a 3 n	De 4 a 7 n	De 8 a 15 no	Más de 15 n
Hoteles/similares y Complejo turístico	19864925	8737376	3313277	447872
Vivienda propia/multipropiedad	36282402	2950241	1681605	2407685
Vivienda alquilada (2)	1632787	5722162	1789810	877308

Notas:

1.- Datos provisionales. 2) 'Vivienda alquilada' incluye vivienda alquilada a particulares y agencias

Fuente:Instituto de Estudios Turísticos (IET). Ministerio de Industria, Turismo y Comercio.

Copyright INE 2013

Paseo de la Castellana, 183 - 28071 - Madrid - España Teléfono: (+34) 91 583 91 00 - Contacta:

Continúa en página siguiente >>

<< Viene de página anterior

La nueva fila se añadirá al final y el resultado tras añadir los nuevos datos es:

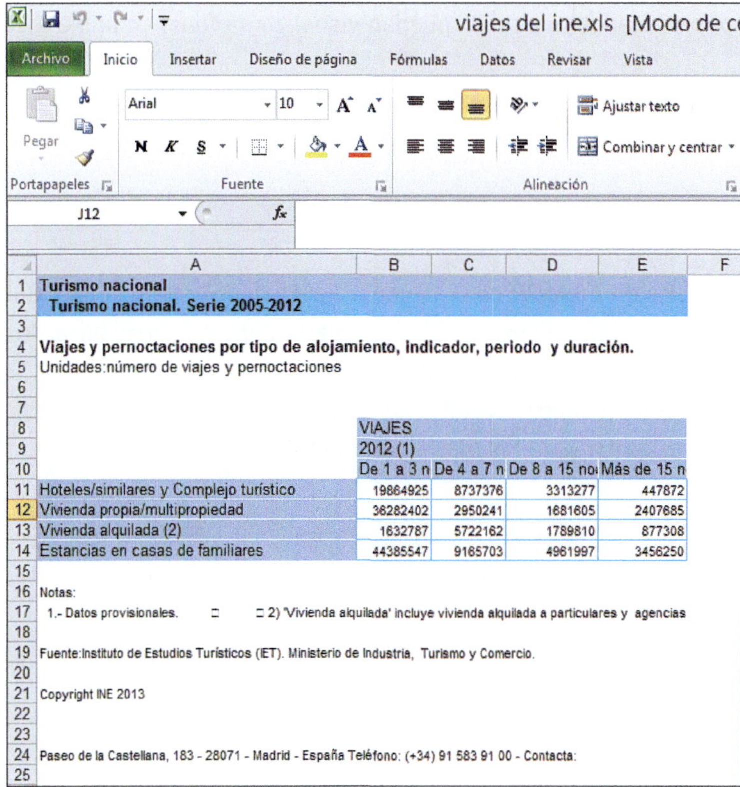

Turismo nacional

Turismo nacional. Serie 2005-2012

Viajes y pernoctaciones por tipo de alojamiento, indicador, periodo y duración.

Unidades:número de viajes y pernoctaciones

	VIAJES			
	2012 (1)			
	De 1 a 3 n	De 4 a 7 n	De 8 a 15 no	Más de 15 n
Hoteles/similares y Complejo turístico	19864925	8737376	3313277	447872
Vivienda propia/multipropiedad	36282402	2950241	1681605	2407685
Vivienda alquilada (2)	1632787	5722162	1789810	877308
Estancias en casas de familiares	44385547	9165703	4961997	3456250

Notas:

1.- Datos provisionales. 2) 'Vivienda alquilada' incluye vivienda alquilada a particulares y agencias

Fuente:Instituto de Estudios Turísticos (IET). Ministerio de Industria, Turismo y Comercio.

Copyright INE 2013

Paseo de la Castellana, 183 - 28071 - Madrid - España Teléfono: (+34) 91 583 91 00 - Contacta:

5.2. Cambio de altura de filas y columnas

En el anterior epígrafe se estudiaba cómo ocultar filas y columnas para hacer más fácil la visualización de la tabla, este método no es el único para desarrollar la misma función. La reducción de la altura de la fila y el ancho de la columna consiguen los mismos efectos.

Microsoft Excel

Una vez situado el cursor sobre la celda, en ficha Inicio, grupo **Celdas,** se selecciona **Formato** donde se reduce la altura de la fila y el ancho de la columna a cero, provocando que no se puedan visualizar la fila o columna afectada.

Para volver a ver las filas o columnas basta con cambiar de nuevo la medida por el procedimiento anterior.

LibreOffice Calc

Los cambios en ***LibreOffice*** se hacen a través de los menús **Fila** o **Columna** disponibles en la ficha **Formato.** El cuadro **Fila** permite personalizar la altura de toda la fila, poniendo directamente la medida en centímetros, si esta es cero la fila afectada quedará oculta. La opción **Valor predeterminado** establece una medida estándar para las filas y columnas.

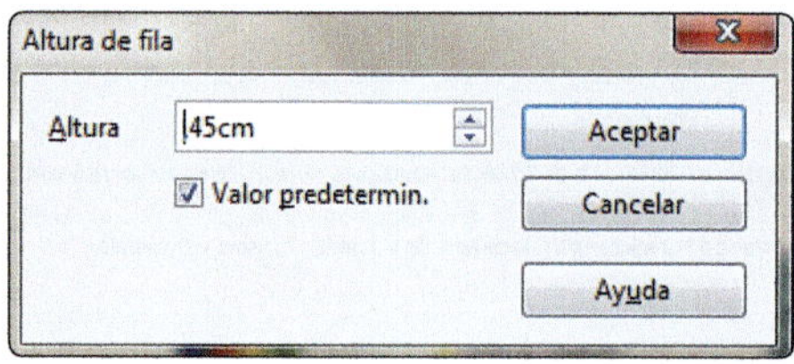

Selección de altura de fila

Actividades

11. Compruebe qué otras acciones le permite realizar la opción de fila o columna anterior en LibreOffice.

5.3. Desplazamiento e inmovilización

La inmovilización de panales en hojas de cálculo hace posible la vista de los encabezamientos de la tabla de forma que puedan pasarse estas sin dejar de ver dichos encabezamientos. Además de a los rótulos, esta inmovilización se puede aplicar a cualquier fila o columna del documento.

Microsoft Excel

La inmovilización de paneles está disponible en el grupo **Ventana** de la pestaña **Vista.** Su aplicación es muy sencilla, tan solo hay que situarse en la celda correcta, teniendo en cuenta que se inmovilizará la fila que quede arriba y la columna de la izquierda. El programa permite otras dos opciones para inmovilizar solo la primera fila o la primera columna.

Al activar la inmovilización de paneles, el desplazamiento a lo largo del resto de la tabla se efectuará con normalidad, permitiendo ver en todo momento las filas y columnas afectadas.

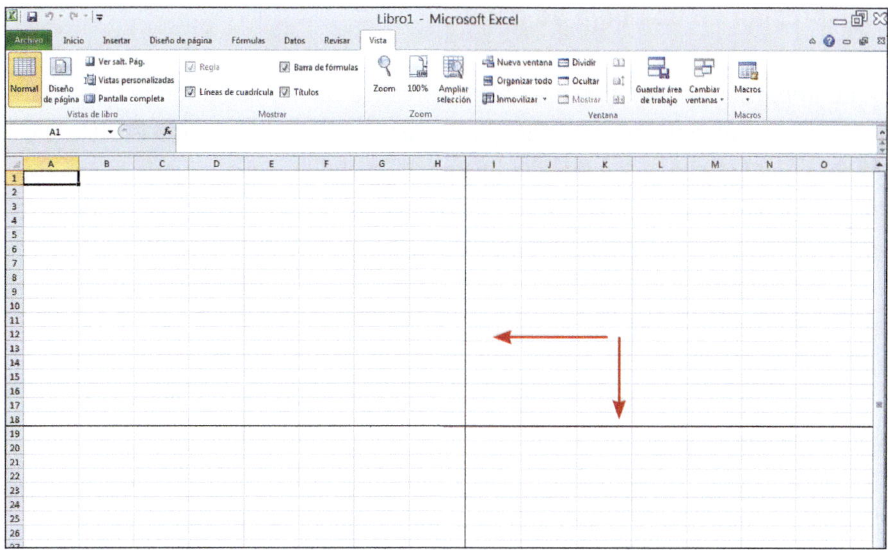

Cuando se inmovilizan paneles aparecen estas líneas delgadas que delimitan las columnas o filas inmovilizadas.

Para deshacer la inmovilización basta con volver a pulsar la opción **Inmovilizar paneles** situándose en la misma celda.

LibreOffice Calc

La inmovilización de paneles con ***LibreOffice*** aplica los mismos cambios al texto, el acceso es a través de la pestaña **Ventana.** Al igual que antes, para aplicar la herramienta correctamente hay que elegir bien la celda a partir de la cual se inmovilizará la columna izquierda y la fila superior. El único aspecto que varía con el anterior programa es la desactivación, en ***LibreOffice*** hay que desmarcar la opción **Inmovilizar** del desplegable que permanece marcada.

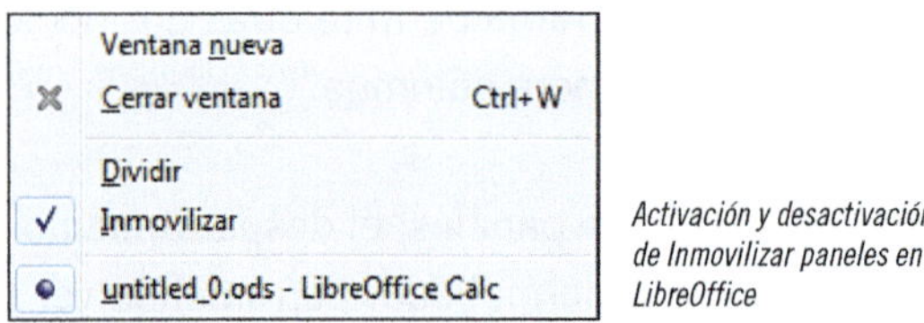

Activación y desactivación de Inmovilizar paneles en LibreOffice

6. Impresión de una hoja de datos

La impresión de una hoja de datos se realiza de la misma forma que cualquier otro documento aunque hay que prestar especial atención a la vista previa para que la tabla no quede dividida en varias hojas. Para mejorar el resultado final, ambos programas ofrecen la posibilidad de cambiar la orientación de la página e insertar encabezamientos de tabla en todas las hojas.

Microsoft Excel

La vista preliminar está disponible en pestaña **Vista,** grupo **Vistas de libro,** opción **Diseño de página.**

Una vez visualizado el aspecto final del documento se podrán hacer cambios de última hora de cara a su impresión.

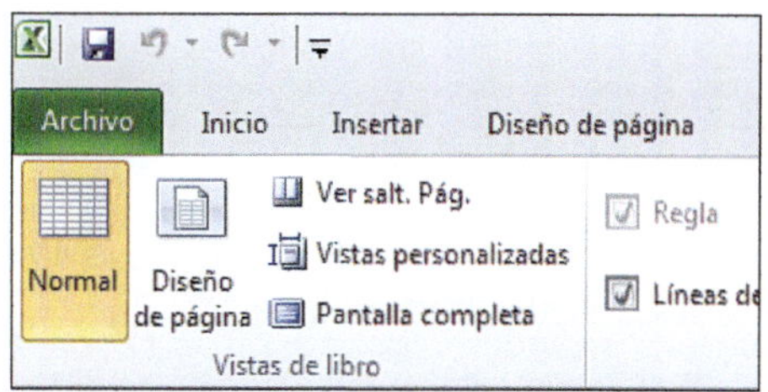

Vista previa de Excel

La pestaña **Diseño de página** permite el cambio de orientación de vertical a horizontal, cambiar la escala del documento y los márgenes.

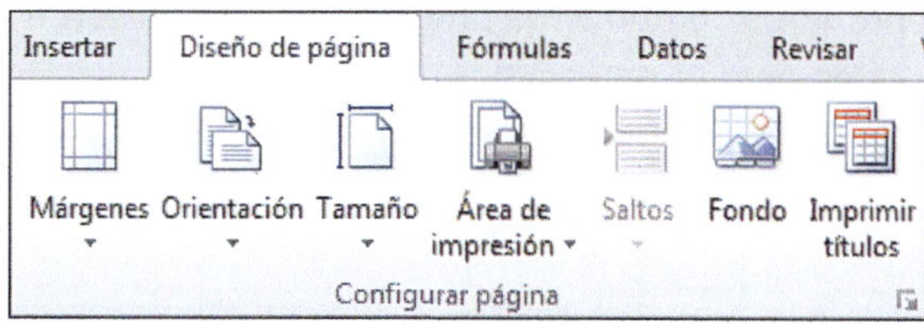

Pestaña Diseño de página

Una opción bastante usada es la de incluir la primera línea o columna de la tabla que normalmente contiene los títulos en todas las hojas del documento impreso, dicha acción está disponible en el menú anterior **(Imprimir títulos).**

En la impresión de tablas es habitual tener que imprimir solo parte del documento porque toda la información no sea relevante, **Área de impresión** permite establecer previamente que parte de la tabla se desea imprimir. Dicha opción se encuentra en el grupo anterior de la ficha **Diseño de página.** Para utilizarla hay que seleccionar el área a imprimir y aplicar **Establecer área de impresión.** Para deshacer la acción tan solo hay que marcar **Borrar área de impresión.**

Para insertar encabezamiento y pie de página se accede a través de la pestaña **Insertar,** grupo **Texto, Encabezamiento y pie de página** donde se pueden configurar ambas opciones.

Nota

El área de impresión por defecto es toda la página, por ello es necesario habilitar dicha opción cuando solo se desea imprimir parte de la página.

Para ver el aspecto del resto de páginas tan solo hay usar las barras de desplazamiento en **Diseño de página.**

El menú **Imprimir** es común a los programas de **Microsoft** e incluye las mismas opciones vistas para el procesador de textos del tema anterior.

LibreOffice Calc

LibreOffice también permite la impresión en vista previa, esta está disponible en la ficha **Archivo** aunque por defecto el programa también la incorpora como botón en la barra de herramientas. En ella tan solo puede visualizarse el resultado final de impresión pero no da la posibilidad de cambios.

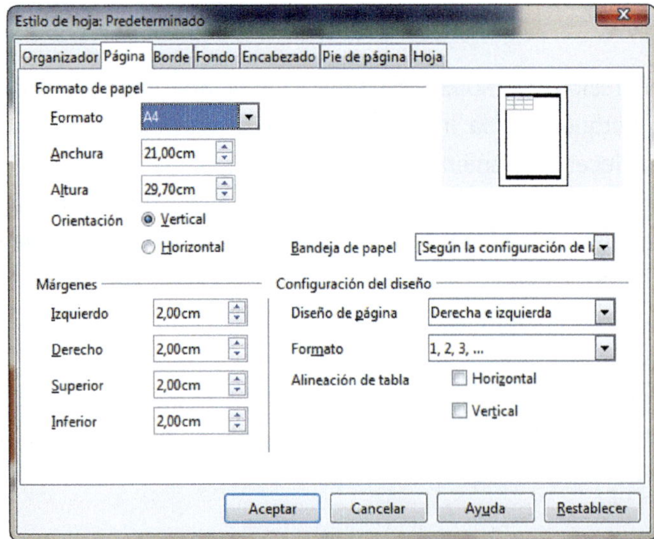

Selección de la orientación de la página en LibreOffice

Para efectuar dichos cambios es necesario acceder a **Página** en la pestaña **Formato,** el menú disponible ofrece varias alternativas útiles para la impresión como:

- Pestaña **Página** donde se cambia la orientación de la página y el formato de papel y los márgenes entre otros.
- Inserción del pie de página, encabezado y cambios en estos.
- Pestaña **Hoja** donde se puede configura la impresión de los encabezados de filas y columnas, la cuadrícula y la escala.

Aplicación práctica

Reproduzca en su hoja de cálculo la siguiente tabla y efectúe los siguientes cambios de cara a su impresión. Tenga en cuenta la vista previa.

Encuesta de consumos energéticos (CNAE-2009). Serie 2009-2011

Principales resultados

Consumos energéticos por comunidad autónoma y producto consumido.

Unidades:miles de euros

	Carbón y derivados	Gasóleo	Fueloil	Gas	Electricidad
2011					
Andalucía	26225	100313	58072	307917	556087
Aragón	10866	45716	7535	256405	290566
Asturias, Principado de	15994	65721	43435	93889	315672
Balears, Illes	2017	5811	243	5764	14733
Canarias	640	24178	9956	18775	46726
Cantabria	13112	20497	1904	57573	169203
Castilla y León	16610	85609	18304	250658	360826
Castilla - La Mancha	9703	66415	10053	131452	246521
Cataluña	55484	154066	18364	637936	1252409
Comunitat Valenciana	15198	106142	14316	535464	545492
Extremadura	4995	18456	2396	36906	73355
Galicia	22472	80123	209226	100989	564418
Madrid, Comunidad de	11817	48505	7533	113638	343058
Murcia, Región de	1402	27849	6047	77118	154864
Navarra, Comunidad Foral de	19070	25212	5811	133563	206324
País Vasco	17511	44499	10876	433437	672961
Rioja, La	280	11506	6171	22240	47251

Fuente:Instituto Nacional de Estadística

Continúa en página siguiente >>

<< Viene de página anterior

1. **Cambie la orientación para que toda la información tenga cabida en una misma página.**
2. **Reduzca los márgenes.**
3. **Inserte pie de página con la siguiente información: Consumo energético en España en 2011.**

SOLUCIÓN

Tras aplicar todos los cambios la vista previa quedará de la siguiente forma:

Encuesta de consumos energéticos (CNAE-2009). Serie 2009-2011

Principales resultados

Consumos energéticos por comunidad autónoma y producto consumido.

Unidades:miles de euros

	Carbón y derivados	Gasóleo	Fueloil	Gas	Electricidad
2011					
Total nacional	243395	930618	430242	3213726	5860467
Andalucía	26225	100313	58072	307917	556087
Aragón	10866	45716	7535	256405	290566
Asturias, Principado de	15994	65721	43435	93889	315672
Balears, Illes	2017	5811	243	5764	14733
Canarias	640	24178	9956	18775	46726
Cantabria	13112	20497	1904	57573	169203
Castilla y León	16610	85609	18304	250658	360826
Castilla - La Mancha	9703	66415	10053	131452	246521
Cataluña	55484	154066	18364	637936	1252409
Comunitat Valenciana	15198	106142	14316	535464	545492
Extremadura	4995	18456	2396	36906	73355
Galicia	22472	80123	209226	100989	564418
Madrid, Comunidad de	11817	48505	7533	113638	343058
Murcia, Región de	1402	27849	6047	77118	154864
Navarra, Comunidad Foral de	19070	25212	5811	133563	206324
País Vasco	17511	44499	10876	433437	672961
Rioja, La	280	11506	6171	22240	47251

Fuente:Instituto Nacional de Estadística

Copyright INE 2014

Consumo energético en España en 2011

7. Resumen

Las tablas constituyen una buena herramienta para la presentación de datos estadísticos, ***Microsoft Excel*** y ***LibreOffice Calc*** ofrecen un gran apoyo a la creación y manejo de dichas tablas. La creación de estas es fácil, ambos programas tienen un acceso rápido a esta función a través del menú Tabla.

Los datos a incorporar en tablas pueden importarse de otros documentos del mismo formato o distinto a través de aplicaciones propias de exportación o directamente copiando y pegando datos. Una forma muy útil de importación es la creación de tablas a partir de datos en texto aunque estos tienen que tener algún tipo de separación para que los programas de cálculo reconozcan las columnas que tendrá la futura tabla.

La vinculación se produce cuando los datos importados cambian si la información del documento original varía, para ello es necesario que ambos documentos se encuentren en el mismo equipo.

La creación y gestión de tablas en muy dinámica en ambos programas, permitiéndose añadir nuevas filas y columnas o eliminando las que no sean necesarias. Ambas acciones pueden hacerse directamente a través del desplegable del botón de derecho del ratón.

La función ÍNDICE permite buscar datos dentro de una tabla según dos parámetros: la posición de la fila y la columna. Esta función es muy práctica para buscar datos de forma rápida en grandes tablas. Otra forma rápida de visualizar datos y tablas es ocultar filas o columnas o inmovilizar paneles para ver solo los datos que interesen en ese momento.

Cuando se imprimen tablas siempre debe visualizarse la vista previa para comprobar que la tabla no se divide en varias hojas, si esto ocurriese se pueden hacer los cambios necesarios para modificarlo como orientación de la página o márgenes entre otros.

Ejercicios de repaso y autoevaluación

1. Indique si lo que se afirma en las siguientes frases es verdadero o falso.

a. El proceso de creación de las tablas siempre se hace de la misma forma: se introduce la tabla en el primer momento y después los datos.

- ☐ Verdadero
- ☐ Falso

b. Los estilos de tabla de Excel permiten hacer cambios de estilo en las tablas automáticamente.

- ☐ Verdadero
- ☐ Falso

c. La vista de previa de impresión no aporta una visión real del texto a imprimir.

- ☐ Verdadero
- ☐ Falso

2. La opción de vinculación...

a. ... solo está disponible en Microsoft Excel.
b. ... permite unir archivo sin que haya sincronización entre ellos.
c. ... se hace a través del menú Diseño de página en Excel y Formato en LibreOffice.
d. ... permite que los datos importados cambien si el documento en origen varía.

3. La función ÍNDICE...

a. ... es útil para buscar y reemplazar datos.
b. ... es una función trigonométrica.
c. ... permite buscar datos dentro de una tabla según dos parámetros: la posición de la fila y la columna.
d. ... en LibreOffice se llama ELEGIR.

4. La ocultación de celdas...

a. ... es solo para columnas.
b. ... permite visualizar aquellas filas y columnas que sean relevantes ocultando las demás.
c. ... está disponible en la pestaña Vista.
d. ... no es posible aplicarla en cualquier tipo de tabla.

5. La combinación de celdas...

a. ... permite ocultar filas o columnas.
b. ... no es reversible.
c. ... une varias celdas en una sola ya sean filas o columnas.
d. ... une varias celdas de una fila exclusivamente.

6. La importación de tablas...

a. ... solo se puede realizar desde otro documento creado con el mismo programa.
b. ... es muy útil en la elaboración de informes porque extrae datos de otras fuentes y los introduce en documentos nuevos.
c. ... siempre se hace vinculando las tablas.
d. ... siempre se hace cortando y pegando las tablas.

7. Indique la frase correcta.

a. El desplazamiento de tablas dentro de una misma hoja de cálculo se realiza cortando y pegándola en la nueva ubicación.
b. Para cambiar el tamaño de las celdas se sitúa el cursor sobre las líneas de separación de celdas de la parte superior o izquierda de la hoja.
c. La edición de tabla permite hacer modificaciones sobre ella una vez que se ha creado añadiendo texto, celdas o cambiando el aspecto final.
d. Todas las opciones son correctas.

8. Indique la opción correcta.

a. Siempre se crea la tabla y después se añaden los datos.
b. Siempre que se añaden celdas nuevas se inserta toda una fila o toda una columna.
c. La inserción de nuevas celdas se puede hacer solo desde el botón derecho del ratón.
d. Todas las opciones son correctas.

9. Indique la opción incorrecta.

a. La orientación horizontal posibilita en algunas tablas que se visualicen todos los datos sin necesidad de usar varias páginas.
b. La inserción de un encabezado de página no es compatible con tablas de hojas de cálculo.
c. La vista previa de impresión presenta la tabla con su aspecto final de cara a la impresión del documento.
d. Todas las opciones son correctas.

10. Indique la opción incorrecta.

a. La inmovilización de paneles permite ver los encabezamientos de la tabla aunque nos desplacemos por la hoja de datos.
b. Se pueden inmovilizar todos los paneles que se deseen en una misma hoja.
c. Pueden inmovilizarse filas y/o columnas.
d. Las opciones a y c son ciertas.

11. ¿Qué métodos para ocultar filas o columnas conoce?

____

____

12. Relacione las siguientes funciones con la herramienta que las ejecuta.

a. Hace posible la vista de la fila o columna seleccionada desplazándose a lo largo de toda la tabla.
b. Permite buscar datos dentro de una tabla según dos parámetros: la posición de la fila y la columna.
c. Permite que los cambios producidos en el documento original estén presentes en el secundario.
d. Une varias celdas en una.

__ ÍNDICE
__ Vinculación
__ Inmovilización de paneles
__ Combinación de celdas

13. ¿Cómo se buscan y reemplazan datos en tablas?

____

____

14. ¿Es posible combinar filas y columnas al mismo tiempo? Justifique la respuesta.

____

____

Capítulo 4

Presentación de información en consumo con gráficos

Contenido

1. Introducción
2. Elaboración de representaciones gráficas. Criterios de selección: legibilidad, representatividad y vistosidad
3. Elementos presentes en los gráficos: rangos o series del gráfico, titulo, leyenda, ejes, líneas de división, escalas, rótulos, fuentes y representación
4. Configuración y modificación de los elementos
5. Tipos de gráficos: de líneas, de áreas, de barras, de columnas o histogramas, polígonos, ojivas, de anillos, de radar, de superficie, de dispersión, burbujas, representación de grafos, sectores o ciclograma, de movimiento, pictogramas u otros a partir de datos convenientemente tabulados
6. Creación de un gráfico
7. Modificación del gráfico
8. Borrado de un gráfico
9. Integración de gráficos en documentos
10. Resumen

1. Introducción

Los gráficos ejemplifican y sirven de apoyo a los contenidos expuestos en un boletín o informe de consumo. Los datos que contengan deben ser verídicos y aportar información relevante, de no cumplirse estos requisitos se aconseja no incluirlos dentro de publicaciones, ya que distraerían al lector y no le aportarían valor.

Las hojas de cálculo facilitan enormemente la realización de los gráficos, ***Microsoft Excel*** y ***LibreOffice Calc*** ofrecen herramientas para llevarlos a cabo por ello son, de nuevo, los programas elegidos para desarrollar el capítulo. Para poder aprovechar dichas explicaciones es necesario tener ciertos conocimientos previos sobre ellos aunque en el capítulo se expliquen todos los desarrollos detenidamente.

Los gráficos ofrecidos por ***Excel*** y ***Calc*** son más extensos que los de ***Microsoft Word*** aunque también podrían realizarse con este último. De hecho, podrían usarse como guía las mismas explicaciones, ya que los programas tienen bastantes similitudes en cuanto a la interfaz y funciones.

En los primeros apartados del capítulo se hablará sobre la conveniencia o no de aportar gráficos, sus características y los elementos que los componen. Posteriormente se explicará cómo crearlos con ambos programas e integrarlos dentro de un texto.

2. Elaboración de representaciones gráficas. Criterios de selección: legibilidad, representatividad y vistosidad

Los gráficos aportan datos nuevos o complementan otros ya expuestos en el texto. Son útiles dentro de boletines e informes, pero también son elementos vistosos que llaman la atención del lector. Su uso aporta profesionalidad al documento, ya que llevan aparejado un trabajo de recopilación de información. No todos los gráficos relacionados con un tema deben ser insertados en el informe, el redactor debe recopilar los relevantes y desechar aquellos que sobrecarguen el texto. Los criterios para su elección se basan en los siguientes parámetros: legibilidad, representatividad y vistosidad.

Legibilidad

El gráfico debe ser claro para el lector. No es válido elegir un gráfico con gran cantidad de información si el público al que va dirigido no es capaz de entenderlo e interpretarlo. De esta forma el tipo de gráfico estará dirigido a un tipo de público concreto.

En informes de tipo profesional tratados por personas expertas en un sector o interesadas en este, los gráficos pueden ser más complejos, ya que el lector tiene una preparación previa.

En boletines de difusión general y dirigidos a un gran público los gráficos son más sencillos. En el primer caso se usan gráficos mixtos, con barras y otros elementos mezclados con líneas de tendencia. En los segundos son muy usados los gráficos de sectores o superficie.

Representatividad

Los gráficos no están puestos al azar, sino que acompañan y representan a un texto o a algún dato que aparezca en este. Por ejemplo, si se está hablando del consumo de un determinado producto en una zona, el gráfico representa dichos datos numéricos.

Otro ejemplo sería la evolución de las ventas durante un periodo de tiempo donde se explicarán las razones de este cambio y se añadirá un gráfico donde se comparen varios años.

Vistosidad

Los gráficos además de aportar datos, forman parte del diseño de un documento, de ahí su uso en informes y sobre todo en presentaciones.

Si están bien realizados llaman la atención del lector, haciendo que se impliquen más en la lectura del boletín o informe.

Es habitual el uso de varios colores para las líneas o columnas aunque estos deben ir en armonía con el texto y con el estilo de la publicación.

Actividades

1. ¿Qué gráficos utiliza normalmente para sus presentaciones?
2. ¿Suele usar los temas o tonos que su procesador u hoja de datos le ofrecen?

3. Elementos presentes en los gráficos: rangos o series del gráfico, titulo, leyenda, ejes, líneas de división, escalas, rótulos, fuentes y representación

Los gráficos tienen en común una serie de elementos que los definen. Para crear gráficos y modificarlos se hace necesario conocer dichos elementos, ya que la mayoría de programas (hojas de datos y procesadores de texto) utilizan estos nombres en sus interfaces. Hacer una definición previa de ellos ayudará a que la aplicación práctica posterior sea más sencilla e intuitiva. Después de las definiciones aparecerá un ejemplo con todos sus elementos.

Los elementos son:

- **Rango o serie del gráfico:** son los datos numéricos a representar y que pertenecen a una u otra categoría como se verá más adelante.
- **Título:** es el nombre que se le da al gráfico y que irá en consonancia con su contenido, puede incluir el año, el tipo de datos, el nombre de la empresa, el sector, etc.
- **Leyenda:** explica cómo leer e interpretar el gráfico, asociando datos a colores utilizados en el mismo. Suele tener forma de nota anexa al gráfico y su ubicación puede variar según criterio del escritor.
- **Ejes:** son la línea horizontal y vertical de un gráfico en base a las cuales se representan los datos. No todos los gráficos tienen ejes, los de anillos y sectores no los presentan.
- **Líneas de división:** son las líneas que dividen el área donde están representados los datos y que hacen más fácil su comprensión.

- **Escalas:** la escala es la relación matemática existente entre varios elementos. En los gráficos hace referencia a las dimensiones con las que se muestra el gráfico en pantalla, teniendo en cuenta la relación entre los datos de los ejes.
- **Rótulos:** son los elementos representados en los ejes. Pueden ser meses, años, niveles de ventas, nombres, provincias...
- **Fuente:** es el tipo de letra utilizado en los elementos que requieran escritura, como la leyenda.
- **Representación:** exposición de los datos numéricos que inicialmente están en una tabla en forma de gráfico, teniendo en cuenta los parámetros que se le indican, por ejemplo representar las ventas por meses, las ventas de varios comerciales, el consumo en varias ciudades, etc.

Ejemplo

La siguiente tabla muestra las ventas de un determinado producto en dos provincias diferentes:

Columna1	Granada	Sevilla
Enero	23	34
Febrero	23	25
Marzo	45	42
Abril	44	59
Mayo	45	34
Junio	45	34
Julio	45	32
Agosto	56	30
Septiembre	21	21
Octubre	12	16
Noviembre	13	18
Diciembre	13	19

Continúa en página siguiente >>

<< Viene de página anterior

Y este es el gráfico que lo representa:

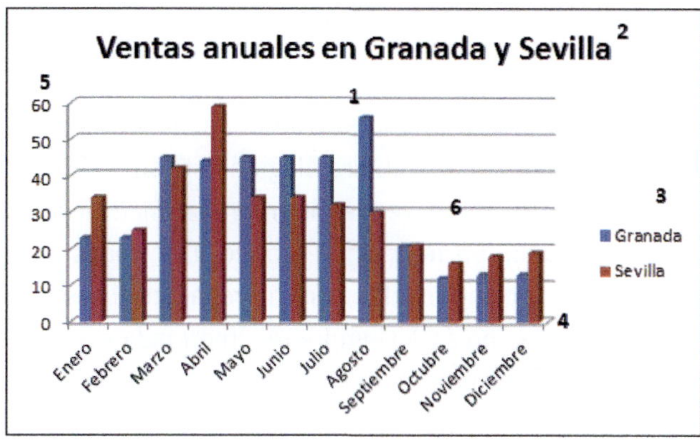

Los elementos identificados en tabla y gráfico son:

1. Series de gráfico o rangos. Son los valores numéricos representados y que se corresponden con las columnas de la tabla.
2. Título.
3. Leyenda donde se indica el color de cada provincia.
4. Ejes o parámetros sobre los cuales se hace la representación, en este caso son los meses del año para el eje X (horizontal) y el nivel de ventas en el eje Y (vertical).
5. Rótulos, son los elementos de los ejes, nivel de ventas y meses. En relación a ellos están las fuentes que es el tipo de letra utilizado en ellas y en cada una de las partes del gráfico.
6. Líneas de división. Son las líneas de fondo que indican el nivel de ventas.

Actividades

3. Diferencie los rótulos y leyenda de la fuente.

4. Configuración y modificación de los elementos

Tanto en ***Microsoft Word*** como en ***LibreOffice,*** los datos introducidos en una tabla y posteriormente en un gráfico pueden ser modificados y el gráfico tomará una nueva forma.

Si introducimos nuevos datos numéricos variarán las series del gráfico y por tanto las columnas o barras si se hubiera elegido este tipo. Como se estudiará más adelante, los títulos y la leyenda siempre son modificables, así como su contenido y su ubicación en relación al gráfico. Las líneas de división son opcionales, a veces es mejor no usarlas para no recargar el resultado final. La modificación de las escalas no está siempre recomendada porque desvirtúa el gráfico, pero es optativo a criterio del escritor. Los rótulos son siempre elegibles, además debe hacerse directamente en la tabla inicial de datos, tal y como se estudiará más adelante.

En cuanto a la representación, es una de las mayores facilidades que ofrecen ambos programas. Se puede cambiar fácilmente de un gráfico de barras a uno por áreas usando los mismos datos o tablas iniciales. Además se puede pasar de uno a otro para ver el acabado final y optar por el que quede más vistoso o el que sea más acorde a la publicación.

5. Tipos de gráficos: de líneas, de áreas, de barras, de columnas o histogramas, polígonos, ojivas, de anillos, de radar, de superficie, de dispersión, burbujas, representación de grafos, sectores o ciclograma, de movimiento, pictogramas u otros a partir de datos convenientemente tabulados

La representación de datos en un gráfico puede hacerse de varias formas, sin embargo, algunos de ellos están más indicados para unos datos que para otros. En otros casos, por costumbre, se han venido representando ciertos datos siempre de la misma forma como es el caso de los climogramas. Sea cual sea la razón, en este apartado se explicarán los tipos de gráficos más representativos y sus usos mayoritarios aunque la elección de uno u otro siempre se realizará a criterio de su elaborador.

Definición

Climograma

Es la representación de las precipitaciones y temperatura en una región durante un año. Las precipitaciones suelen representarse en forma de histograma donde cada barra corresponde a un mes. La altura de estas representa el volumen de precipitación. La temperatura es la línea que cruza el histograma anterior en forma de línea de tendencia donde se aprecia su evolución durante el año.

Gráfico de líneas

Representa la evolución temporal de uno o más grupos de datos. Es recomendable que una de las magnitudes representadas en uno de los ejes sea temporal para que el gráfico tenga más sentido. Si son dos grupos de datos los que se representan, se podrán comparar las dos líneas fácilmente.

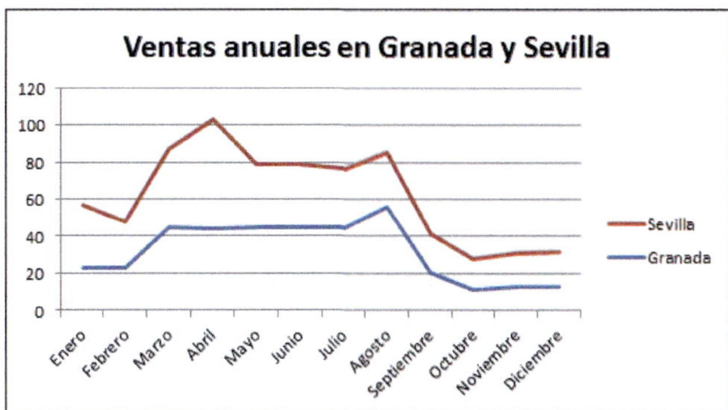

Ejemplo de gráfico de líneas

Gráfico de áreas

Son parecidos a los de líneas, pero en ellos se rellena la totalidad del área de representación. Si hay varias series de datos se pueden representar uno detrás del otro o encima en forma acumulada.

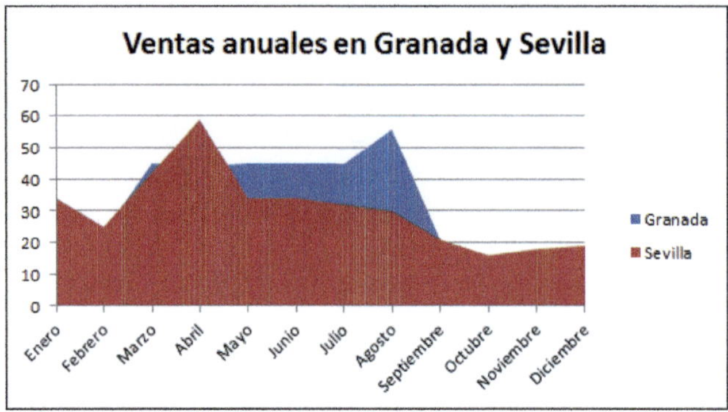

Ejemplo de gráfico de áreas donde los datos están representados uno tras el otro

Gráficos de barras

La representación de los rangos de datos se hace en forma de columnas. Es recomendable que haya por lo menos dos tipos de datos, ya que este gráfico es ideal para comparar y apreciar los valores máximos y mínimos.

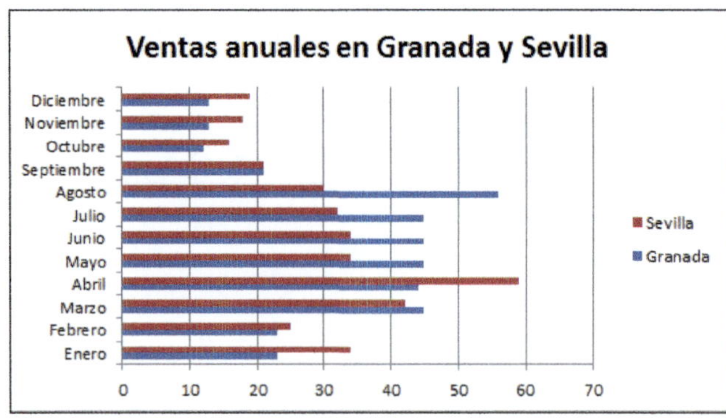

Gráfico de barras en el que se comparan dos series de datos

Gráfico de columnas o histogramas

Es similar al anterior tan solo que la representación se hace en forma vertical. Se recomienda que por lo menos haya dos tipos de datos para poder comparar aunque siempre se puede ver la evolución si solo aparece uno de ellos.

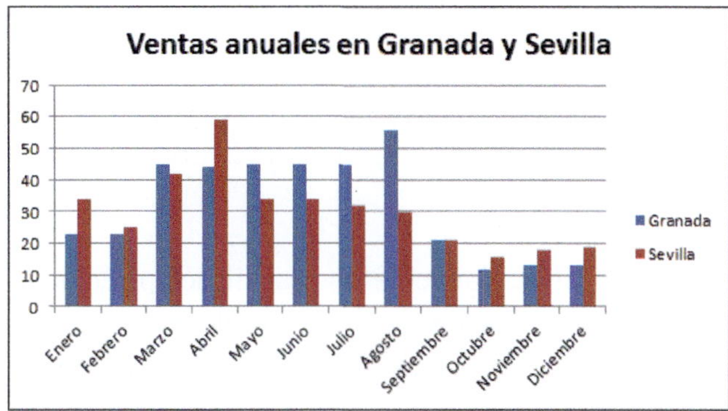

Ejemplo de gráfico de barras

Gráficos con polígonos

Los gráficos con polígonos son también del tipo de los anteriores, solo que usan otras formas para la representación como conos o pirámides.

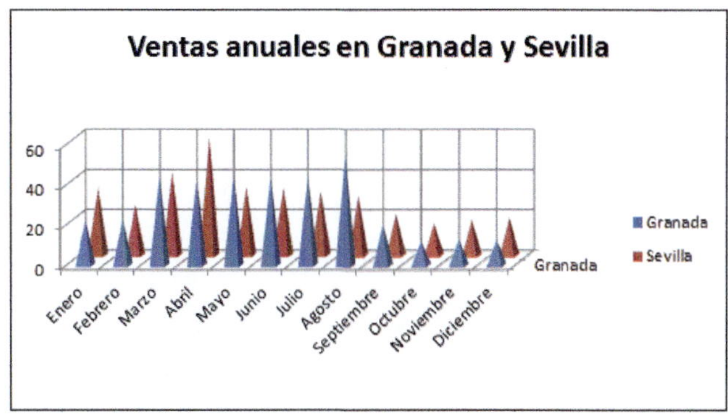

Gráfico con polígonos

4. ¿Qué tipos de gráficos de líneas es posible realizar con la hoja de cálculo que utiliza normalmente? ¿Es posible la vista en 3D?
5. ¿En qué se diferencian los gráficos con polígonos de los histogramas?
6. ¿Podría representarse un gráfico de áreas con una única variable?

Ojivas

Son un tipo especial de gráfico de tipo estadístico parecido a un diagrama de frecuencias, donde se pueden ver el número de observaciones que quedan por debajo o por encima de un valor. Los valores tomados para la representación son intervalos.

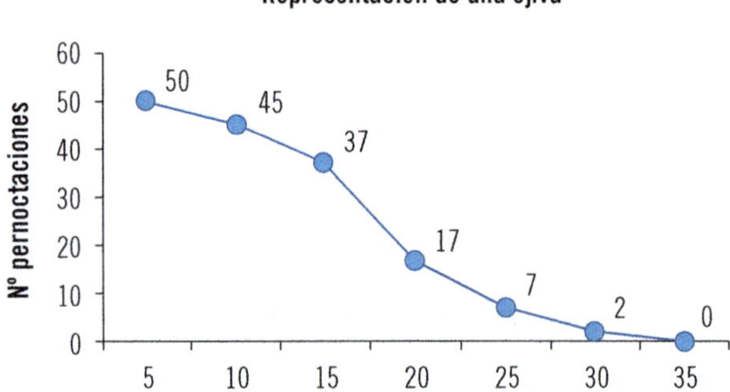

Gráficos con anillos

Los gráficos con anillos muestran la información en forma de porcentajes con respecto al total. Son muy intuitivos y su representación usa normalmente varios colores por lo que son bastantes vistosos. Hay de varios tipos: simples, con varias series de datos y separados. Los que incluyen varias series de datos incorporan tantos anillos concéntricos como series haya. En los separados, el anillo está dividido en secciones.

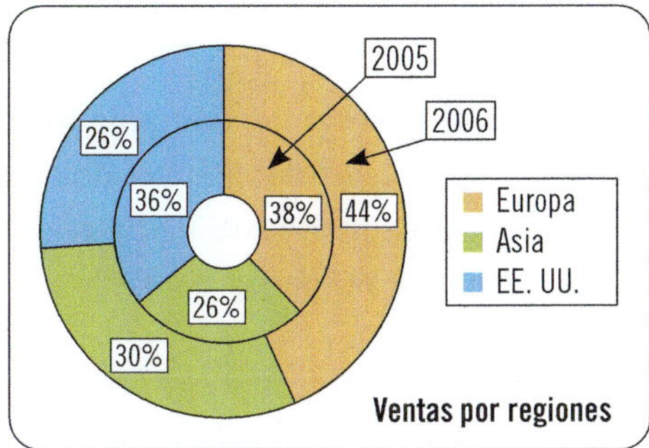

Ejemplo de gráfico de anillo con porcentajes donde hay dos series, cada una perteneciente a años distintos

Gráfico radar o radial

En el gráfico radial los datos se incorporan como polígonos irregulares dentro de un poliedro formando una estructura muy característica en forma de araña. Son útiles para comparar datos por la extensión de los polígonos formados. No están indicados para todo tipo de boletines, ya que son algo complejos aunque su aspecto es bastante profesional.

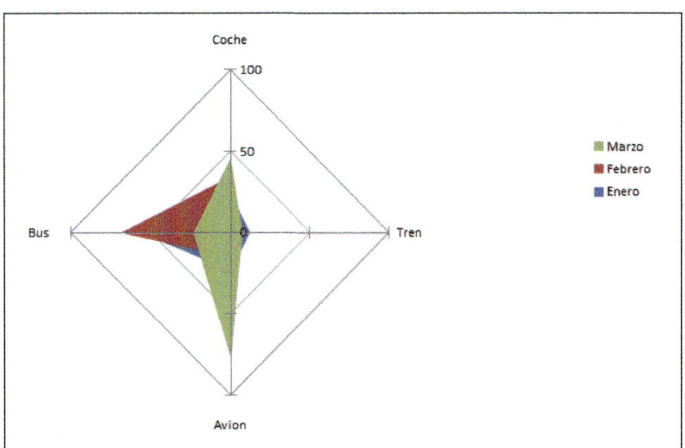

Estructura radial donde se han representado el número de viajeros en distintos tipos de transporte por tres meses. Nótese que la forma adquirida es un triángulo, ya que se han tomado como referencia tres meses.

Gráficos de superficie

Los gráficos de superficie se representan de forma tridimensional de forma que se unen varios puntos. Los colores del gráfico indican qué puntos tienen los mismos valores. Se usan el campo de la física y las matemáticas para comprobar relaciones de grandes cantidades de datos y no tienen demasiada aplicación en consumo.

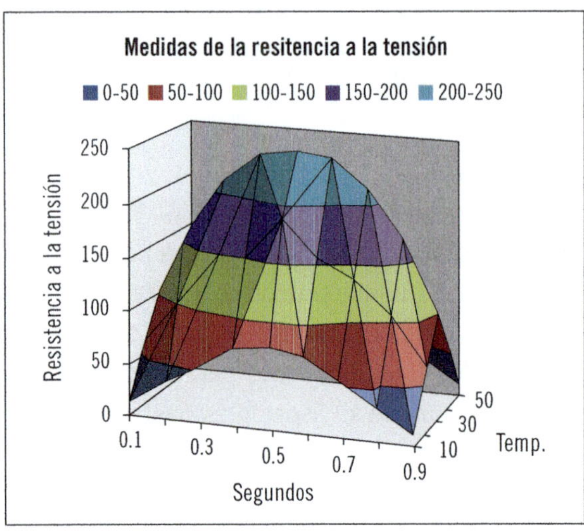

Ejemplo de gráfico de superficie en 3D

? Sabía que...

Los mapas topográficos tienen una estructura similar a un gráfico de superficie. En ellos el uso de diferentes colores indica la unión de puntos con altitud similar.

Gráficos de dispersión

Los gráficos de dispersión muestran las diferencias entre dos variables colocando sus valores de forma dispersa entre los ejes de coordenadas. Para que sean válidas las series de datos deben ser extensas, de esta forma los puntos serán suficientes para que la tendencia de la variable pueda ser observada.

Ejemplo de dispersión donde los puntos son suficientes para apreciar la tendencia de la variable

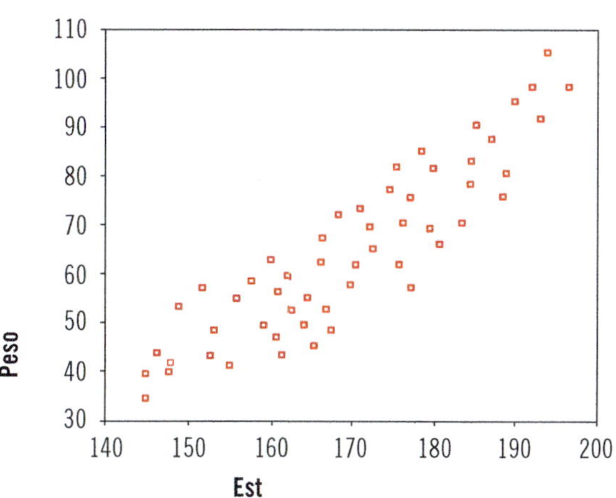

Actividades

7. ¿Sería posible unir a través de una línea los puntos de un gráfico de dispersión? ¿Y si se usara una línea de tendencia?
8. ¿Qué gráfico usaría para representar la población de una ciudad en base al nivel de estudios durante tres años?

Gráfico de burbujas

Los gráficos de burbujas representan las series en forma de círculos o esferas donde queda representada la posición con respecto a los ejes de coordenadas y la cantidad con respecto al tamaño de dichas esferas.

Gráficos de burbujas

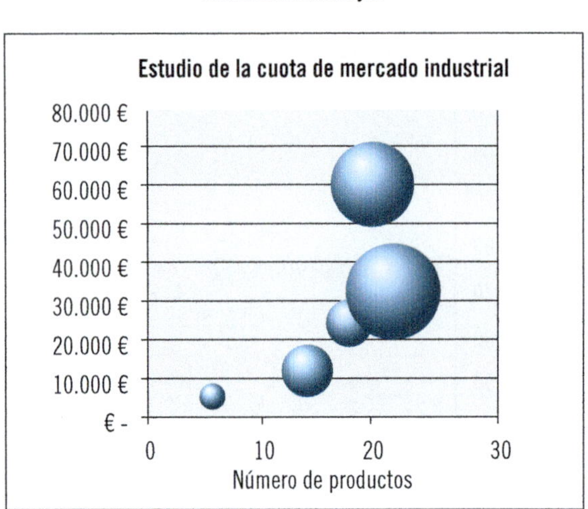

Representación de grafos

Los grafos son representaciones de uniones o relaciones, no necesariamente jerárquicas, entre diversos elementos. Sus usos son diversos aunque, uno de los más usuales es la representación de una tarea en forma secuencial que llega al mismo lugar de origen.

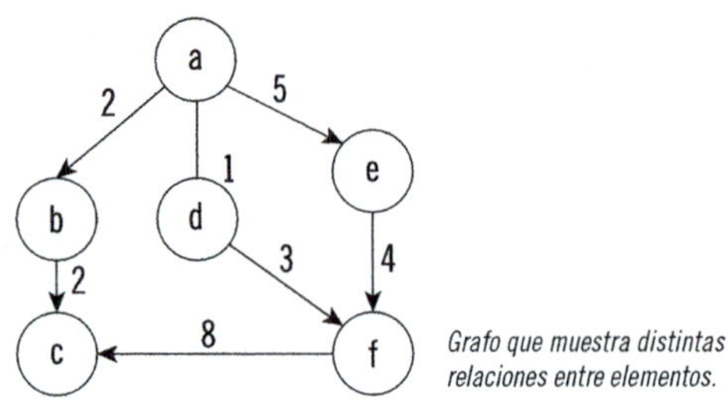

Grafo que muestra distintas relaciones entre elementos.

Gráficos de sectores o ciclogramas (gráfico circular)

Son similares a las representaciones con anillos vistas anteriormente. En este caso no son útiles para el uso de varias series de datos, ya que no serían representadas en forma de círculos concéntricos como en el caso anterior.

Son bastante intuitivas y fáciles de representar, pero solo si los datos pueden exponerse de forma acumulativa.

Hay de dos tipos, la forma estándar y en 3D.

Ventas anuales en Granada y Sevilla

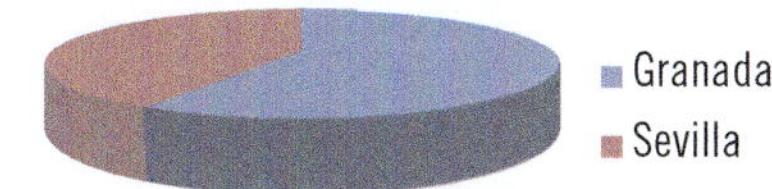

El gráfico no hace distinción entre meses distintos y representa dichas ventas de forma de total.

Gráficos de movimiento

Muestran la secuencia continua de fases durante un proceso, este puede ser circular o adoptar otra forma. Los nexos que unen los elementos suelen ser flechas para indicar el movimiento.

Sabía que...

Todos los gráficos vistos se pueden realizar con Excel, sin embargo algunos como los gráficos de movimientos y grafos no se ejecutan con una herramienta de gráfico propiamente dichas. En su lugar se usan SmartArt que representar las jerarquías y relaciones propias de estas representaciones.

Realmente no son verdaderos gráficos aunque sí son bastante usados para explicar procesos paso a paso.

Grafía de un proceso circular

Pictogramas

Los pictogramas son elementos que pueden representar cualquier objeto de manera que el tamaño o el número de pictogramas usados ejemplifican una determinada cantidad de dicho objeto. Se suelen usar para representar niveles de población en una zona o para comparar precios de forma visual.

Pictograma

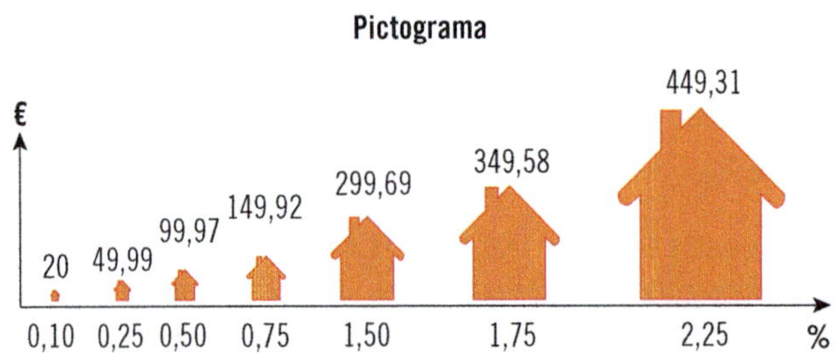

Pictogramas que representan la rentabilidad de una cuenta bancaria a través de su tamaño, es fácilmente comparable por las diferencias de tamaño.

Otros

Los gráficos de cotizaciones simbolizan los precios de paquetes de acciones y su fluctuación. Hay de varios tipos pero como mínimo deben contener los máximos y mínimos alcanzados y el precio de cierre. Otros llegan a incluir el precio de entrada y el volumen total de transacciones. Para su elaboración es fundamental ordenar bien los datos para que el programa que se encargue de su representación no cometa errores de interpretación.

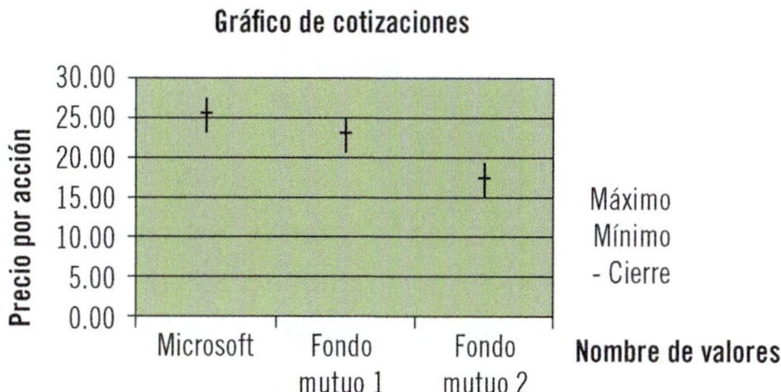

Gráfico típico de cotizaciones donde se muestran los máximos y mínimos alcanzados y el punto de cierre.

6. Creación de un gráfico

Una vez asimilados los tipos de gráficos existentes y su uso es necesario aplicarlos a boletines e informes. La mayoría pueden realizarse utilizando ***Microsoft Excel y LibreOffice Calc.*** En este epígrafe se estudiará cómo crearlos, editarlos, modificar sus características y eliminarlos de una hoja de cálculo.

6.1. Selección del tipo de gráfico

El primer paso antes de crear un gráfico es introducir la información dentro de una tabla para que el programa tome las series correspondientes. Como mínimo debe haber una de ellas, es decir, una columna con datos numéricos.

Ejemplo

Algunos ejemplos de series serían:

- Ventas de un determinado producto durante tres meses.
- Ventas alcanzadas por los distintos comerciales de una empresa.
- Volumen de consumo de un producto durante un periodo de tiempo.

Microsoft Excel

El acceso a gráficos se realiza desde **Insertar → Gráficos.** Según los datos insertados o el objetivo perseguido en el informe o boletín se elegirá uno u otro. La elección se puede realizar directamente sobre los gráficos disponibles en el apartado **Gráficos** o acceder al cuadro de diálogo **Insertar Gráfico** (pestaña inferior derecha del apartado) para ver todas las opciones. En la parte izquierda de este cuadro aparece una lista con todos los tipos posibles y en la parte derecha los gráficos disponibles. Si se sitúa el cursor sobre ellos aparecerá una breve definición de estos.

Selección de gráficos en Microsoft Excel

LibreOffice

El acceso se realiza de la misma forma, **Insertar → Gráficos.** El cuadro de diálogo es parecido al anterior. Tan solo hay que seleccionar el gráfico deseado clicando sobre él.

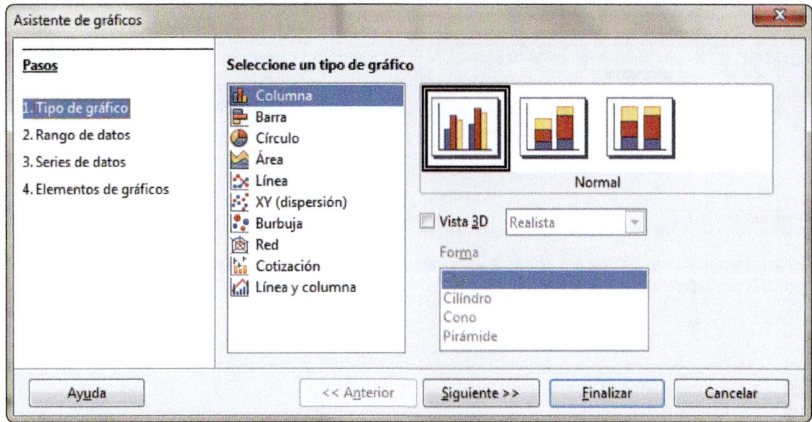

Selección de gráficos en LibreOffice

6.2. Selección de los rangos de datos

Como ya se ha comentado, con ambos programas es necesario crear una tabla que contenga los datos del gráfico, como mínimo debe tener una serie.

Microsoft Excel

Una vez seleccionado el tipo de gráfico y la opción **Seleccionar datos** (pestaña **Herramientas de Gráficos**) aparecerán dos nuevas ventanas. La primera será el área del gráfico todavía sin datos que puede dejarse en la misma hoja o cambiarla. La otra ventana es **Seleccionar origen de datos** donde se elige el rango o conjunto de datos que incluirá el gráfico. En ella aparecen dos áreas que se corresponden con los ejes del gráfico. En esta misma ventana se harán las modificaciones necesarias para cambiar las series del gráfico como se verá más adelante.

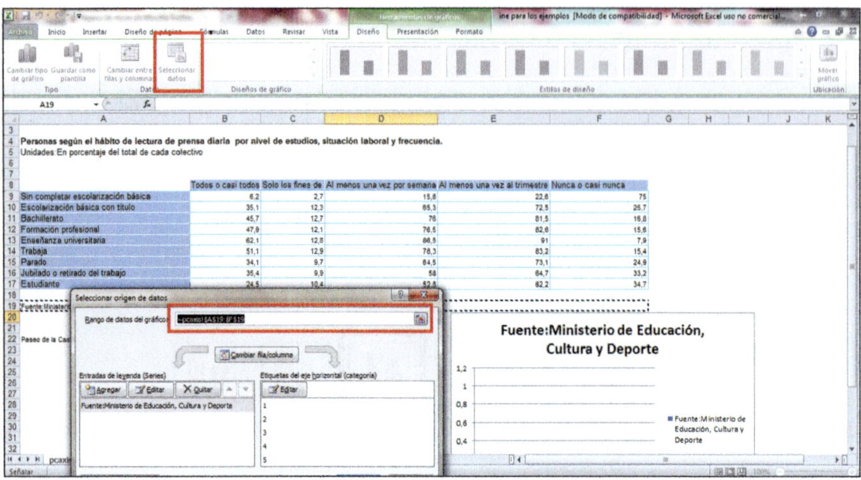

El primer paso para seleccionar los rangos es acceder a Seleccionar datos donde se abrirá una nueva ventana. En el segundo paso se selecciona la tabla y se inserta dentro de la ventana.

Nota

El gráfico puede insertarse en la misma hoja que la tabla de datos, aunque es mejor hacerlo en otra para que el área de impresión no se vea afectada.

LibreOffice

El proceso es igual con ***LibreOffice,*** desde el asistente anterior se selecciona el tipo de gráfico, después avanza hasta el siguiente paso donde se inserta el rango que contiene la tabla con los datos. Aún quedan algunos pasos donde se elige la configuración de los ejes del gráfico, aunque el programa suele aplicarlas de forma predeterminada y el proceso se puede finalizar en cualquier momento.

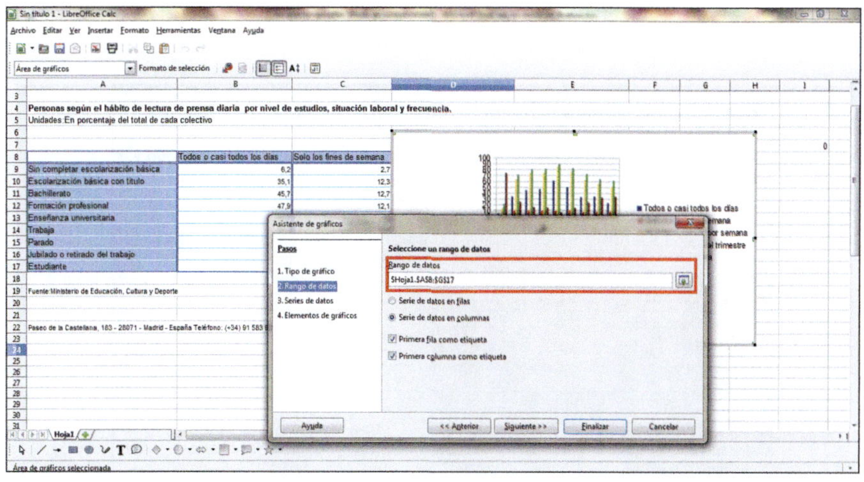

Selección de rango para crear un gráfico con LibreOffice

Nota

Por defecto, las opciones de Primera fila como etiqueta y Primera columna como etiqueta vienen marcadas, esto indica que la tabla las considera encabezamientos y que aparecerán en los ejes. Si se desmarcan, el gráfico tomará como rótulos de ejes los números de columna.

Aplicación práctica

Usted es el encargado de realizar un estudio sobre la evolución del cultivo ecológico en España. Como fuente escoge el número de productores por comunidad autónoma durante cuatro años suministrado por el Instituto Nacional de Estadística. Elabore varios gráficos y seleccione el más acorde al tipo de información y formato solo para el primer año. Puede copiar los datos de la siguiente tabla.

Continúa en página siguiente >>

<< Viene de página anterior

Agricultura y ganadería ecológica

Agricultura y ganadería ecológica. Serie 2001-2011

Empresas dedicadas a la agricultura y ganadería ecológica por CCAA, periodo y a

Units:número de empresas

	2008	2009	2010	2011
	Productor	Productor	Productor	Productore
Andalucía	7777	7794	8035	8440
Aragón	746	706	722	717
Asturias, Principado de	270	276	100	153
Balears, Illes	428	480	253	510
Canarias	555	665	706	764
Cantabria	125	128	61	65
Castilla y León	284	334	329	7078
Castilla - La Mancha	2184	4751	4581	478
Cataluña	909	899	883	1076
Comunitat Valenciana	1202	1283	1443	1645
Extremadura	3745	3648	3399	3265
Galicia	445	449	289	289
Madrid, Comunidad de	125	199	198	202
Murcia, Región de	1528	2222	2268	2278
Navarra, Comunidad Foral de	564	556	537	582
País Vasco	171	170	200	222
Rioja, La	233	205	218	228

Notes:

1.- En el año 2007 las categorías de actividad de la empresa no son excluyentes.

Source:Ministerio de Agricultura, Alimentación y Medio Ambiente.

SOLUCIÓN

El tipo de gráfico podría ser el de barras aunque también hay otros que serían adecuados. Al insertar los datos solo se van a tener en cuenta las dos primeras columnas que corresponden a las comunidades autónomas y el año 2008. Los pasos a seguir son:

1. Copiar o descargar la tabla directamente.
2. Una vez que la tabla está insertada en la hoja de cálculo, se crea el gráfico en *Insertar→ Gráfico* en ambos programas. El tipo seleccionado es el de barras.
3. Para introducir los datos se accede a Seleccionar datos en *Microsoft Word*. En *LibreOffice*, el asistente guía el procedimiento hasta el final, la selección de tabla se realiza en la segunda pantalla.
4. El gráfico ya está creado, tan solo hay que personalizarlo en *Estilos de Diseño* de *Microsoft Word* y en *Formato* para *LibreOffice*.
5. Para cambiar la forma del gráfico, se selecciona este y se accede a Cambiar tipo de gráfico de la herramienta para gráficos de *Microsoft*. En *LibreOffice* se hace el cambio a través del menú contextual.

Continúa en página siguiente >>

<< Viene de página anterior

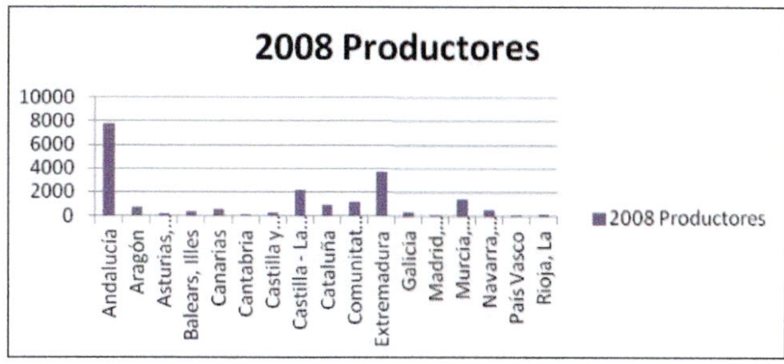

Aunque también sería posible en forma circular:

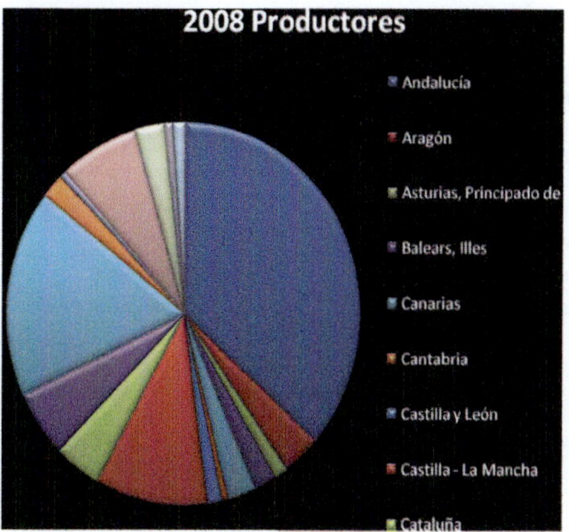

6.3. Agregar una nueva serie de datos al gráfico

Al pasar los datos de una tabla a un gráfico es posible que no se haya incluido alguna de las columnas, ya sea por error o porque se quiera omitir esa información. Sea cual sea la razón, ambos programas permiten hacer cambios después de que el gráfico esté confeccionado.

Microsoft Excel

Para añadir o eliminar series de un gráfico hay que editarlo, para ello se selecciona el gráfico y en la pestaña **Herramientas de Gráficos** se elige **Seleccionar datos.** El cambio se puede hacer de dos formas:

- Elegir un nuevo rango en el caso de que alguna columna hubiera quedado fuera.
- Añadir o eliminar las columnas ya reconocidas por el asistente de gráficos.

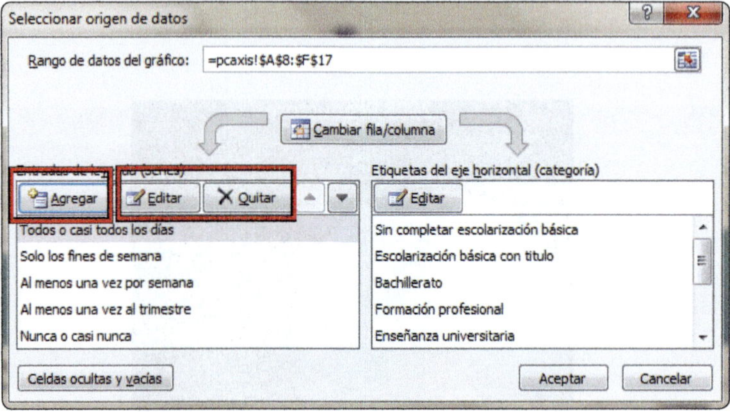

Dos procedimientos para agregar nuevas series de datos al gráfico

Nota

Además de las dos opciones anteriores, se puede seleccionar una tabla nueva o la anterior añadiéndole una nueva columna en la parte de arriba de la ventana Seleccionar origen de datos tal como se hizo al iniciar la creación del gráfico.

LibreOffice

El primer paso es editar el gráfico y elegir **Rangos de datos** del menú contextual. Aparecerán dos pestañas, la primera posibilita que se elija de nuevo el rango para la tabla entera y la segunda permite eliminar o añadir columnas de datos ya reconocidas por el programa.

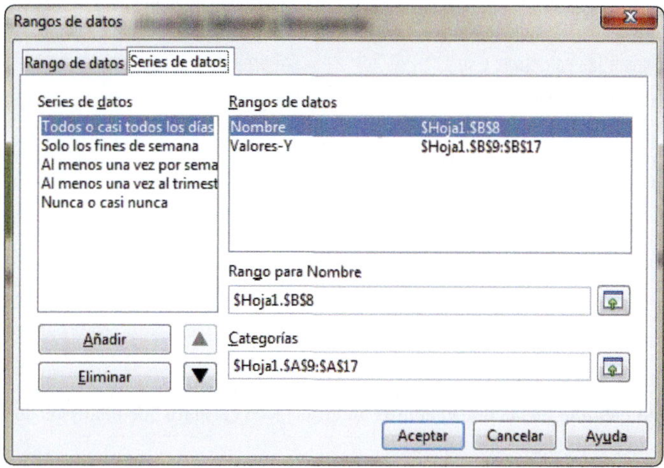

Cambio de rangos con LibreOffice

6.4. Opciones de gráfico

Los gráficos permiten añadir características que los hacen más personalizados, lo más característico es añadir títulos, leyendas, formato de los rótulos y diseño. En este apartado se estudiarán qué posibilidades ofrecen ambos programas.

Microsoft Excel

Todos los cambios se hacen desde la pestaña **Herramientas de gráficos.** En **Diseño** se personalizan los estilos y el diseño. En **Presentación** se añade título, nombre a los rótulos, leyendas, tablas de datos y etiquetas. En la siguiente imagen se muestra la ubicación de cada uno de ellos:

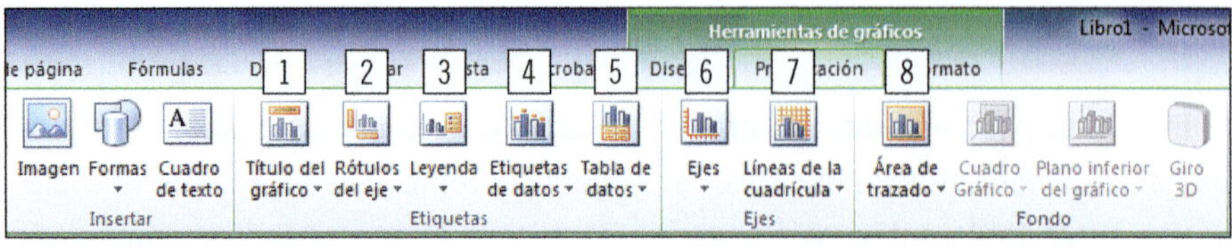

1. Inserción del título y su ubicación.
2. Inserción de rótulos de eje.
3. Leyenda y su ubicación.
4. Etiquetas de datos. Añaden datos numéricos a las columnas y se puede elegir su ubicación.
5. Tablas de datos. Inserta la tabla inicial de datos de forma anexa al gráfico.
6. Ejes. Cambia la orientación de los ejes.
7. Líneas de cuadrícula. Da formato a las líneas de fondo del gráfico.
8. Área de trazado. Aporta relleno al área de trazado.

Nota

La tercera pestaña de las herramientas de gráficos es Formato que incluye el contorno, las dimensiones y el relleno entre otros.

LibreOffice

Los campos personalizables con ***LibreOffice*** son el área del gráfico, el título y la leyenda. A todas ellas se accede a través del menú contextual. En el área de gráfico puede cambiarse el color de fondo, el borde y la transparencia.

Nota

En el mismo menú contextual y situándose sobre el gráfico, pueden insertarse títulos de ejes o rótulos.

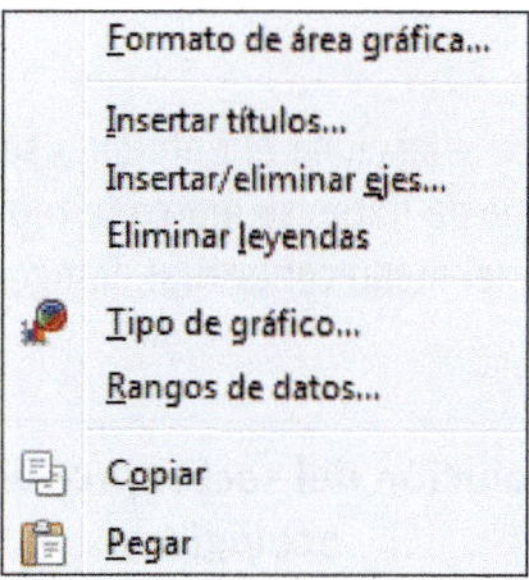

Menú contextual de gráfico

6.5. Ubicación del gráfico

La ubicación del gráfico y la tabla con los datos de origen no tiene que ser la misma. La tabla puede estar en una hoja y ubicar el gráfico en otra para que este pueda ocupar el mayor espacio posible. Tal y como se ha visto, tan solo hay que seleccionar correctamente el rango que incluye la tabla de datos dentro del asistente para gráficos.

Una vez creado, el gráfico puede ser ubicado en otro tipo de documento como textos o presentaciones. La nueva ubicación reconocerá el formato de la hoja de datos y será posible cambiar algunas características, si se ha elegido mantener el formato de origen. Por el contrario, esta opción no será posible si eligió traspasar el gráfico como una imagen.

Aplicación práctica

Partiendo de la tabla y gráfico creado en la actividad práctica anterior, añada el resto de años como series de datos y cree otro gráfico distinto. ¿Cómo cambia el gráfico al tener más años de referencia?

SOLUCIÓN

Los años adicionales se representan con más columnas, donde cada color se corresponde con un año, tal y como indica la leyenda.

Continúa en página siguiente >>

<< Viene de página anterior

Para crear el nuevo gráfico, se selecciona el anterior y se accede a Seleccionar datos en Microsoft Word donde en Rango de datos se marca la tabla completa. En la versión libre, el proceso se realiza a través del menú contextual, Rango de datos.

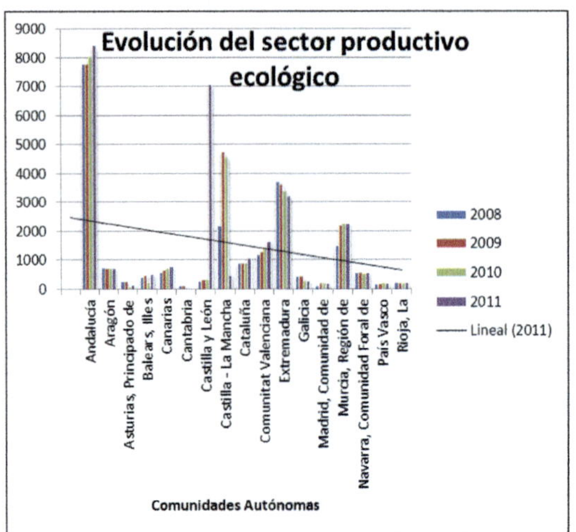

7. Modificación del gráfico

Todas las características vistas anteriormente pueden ser modificadas en ambos programas. Tan solo hay que editar el gráfico y aplicar las mismas aplicaciones que se usaron para su creación y caracterización.

7.1. Tipo de gráfico

El tipo de gráfico es siempre modificable, se puede pasar de un gráfico de barras a uno circular sin que se tengan que cambiar datos ni eliminar el gráfico anterior. Esta herramienta es útil para probar qué diseño es el que se ajusta más a la representación que se quiere hacer de los datos.

En ***Microsoft Excel,*** el acceso es a través de **Herramientas de gráficos → Diseño → Cambiar tipo de gráfico.** Las opciones son las mismas que para la creación del gráfico.

En ***LibreOffice*** se realiza a través de menú contextual, opción **Tipo de gráfico.** Tan solo hay que seleccionar otro tipo y aplicarlo tal y como se ha visto en el epígrafe anterior.

Recuerde

Para hacer cambios sobre los gráficos hay que seleccionarlos o situar el cursor sobre ellos. Al hacerlo hay que asegurarse de que se está seleccionando entero y no una de sus partes como el área de gráfico o la leyenda.

7.2. Datos de origen

Para cambiar los datos de origen es necesario cambiar previamente los datos de la tabla. Para que el gráfico, en ambos programas, adopte estos cambios han de modificarse los rangos.

En ***Microsoft Excel*** se hace a través de **Seleccionar datos** y en ***LibreOffice*** en **Rangos de datos** (menú contextual).

Actividades

9. Elabore una tabla de su invención con dos series de datos, elabore una tabla con ellos y después añada otra una serie, ¿cómo afecta al gráfico?
10. ¿Es posible cambiar la posición de los datos con respecto a los ejes? Inténtenlo en el ejemplo anterior.

Ejemplo

Ejemplo de cambio de datos en Microsoft Excel:

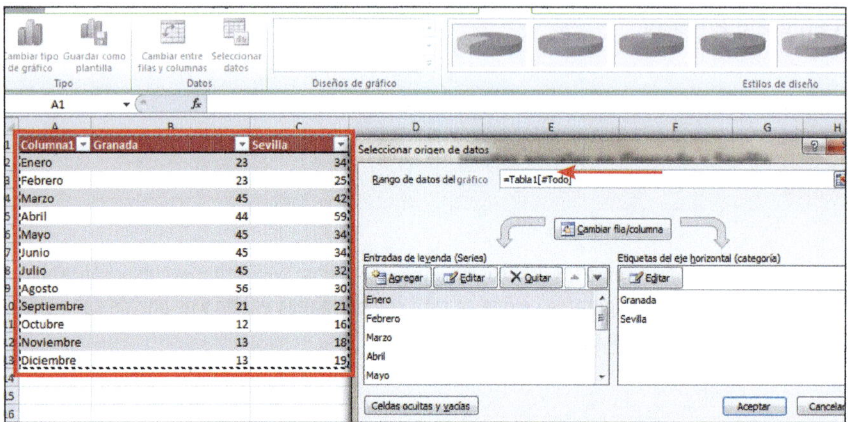

7.3. Opciones de gráfico

Tal y como se ha visto con otras características, la leyenda, los rótulos y el diseño pueden modificarse.

En ***Microsoft Word,*** dichas opciones se modifican en la misma aplicación que las creó. Esto es en **Herramientas de gráfico,** pestaña **Presentación** tal y como se vio en el apartado de creación del gráfico. Las opciones dadas son diversas, pudiendo elegir insertar leyenda en los ejes, en qué eje tienen lugar, la ubicación con respecto al gráfico de la leyenda o el título o eliminar algunos de estos elementos, eje, leyenda o títulos. La apariencia del gráfico se modifica desde la pestaña **Diseño** del mismo menú de gráfico. Si se sitúa el cursor directamente sobre los rótulos o la leyenda pueden cambiarse otras opciones como el color, la ubicación, el borde o el relleno.

En la versión libre, la modificación de estos elementos se realiza seleccionando el gráfico y eligiendo la opción deseada del menú contextual. Para la leyenda tan solo puede insertarse o eliminarse no dando más opciones al igual que para el título y los ejes. Al igual que en ***Word,*** el color, el borde, la ubicación con respecto al gráfico o el relleno se modifican seleccionando el elemento donde aparecerá un menú con varias pestañas. Una tercera opción es el desplegable **Insertar** donde están disponibles todos los elementos anteriores, además de las etiquetas de datos y la cuadrícula del gráfico.

7.4. Ubicación

La opción más fácil y directa es realizar el gráfico en la misma hoja donde aparecen los datos de origen, sin embargo, si se imprime se recomienda hacerlo en una hoja diferente para cuadrar mejor el área de impresión. Cualquiera que sea la ubicación inicial, esta se puede cambiar a *posteriori*. El procedimiento es similar para los dos programas, únicamente hay que seleccionar el gráfico, cortarlo o copiarlo, elegir una nueva ubicación y pegar. Las opciones de pegado se hacen desde el menú contextual o en la pestaña Inicio para ***Microsoft Excel*** y en los botones de cortado y pegado de la barra de herramientas de ***LibreOffice.***

Para ***Microsoft Excel*** existe otro procedimiento de cambio de ubicación desde la pestaña **Diseño, Mover gráfico.** Si se elige hoja nueva, el programa crea una nueva hoja de *Excel* para el gráfico y si se elige objeto, el gráfico puede integrarse en alguna de las hojas disponibles a elección del usuario.

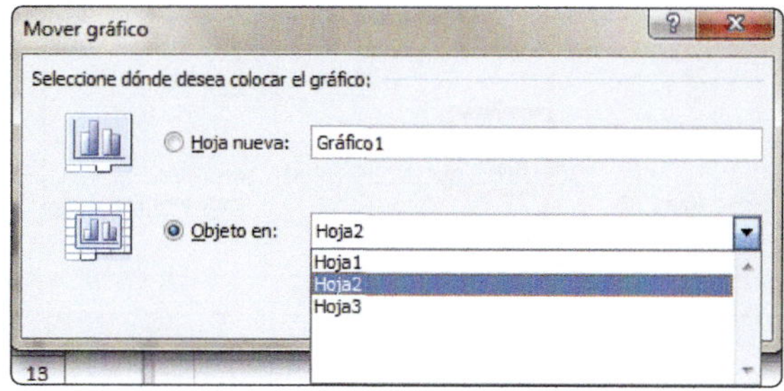

Selección de ubicación en Microsoft Excel

Ejemplo

Ejemplo de cambio de ubicación con LibreOffice:

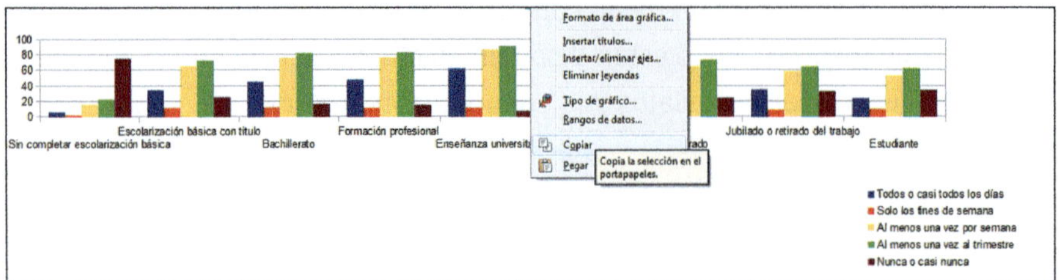

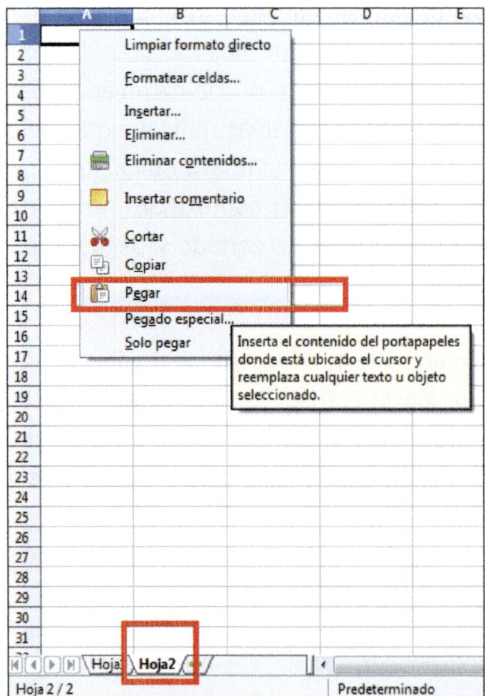

La ubicación no siempre tiene que ser en una misma hoja de cálculo. El gráfico puede trasladarse a una hoja de texto o una diapositiva. En los dos casos el procedimiento es igual, hay que tener en cuenta dos opciones de pegado:

- Mantener formato de gráfico. El gráfico admite cambios en su diseño aunque no en los datos que lo originaron.
- Pegar como imagen donde el gráfico no podrá modificarse en ninguno de sus aspectos.

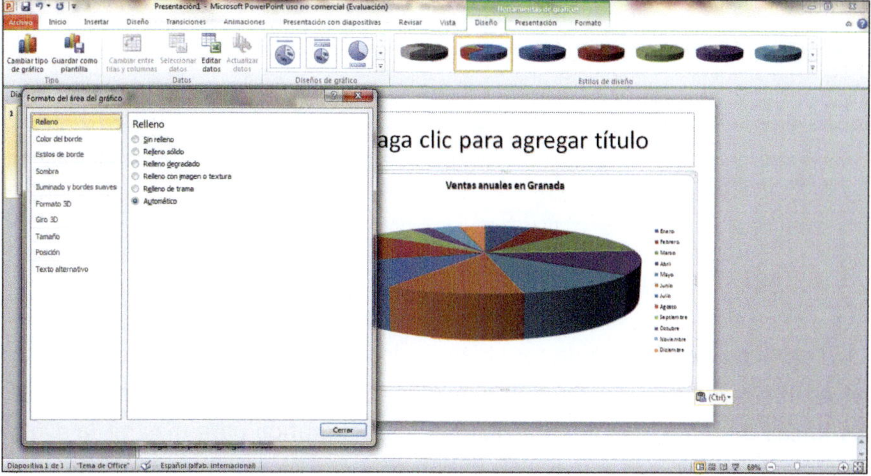

Si el gráfico se integra en una diapositiva, manteniendo su formato es posible cliclar sobre él y que aparezca la ventana de la izquierda donde pueden modificarse algunas opciones de diseño.

Actividades

11. ¿Qué opciones de diseño pueden cambiarse cuando se pega un gráfico manteniendo su formato en otro documento? ¿Puede accederse a la tabla de datos que lo generó?

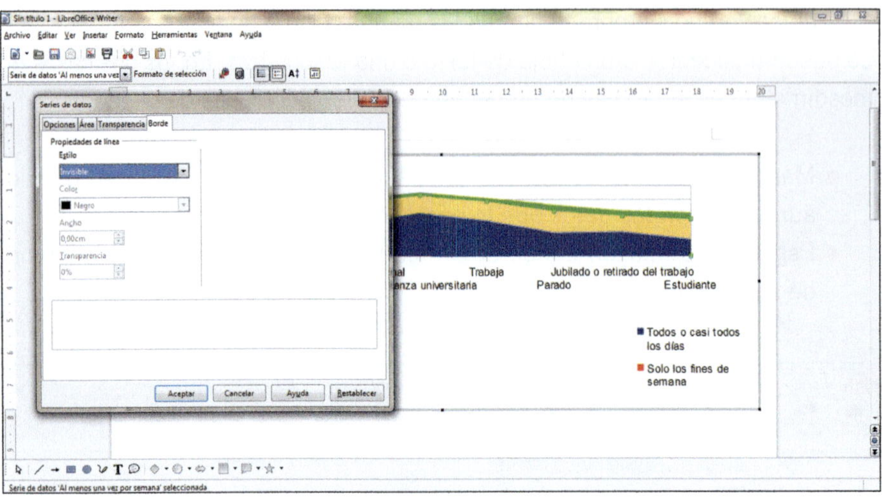

Con LibreOffice ocurre el mismo caso, al pegar el gráfico con su formato en una hoja de texto y clicar sobre él pueden modificarse opciones que como imagen no estarían permitidas.

7.5. Agregar datos y líneas de tendencia

El gráfico puede llevar de forma anexa los datos que lo originaron o incluir datos numéricos o porcentajes que ayuden a entender mejor lo representado. Las líneas de tendencia unen varios puntos del gráfico para mostrar la evolución que ha tenido esa variable en el tiempo y con respecto a las demás.

Microsoft Excel

Permite anexar tablas al gráfico en pestaña **Presentación → Tablas de datos.** Las tablas pueden incluirse con claves de leyenda o sin ellas. En más opciones de tabla pueden cambiarse algunas características de diseño de la tabla como los bordes o el relleno.

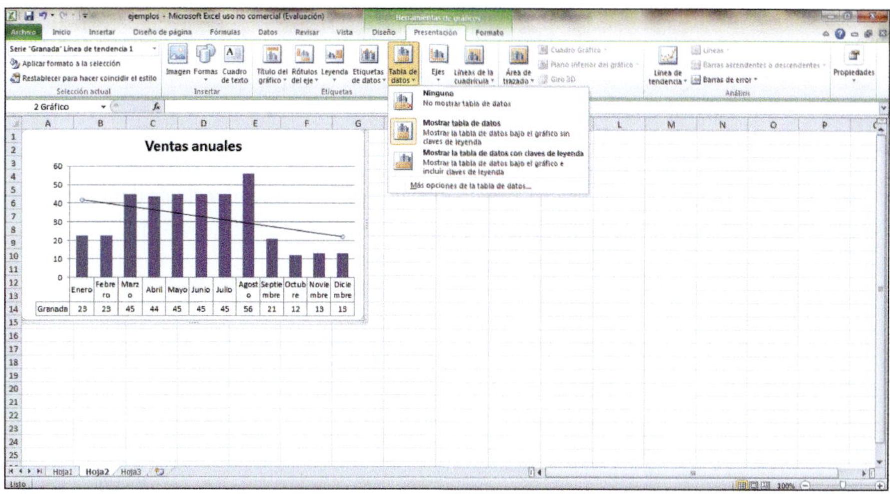

Selección de tabla de datos anexa al gráfico

La línea de tendencia y las etiquetas de datos están disponibles en la misma pestaña. Existen varias opciones para el cálculo de esta línea de tendencia aunque la más habitual es la lineal.

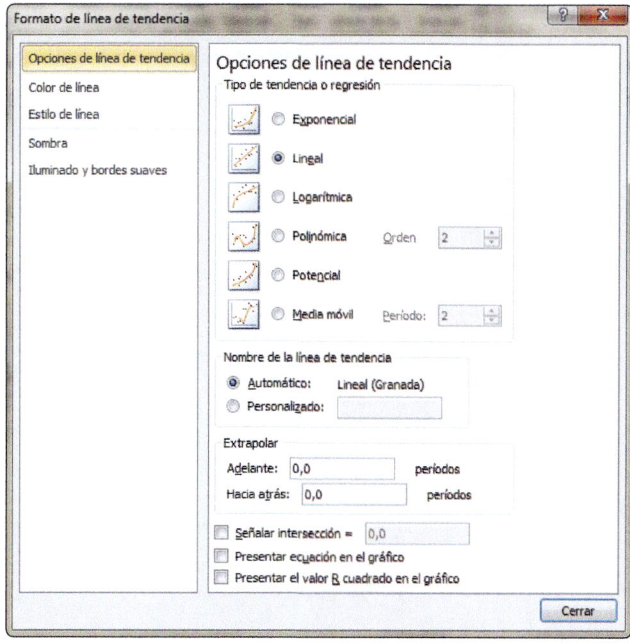

Ventana de configuración de la línea de tendencia

Nota

El color y estilo de línea también puede personalizarse desde la ventana anterior. Cuando se inserta una línea de tendencia se intenta que esta resalte sobre el resto de datos, por ello se suele usar un color de contraste y un grosor más ancho.

LibreOffice

Las etiquetas de datos se configuran desde el menú contextual, **Etiquetas de datos.** Una vez insertadas pueden modificarse haciendo doble clic sobre alguna de ellas. Los cambios pueden realizarse en el tipo de etiqueta (número, porcentaje, categoría o clave de leyenda) y el tipo de fuente usada en cada uno de los tipos.

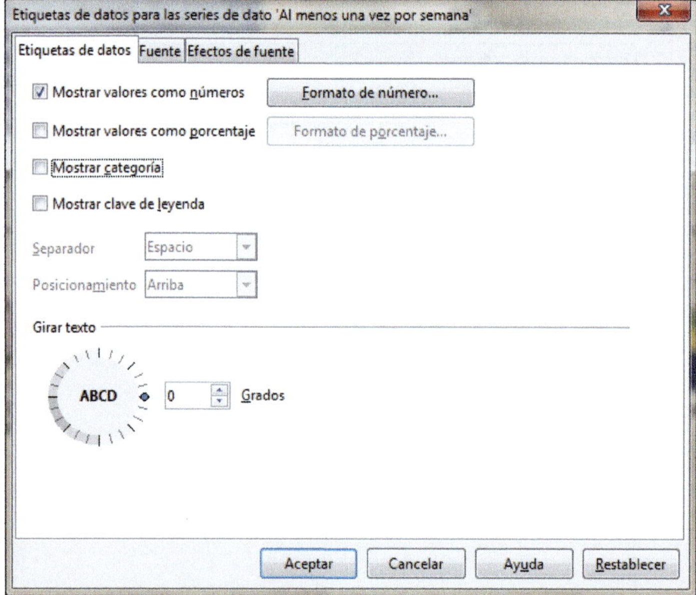

Modificación de etiquetas de datos en LibreOffice

La línea de tendencia se añade también desde el menú contextual. Al insertarla, la ventana emergente permite configurar el tipo y el formato.

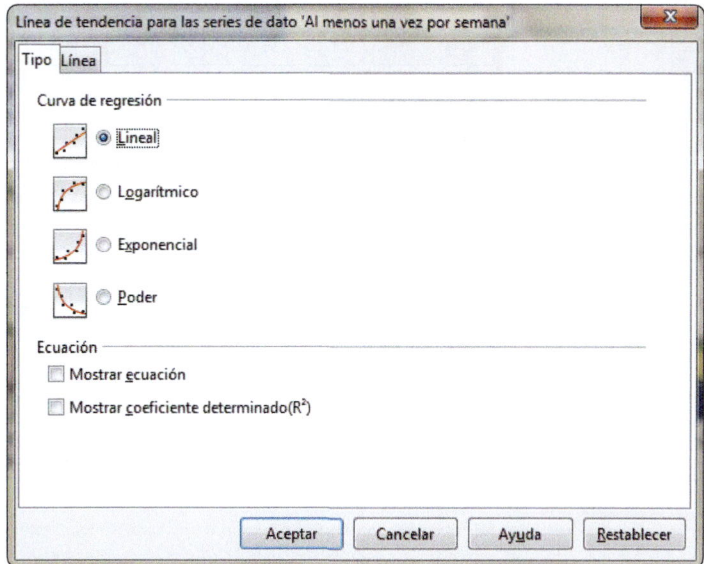

Configuración de la línea de tendencia. Los tipos obedecen a la fórmula aplicada para su cálculo y la segunda pestaña se centra en el aspecto de la línea.

7.6. Vista en 3D

La vista en 3D hace más atractivos los gráficos llamando más la atención del lector. Los gráficos vistos con anterioridad permiten la vista en 3D, pero no en todas las ocasiones son recomendables, ya que a veces saturan el resultado final y es mejor que las columnas o el método de representación sean simples.

Microsoft Excel

La opción de 3D depende del tipo de gráfico elegido, por lo tanto se selecciona en el mismo menú, **Cambiar tipo de gráfico.** Si se observan las opciones se comprobará que el programa ofrece la altenativa 3D en casi todos los formatos.

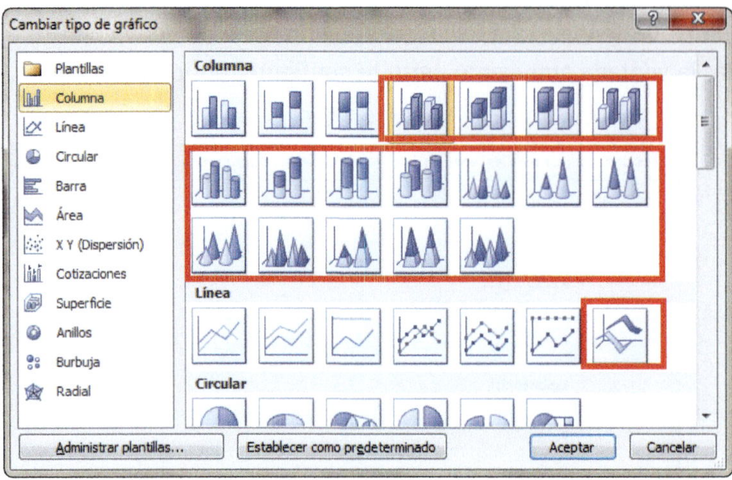

Formatos de gráficos en 3D

Actividades

12. Continúe con el gráfico de la actividad anterior y aplíquele la vista 3D. ¿Se puede aplicar a todos los formatos de gráfico?

LibreOffice

El cambio a vista 3D se puede hacer de dos formas. La primera es seleccionar el gráfico y acceder a la pestaña **Formato,** opción vista 3D. La segunda se hace directamente en la ventana de cambio de gráfico vista anteriormente.

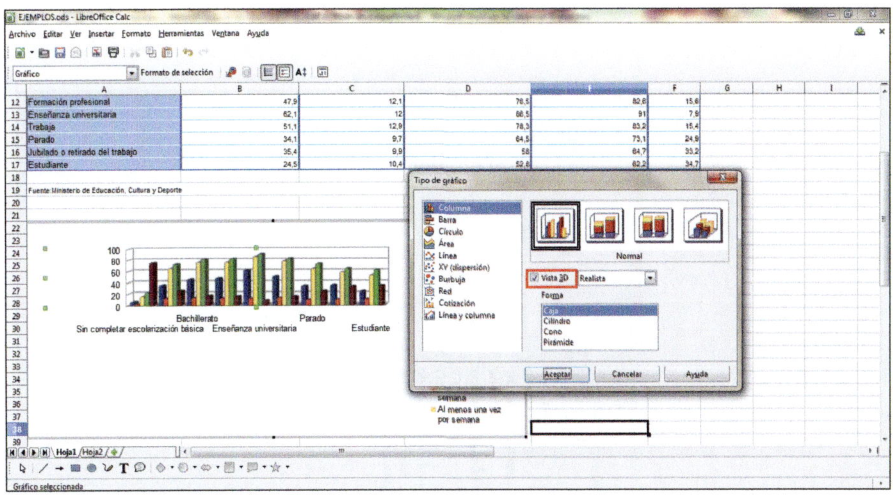

Selección de la vista 3D en LibreOffice

Aplicación práctica

Partiendo del gráfico realizado en la práctica anterior, inserte como título "Evolución del sector productivo ecológico", "Comunidades autónomas" como rótulo en su eje correspondiente y una línea de tendencia tipo lineal con respecto al año 2011.

SOLUCIÓN

La inserción de los elementos se hace de la siguiente forma:

1. En Microsoft Excel, se entra en Herramientas de gráfico, pestaña Presentación donde se elige Título superpuesto centrado (tercera opción del desplegable de Título). En la versión libre, se selecciona Insertar Título del menú contextual, aparecerá una nueva ventana donde se introduce el nombre del título.
2. Para los rótulos de ejes, tanto en Microsoft Excel como en LibreOffice el procedimiento es el mismo. Tan solo recordar que debe elegirse eje horizontal primario y eje X respectivamente para cada uno de los programas.
3. La línea de tendencia está disponible en el apartado Análisis de la pestaña presentación vista anteriormente en Microsoft Excel. La línea elegida es de tipo lineal y con referencia a los datos del año 2011. En la versión libre, la línea de tendencia se selecciona dentro del desplegable Insertar.

Continúa en página siguiente >>

<< Viene de página anterior

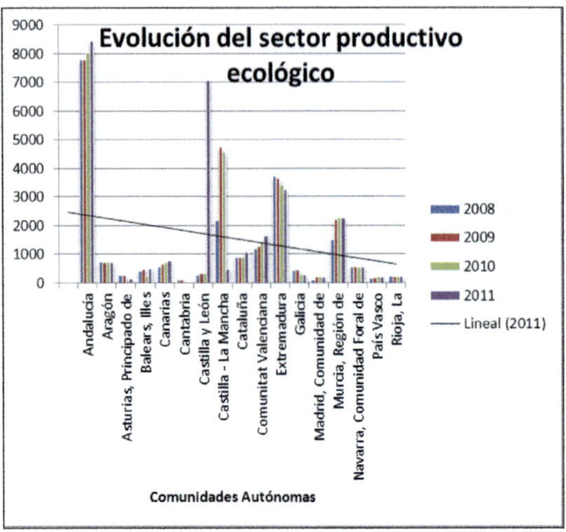

8. Borrado de un gráfico

En ambas opciones, ***Microsoft*** y ***LibreOffice,*** el borrado se realiza de la misma forma, se selecciona el gráfico y se oprime la tecla SUPRIMIR del teclado. Hay que tener en cuenta que solo se borra el gráfico y no la tabla de datos inicial que lo originó.

El proceso es reversible a través de los botones de deshacer situados en la barra de herramientas de ambos programas. Estas teclas revierten los últimos procesos realizados, pero hasta el número máximo que tenga establecido el programa y siempre que no se hayan guardado datos.

Si se suprime también la tabla de datos de origen se puede hacer la misma acción con las teclas deshacer.

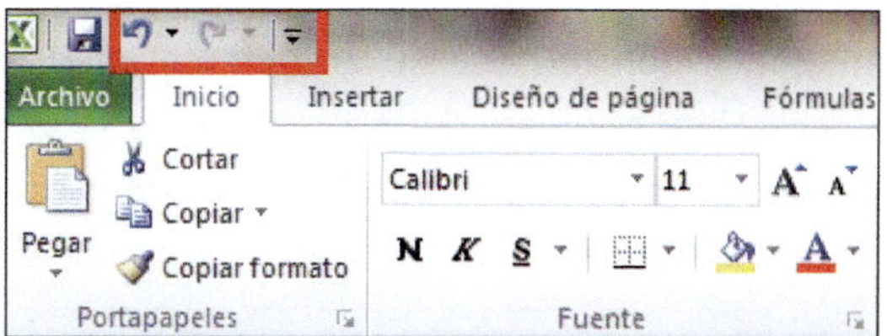

Selección de vista 3D en LibreOffice

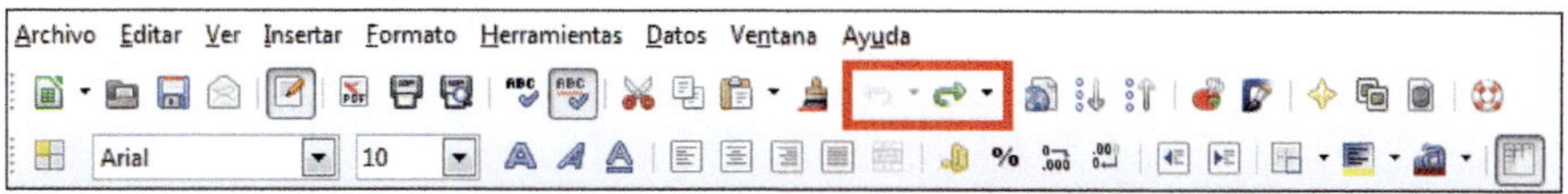

Botón Deshacer en LibreOffice

9. Integración de gráficos en documentos

Los gráficos rara vez aparecen solo en informes y boletines, normalmente acompañan textos que explican su contenido. Ambos documentos deben presentar una estructura y diseño profesional, cuya ejecución se explicará en este epígrafe.

Para el desarrollo de este tema será necesario conocer las diferentes formas de traslado de los gráficos a otros documentos vistas a lo largo del capítulo. Tan solo recordar que el gráfico podía insertarse con su formato o como imagen.

Microsoft Excel

Una vez que se ha integrado el gráfico en un documento *Word,* es necesario casarlo con el texto, hay varias formas:

- Si se ha integrado con su formato habrá que usar los tiradores de los extremos del cuadro que contiene el gráfico para ajustarlo con el texto o modificar el ajuste del texto con el gráfico del menú contextual. Si el gráfico está en línea con el texto, la imagen aparecerá como si fuera otra línea y después continuará el resto del escrito. La forma cuadrada y estrecha sitúa el texto rodeando al gráfico; si está delante, la imagen queda superpuesta y detrás aparecería como una imagen de fondo.

- Si se ha integrado con formato de imagen, se puede acceder al menú contextual y cambiar el ajuste del texto tal como se ha visto en el punto anterior; las opciones son las mismas para gráficos que para textos.

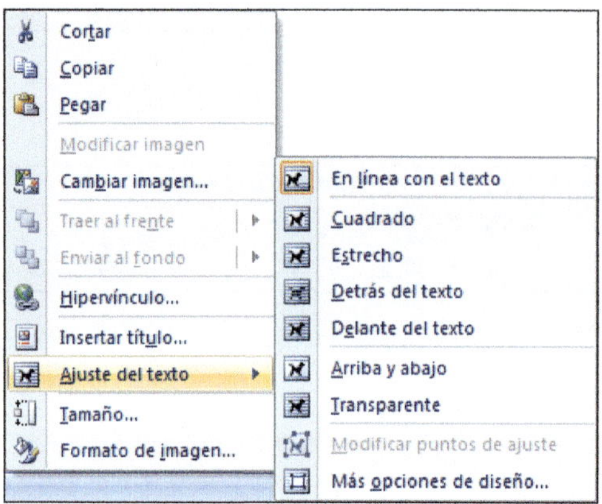

Posición de un gráfico como imagen

LibreOffice

Con ***LibreOffice*** es independiente en qué formato se inserte el gráfico dentro de un texto. Ya sea como imagen o como gráfico, el programa permite las mismas opciones que ***Word.***

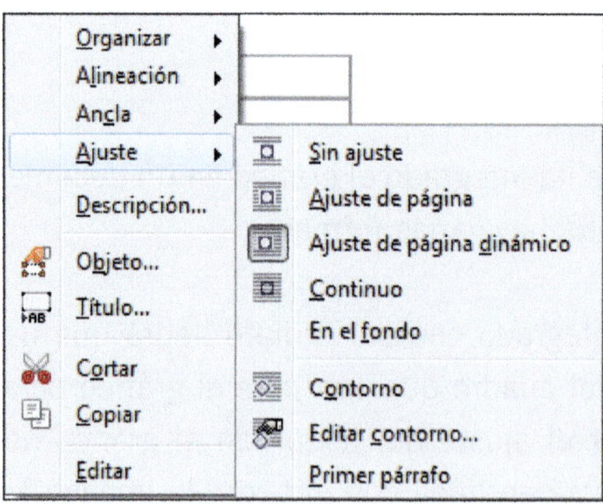

Ajuste del texto con LibreOffice

La selección se realiza desde el menú contextual, opción **Ajuste.** Si no se elige ajuste, la imagen se integrará de forma lineal con el texto. En ajuste de página, el texto quedará rodeando al gráfico. Si se selecciona el ajuste dinámico, el texto quedará a la izquierda o a la derecha del objeto y si es continuo quedará por encima del texto. Para situar la imagen detrás del texto se selecciona **En el fondo.**

Otra opción ofrecida por el mismo menú es editar contorno que permite personalizar el borde de la imagen o gráfico insertado.

Aplicación práctica

Una vez realizadas las tablas y los gráficos hay que insertar estos en el texto correspondiente. Cópielo en su procesador de textos e inserte el último gráfico creado. Sitúe el texto alrededor del gráfico.

"Es un grupo de personas que compra alimentos de forma regular y conjunta directamente del agricultor o productor. Los productos que se adquieren van desde frutas y verduras frescas, a productos de limpieza, ropa, etc. Tienen entre ellos al menos un acuerdo informal de cómo se organizan, y a veces tienen una estructura legal, como por ejemplo cooperativas.

Beneficios para los integrantes:

Hay muchas razones por las que pertenecer a un grupo de consumo, estas son algunas de ellas:

- ***Precio más asequible. El precio pagado a los productores es mucho menor que el pagado en las tiendas. Esto es debido a que la tienda, el supermercado, el distribuidor, etc., están ganando su margen, sin mencionar el coste de envases, gasolina para el transporte, publicidad, etc. De esta manera, los alimentos ecológicos no tienen por qué resultar más caros que los convencionales, ya que, se compran en importantes cantidades para abastecer a todo el grupo y directamente a su productor, evitando intermediarios. Así se beneficia a personas que de otra forma no podrían acceder a los alimentos ecológicos u orgánicos.***

Continúa en página siguiente >>

<< Viene de página anterior

- *Los alimentos maduran de forma natural hasta su momento óptimo de consumo. Por lo que se consumen productos frescos, de temporada, locales y ecológicos, ya que, no tienen que viajar durante días o semanas desde el productor hasta el consumidor. Esto significa que frutas y verduras maduran de forma natural y tienen el máximo de nutrientes, y además se elimina la contaminación producida al transportarlas desde otros países o incluso continentes.*
- *Beneficios sociales. Algunos grupos se reúnen y organizan eventos sociales y medioambientales. Se implican activamente en la divulgación de la alimentación sana, la soberanía alimentaria, el comercio justo, el consumo consciente, hábitos respetuosos con el medio ambiente, etc. y para ello organizan charlas, catas y degustaciones de alimentos ecológicos, ferias, mercados, actividades para niños, etc.*
- *Acceso a productos especiales. Hay grupos que tienen la posibilidad de obtener alimentos que no están disponibles en los supermercados porque son producidos localmente, en pequeñas cantidades, de variedades raras o locales. Esto a su vez es muy importante para fomentar y preservar la biodiversidad local en cuanto a cultivos, y hace que semillas autóctonas sigan cultivándose y no se pierdan.*
- *Comodidad. Hay personas que encuentran más práctico recibir una entrega regular en casa en lugar de ir de compras.*
- *Apoyo a la producción ética de alimentos. Los grupos de consumo son de vital importancia por su apoyo a un sistema de producción ecológico, ético y local de alimentos. Sus miembros saben cómo se producen y de dónde vienen sus alimentos e incluso pueden visitar la huerta".*

SOLUCIÓN

Una vez copiado el texto se han realizado los siguientes pasos:

1. Copiado de gráfico, para el pegado hay dos opciones, como gráfico o como imagen, ambas son válidas.
2. En Ajuste de texto (menú contextual de Microsoft) se selecciona Cuadrado. Para la versión libre, se elige la opción Ajuste dinámico. Es posible que haya que modificar el tamaño del gráfico para que las opciones de ajuste sean válidas, para hacerlo se hace uso de los tiradores de los extremos.

Continúa en página siguiente >>

<< Viene de página anterior

Es un grupo de personas que compra alimentos de forma regular y conjunta directamente del agricultor o productor. Los productos que se adquieren van desde frutas y verduras frescas, a productos de limpieza, ropa, etc. Tienen entre ellos al menos un acuerdo informal de cómo se organizan, y a veces tienen una estructura legal, como por ejemplo cooperativas.

Beneficios para los integrantes:

Hay muchas razones por las que pertenecer a un grupo de consumo, estas son algunas de ellas:

- Precio más asequible. El precio pagado a los productores es mucho menor que el pagado en las tiendas. Esto es debido a que la tienda, el supermercado, el distribuidor, etc., están ganando su margen, sin mencionar el coste de envases, gasolina para el transporte, publicidad, etc. De esta manera, los alimentos ecológicos no tienen por qué resultar más caros que los convencionales, ya que, se compran en importantes cantidades para abastecer a todo el grupo y directamente a su productor, evitando intermediarios. Así se beneficia a personas que de otra forma no podrían acceder a los alimentos ecológicos u orgánicos.

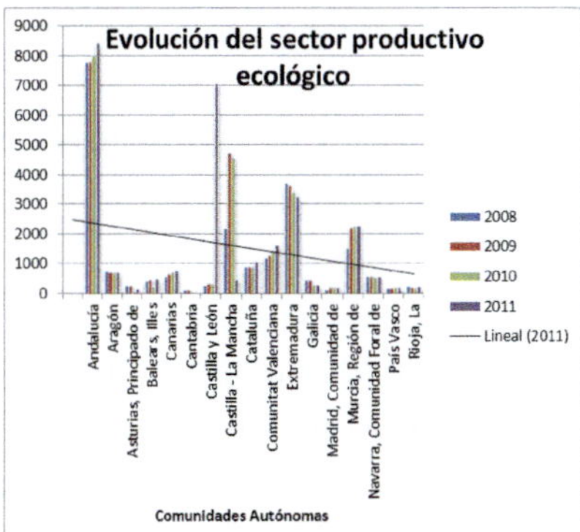

- Los alimentos maduran de forma natural hasta su momento óptimo de consumo. Por lo que se consumen productos frescos, de temporada, locales y ecológicos, ya que, no tienen que viajar durante días o semanas desde el productor hasta el consumidor. Esto significa que frutas y verduras maduran de forma natural y tienen el máximo de nutrientes, y además se elimina la contaminación producida al transportarlas desde otros países o incluso continentes.

- Beneficios sociales. Algunos grupos se reúnen y organizan eventos sociales y medioambientales. Se implican activamente en la divulgación de la alimentación sana, la soberanía alimentaria, el comercio justo, el consumo consciente, hábitos respetuosos con el medio ambiente, etc. y para ello organizan charlas, catas y degustaciones de alimentos ecológicos, ferias, mercados, actividades para niños, etc.

- Acceso a productos especiales. Hay grupos que tienen la posibilidad de obtener alimentos que no están disponibles en los supermercados porque son producidos localmente, en pequeñas cantidades, de variedades raras o locales. Esto a su vez es muy importante para fomentar y preservar la biodiversidad local en cuanto a cultivos, y hace que semillas autóctonas sigan cultivándose y no se pierdan.

- Comodidad. Hay personas que encuentran más práctico recibir una entrega regular en casa en lugar de ir de compras.

- Apoyo a la producción ética de alimentos. Los grupos de consumo son de vital importancia por su apoyo a un sistema de producción ecológico, ético y local de alimentos. Sus miembros saben cómo se producen y de dónde vienen sus alimentos e incluso pueden visitar la huerta.

10. Resumen

Los gráficos complementan y documentan a informes y boletines. Su uso está bastante extendido pero no son elementos de relleno sino que deben ser oportunos, legibles, representativos de la información que se expone y vistosos para captar más la atención.

Los gráficos están compuestos por varios elementos, obligatoriamente deben incluir como mínimo una serie o rango de datos, el resto son opcionales como la leyenda, el título, las líneas de división o los rótulos. Los ejes también son imprescindibles en aquellos gráficos cuyo formato requieran de ellos.

Existen muchos tipos de gráficos y la mayoría de ellos pueden realizarse con ***Microsoft Excel*** y ***LibreOffice.*** Los más comunes son barras, líneas, circulares, anillos, polígonos y superficies.

Ambos programas incorporan asistentes para la creación de gráficos. Su uso es bastante intuitivo, el acceso se realiza a través del menú **Insertar** (pestaña o desplegable según el programa). Una vez insertados los datos, estos pueden modificarse ocasionando cambios en los gráficos. El resto de características de los gráficos pueden modificarse a través del asistente anterior.

Los gráficos deben ir en consonancia con el texto para hacer que el resultado sea más profesional. Por defecto los gráficos se insertan en línea con el texto aunque esto se puede modificar y colocar el texto alrededor del gráfico.

Ejercicios de repaso y autoevaluación

1. **Indique si lo afirmado en las siguientes frases es verdadero o falso.**

   a. La representatividad es la característica que deben cumplir los gráficos para que se seleccionen al azar.

      - ☐ Verdadero
      - ☐ Falso

   b. La leyenda da instrucciones para comprender el gráfico asociando datos a colores.

      - ☐ Verdadero
      - ☐ Falso

   c. Los gráficos de líneas no tienen sentido si se representan varias series de datos.

      - ☐ Verdadero
      - ☐ Falso

2. **Los gráficos de barras...**

   a. ... utilizan una estructura de columnas.
   b. ... solo sirven para una variable representada.
   c. ... no pueden usar como criterio el tiempo ya que nunca miden la evolución a lo largo de este.
   d. ... siempre son acumulativos.

3. **Los gráficos con anillos...**

   a. ... no pueden representar la evolución de varios años de una variable.
   b. ... son iguales a los gráficos radiales, tan solo cambia la forma, en el radial esta es poliédrica.
   c. ... usan porcentajes para su representación.
   d. ... tienen carácter muy profesional y no se suelen usar en boletines de gran difusión.

4. Los gráficos...

a. ... nunca pueden modificarse una vez que se han creado, habría que crearlo desde el principio.
b. ... solo pueden modificarse algunas de sus opciones con respecto al diseño pero nunca los datos que le han dado forma.
c. ... admiten cambios en las series de datos, cambiando la tabla de origen o añadiendo series nuevas.
d. ... admiten cambios en las series de datos pero solo si se cambia la tabla inicial de datos.

5. Con respecto a la ubicación...

a. ... no se puede cambiar una vez introducido el gráfico.
b. ... puede cambiar de hoja de cálculo pero no de tipo de documento.
c. ... admite cambio de hoja y de documento.
d. ... si se cambia a otro documento solo se puede hacer con formato de imagen.

6. Indique la frase correcta.

a. Los gráficos de áreas son similares a los de líneas en cuanto a su representación.
b. Los gráficos de áreas presentan toda el área rellena.
c. Los gráficos de líneas son muy útiles para ver la evolución temporal de una variable.
d. Todas las opciones son correctas.

7. Indique la opción incorrecta.

a. En el gráfico radial se compara la extensión de los diferentes poliedros.
b. El gráfico radial tiene una estructura muy peculiar por lo que se le conoce como gráfico de araña.
c. El gráfico radial está indicado para representar la evolución temporal de una variable.
d. El gráfico radial aumenta en complejidad conforme se añaden series nuevas de datos.

8. Indique la opción correcta.

a. Las etiquetas de datos muestran los datos numéricos representados en el gráfico.
b. Las etiquetas de datos solo se pueden aplicar en gráficos de barras.
c. Las etiquetas de datos complementan y hacen más entendible el gráfico.
d. Las opciones a y c son correctas.

9. Indique la opción correcta.

a. Los gráficos pueden insertarse en otros documentos con su propio formato.
b. La inserción de gráficos puede hacerse como imagen para que los datos no puedan ser modificados.
c. En cuanto a la casación con el texto, la forma recomendada para insertar el gráfico es hacerlo en línea ya que el gráfico suele presentar grandes dimensiones.
d. Las opciones a y c son correctas.

10. ¿Todos los gráficos presentan ejes?

____

____

11. ¿Las líneas de división están siempre presentes en las áreas de gráficos?

____

____

12. ¿Puede modificarse el tamaño del gráfico una vez que se ha insertado dentro de un documento?

____

____

13. Relacione las siguientes imágenes con su tipo.

a. RADIAL
b. DE DISPERSIÓN
c. PICTOGRAMAS
d. DE SUPERFICIES

—

—

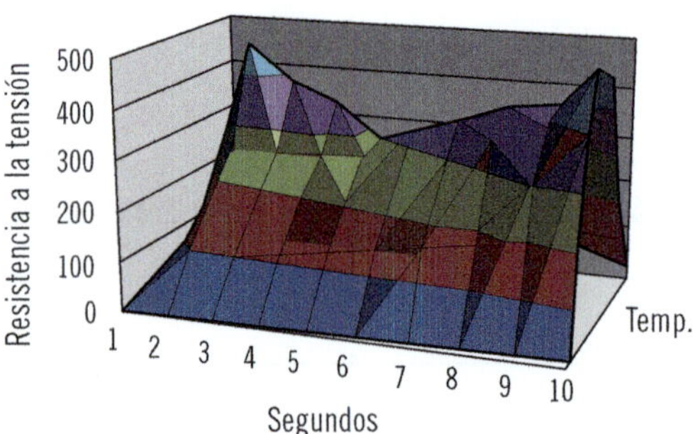

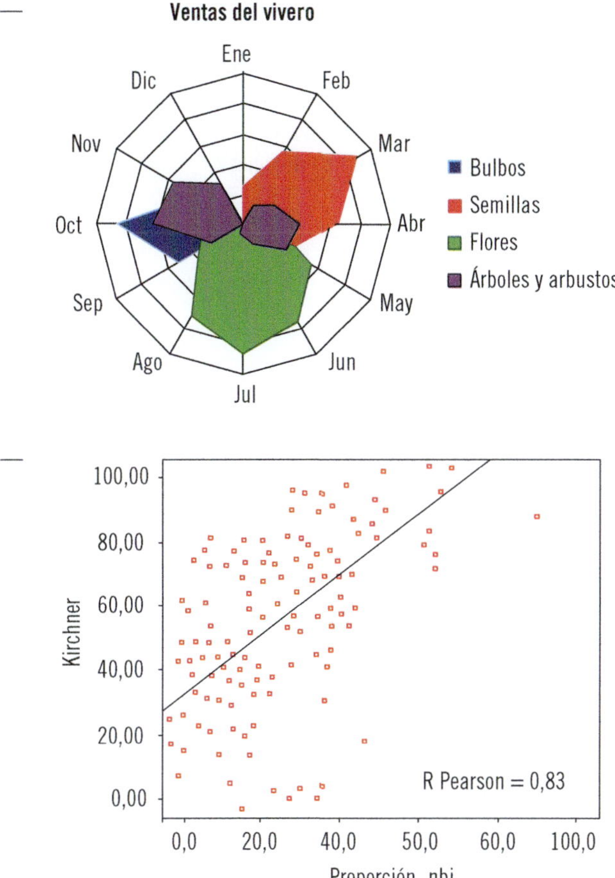

14. Indique cuál de las siguientes opciones son posibles para insertar un gráfico dentro de un texto.

a. En línea con el texto. ___
b. Al principio del texto. ___
c. Detrás del texto. ___
d. Al final del documento. ___

15. Indique qué tipo de gráfico es más indicado para cada objetivo.

a. Evolución de las ventas de una firma a lo largo de un año.
b. Número de matriculados en cada uno de los cursos impartidos por una academia.
c. Evolución de los precios y venta de acciones.
d. Pasos a seguir en un proceso.

__ Grafo
__ Gráfico de línea
__ Gráfico de cotizaciones
__ Gráfico de sectores

Bibliografía

Monografías

DELGADO Cabrera, J. M.: *Office 2021 manuales imprescindibles.* Madrid: Anaya Multimedia, 2022.

GOLANO, C. y FLORES-GUERRERO, R.: *Aprender a redactar documentos empresariales.* Barcelona: Ediciones Paidós Ibérica, S. A., 2002.

LEMA González, H.: *Presentación de informes: el documento final de investigación.* Colombia: ECOE Ediciones, 2012.

RUIZ Martínez, E.: *Los informes comerciales y el derecho a la información.* VLEX. 2001.

Legislación

Reglamento (UE) 2016/679 del Parlamento Europeo y del Consejo, de 27 de abril de 2016, relativo a la protección de las personas físicas en lo que respecta al tratamiento de datos personales y a la libre circulación de estos datos y por el que se deroga la Directiva 95/46/CE (Reglamento general de protección de datos).

Constitución Española de 1978.

Ley Orgánica 3/2018 de 5 de diciembre de Protección de Datos Personales y garantía de los derechos digitales.

- Declaración Universal de los Derechos Humanos de la O.N.U. del 10 de diciembre de 1948.

Textos electrónicos, bases de datos y programas informáticos

- Organización de Consumidores y Usuarios, de: <https://www.ocu.org>.
- Real Academia Española de la Lengua, de: <https://www.rae.es>.
- Consumidores en Acción, de: <https://www.facua.es>.
- Asociación Española de Normalización y Certificación, de: <https://www.aenor.es>.
- Oficina Internacional de Educación, de: <https://www.ibe.unesco.org/es>.
- Agencia Estatal Boletín Oficial del Estado, de: <https://www.boe.es>.
- Instituto Nacional de Estadística, de: <https://www.ine.es>.
- Microsoft Office, de: <https://www.microsoft.com>.
- LibreOffice, de: <https://www.libreoffice.org>.

Varios

- FACUA: Gestión del agua y ciudadanía, retos del futuro. Sevilla: 2010.
- FUENTES Moreno, J. C.: El lenguaje normativo "No entiendo ni papa". Revista El Horizonte, nº 56, Marzo 2003.
- GARCÍA Marco, F. J.: Guía CIDAC: Recursos de información y documentación para el consumidor. Gobierno de Aragón, Dirección General de Consumo, 2003.
- MARTÍN Gavilán, C.: Temas de Biblioteconomía (oposiciones). Documento 2009.